"十三五"职业教育国家规划教

微课版

新编大学体育

XINBIAN DAXUE TIYU

新世纪高职高专教材编审委员会 组编

主 编 万 技 陈 诚
副主编 车树国 于 涛 赵 青
        陈 超 白 鹭

第五版

大连理工大学出版社

图书在版编目(CIP)数据

新编大学体育 / 万技,陈诚主编. —5 版. —大连:大连理工大学出版社,2018.7(2021.9重印)
ISBN 978-7-5685-1563-4

Ⅰ.①新… Ⅱ.①万… ②陈… Ⅲ.①体育-高等职业教育-教材 Ⅳ.①G807.4

中国版本图书馆 CIP 数据核字(2018)第 132866 号

大连理工大学出版社出版
地址:大连市软件园路80号 邮政编码:116023
发行:0411-84708842 邮购:0411-84708943 传真:0411-84701466
E-mail:dutp@dutp.cn URL:http://dutp.dlut.edu.cn
大连图腾彩色印刷有限公司印刷 大连理工大学出版社发行

幅面尺寸:185mm×260mm 印张:18 字数:414千字
2003年7月第1版 2018年8月第5版
2021年9月第7次印刷

责任编辑:刘晓双 责任校对:刘俊如
封面设计:张 莹

ISBN 978-7-5685-1563-4 定 价:42.80元

本书如有印装质量问题,请与我社发行部联系更换。

前言

《新编大学体育》(第五版)是"十三五"职业教育国家规划教材,"十二五"职业教育国家规划教材。

大学生通过大学体育教育,可以有效增强体质,增进健康,促进生理和心理的和谐发展。体育学习和锻炼能够培养学生坚强的意志、顽强拼搏的精神和超越自我的品质,有助于强化学生的竞争意识和协作精神,使学生形成良好的基础,并最终成为全面发展的合格人才。

本教材以强身育人为根本目标,以树立"健康第一"的思想为主旨,以学生的学习和锻炼兴趣为中心,用情境模块的编写思路统领全书,注重引导培养良好的体育锻炼习惯,掌握科学的体育锻炼方法,对于提高学生的个人身体素质,进而增强全民族的体质,具有十分重要的意义。

《新编大学体育》(第五版)为实现上述宗旨,在编写指导思想上着重强调了教材内容的实用性,尤其是以立体化、全方位教材建设理念,加强了教学素材库视频资料建设,在上一版教材的基础上进行了科学修订,强调科学健身方法,增强了阅读趣味性。

本教材重点突出以下特色:

1. 观念更新

引用新的研究资料和参考文献,打破以往体育教材重体魄、轻心理的惯例,双管齐下,两者并重,在教材中贯穿两条主线,使学生在强健体魄的同时,也形成了健康的心理素质。

2. 结构实用

在结构上突出职业教育特色,学习目标的设计使学生对学习什么、怎样学习、应该掌握什么及还应该了解什么更加明确。

3. 内容直观

根据学习需求建立视频资料库,以图代文、以图解文,通过技术动作分解视频增强了直观学习效果,便于学生课上学习、课余学习和校外学习,适应职业教育公共体育课教育形式的改革。

4. 选择精心

精心选择了在实际教学活动中基础广泛、易于开展、学生喜爱的体育项目加以详细介绍。同时,拓展了一些较有潜力的项目和方法,供学有余力的学生有选择性地自学。

《新编大学体育》(第五版)由沈阳师范大学万技、安徽审计职业学院陈诚任主编;沈阳师范大学车树国、于涛,山东医学高等专科学校赵青,黑龙江商业职业学院陈超,黑龙江冰雪体育职业学院白鹭任副主编,沈阳师范大学李森、沈阳市皇姑区教育局钟立斌参加了部分章节的编写工作。具体编写分工如下:万技编写模块一、模块二、模块三、模块四,陈诚编写模块五,车树国编写模块六,李森、钟立斌编写模块七,赵青编写模块八、十二,于涛编写模块九、模块十,白鹭编写模块十一、模块十四,陈超编写模块十三。辽宁省体育局史立新、辽宁省教育厅何新对全书进行了审阅并提出了宝贵意见,再此谨致谢忱。

此外,编者参考、引用和改编了国内外出版物中的相关资料以及网络资源,在此表示深深的谢意。相关著作权人看到本教材后,请与出版社联系,出版社将按照相关法律的规定支付稿酬。

尽管我们在教材建设的创新方面做了很多尝试,但限于编者的水平,教材中仍可能存在疏漏之处,恳请各使用单位和读者对其予以关注,并将意见、建议及时反馈给我们,以便下次修订时完善。

编 者

2018 年 7 月

所有意见和建议请发往:duptgz@163.com
欢迎访问教材服务平台:http://sve.dutpbook.com
联系电话:0411-84707492　84706104

目 录

模块一 体育的基础知识 ·· 1
    训练项目一　了解体育的起源与发展 ·· 1
    训练项目二　认识现代奥林匹克运动 ·· 2
    训练项目三　了解体育的概念、本质与功能 ······································ 4
    训练项目四　熟悉高等学校体育的目标与任务 ·································· 6

模块二 体育锻炼与身心健康 ·· 10
    训练项目一　掌握健康的概念 ·· 10
    训练项目二　了解体育锻炼对身体健康的作用 ·································· 12
    训练项目三　了解体育锻炼对心理健康的作用 ·································· 14
    训练项目四　运动处方的制订与实施 ·· 17

模块三 体育锻炼与营养 ·· 21
    训练项目一　了解平衡膳食对健康的意义 ·· 21
    训练项目二　了解营养与免疫 ·· 23
    训练项目三　了解肥胖症的成因、危害与预防 ·································· 28

模块四 体育卫生与保健知识 ·· 31
    训练项目一　了解体育卫生环境 ·· 31
    训练项目二　了解运动性疲劳 ·· 34
    训练项目三　了解常见的运动疾病 ·· 36

模块五 《国家学生体质健康标准》测试与评价 ···································· 46
    训练项目一　了解《国家学生体质健康标准》 ································ 46
    训练项目二　掌握《国家学生体质健康标准》测试的方法 ············ 48
    训练项目三　熟悉《国家学生体质健康标准》的测试内容及成绩评定标准 ········ 56

模块六 田径运动 ... 62
- 训练项目一 认识田径运动 ... 62
- 训练项目二 掌握竞走运动的技巧和方法 ... 62
- 训练项目三 掌握跑的正确要领 ... 64
- 训练项目四 掌握掷的方法和要领 ... 67
- 训练项目五 掌握跳的要领 ... 68

模块七 足球运动 ... 72
- 训练项目一 认识足球运动 ... 72
- 训练项目二 了解足球技术 ... 73
- 训练项目三 了解足球战术 ... 82
- 训练项目四 了解足球运动的主要规则 ... 86
- 训练项目五 了解五人制足球比赛的主要规则 ... 90

模块八 篮球运动 ... 92
- 训练项目一 认识篮球运动 ... 92
- 训练项目二 了解篮球的基本技术 ... 93
- 训练项目三 掌握篮球的基本战术 ... 103
- 训练项目四 熟悉篮球运动的主要规则 ... 112

模块九 排球运动 ... 115
- 训练项目一 了解排球运动 ... 115
- 训练项目二 掌握排球的基本技术 ... 116
- 训练项目三 掌握排球的基本战术 ... 122
- 训练项目四 熟悉排球运动的主要规则 ... 125
- 训练项目五 了解沙滩排球 ... 128

模块十 乒乓球、羽毛球、网球运动 ... 132
- 训练项目一 了解乒乓球运动 ... 132
- 训练项目二 了解羽毛球运动 ... 142
- 训练项目三 了解网球运动 ... 151

模块十一 游泳运动 ... 160
- 训练项目一 认识游泳运动 ... 160

训练项目二　熟悉水性…………………………………………………………… 161
　　训练项目三　学习蛙泳…………………………………………………………… 163
　　训练项目四　学习自由泳………………………………………………………… 165
　　训练项目五　掌握游泳运动的主要规则………………………………………… 169
　　训练项目六　了解水上救护与安全常识………………………………………… 170

模块十二　武术运动………………………………………………………………… 173
　　训练项目一　掌握二十四式太极拳……………………………………………… 173
　　训练项目二　掌握三十二式太极剑……………………………………………… 186
　　训练项目三　了解跆拳道………………………………………………………… 198
　　训练项目四　了解女子防身术…………………………………………………… 207

模块十三　形体健身运动…………………………………………………………… 213
　　训练项目一　熟悉健美运动……………………………………………………… 213
　　训练项目二　了解健美的标准…………………………………………………… 214
　　训练项目三　掌握女子健美的锻炼方法………………………………………… 215
　　训练项目四　掌握男子健美的锻炼方法………………………………………… 220
　　训练项目五　学习健美操………………………………………………………… 225
　　训练项目六　了解街舞…………………………………………………………… 234
　　训练项目七　掌握瑜伽运动……………………………………………………… 241

模块十四　休闲运动………………………………………………………………… 251
　　训练项目一　了解毽球运动……………………………………………………… 251
　　训练项目二　掌握轮滑运动……………………………………………………… 256
　　训练项目三　了解滑冰运动……………………………………………………… 260
　　训练项目四　熟悉拓展训练……………………………………………………… 265
　　训练项目五　了解定向运动……………………………………………………… 267
　　训练项目六　了解攀岩运动……………………………………………………… 273

参考文献……………………………………………………………………………… 278

模块一

体育的基础知识

学习目标

- 了解体育的起源及演变过程
- 理解现代奥林匹克运动的发展及奥林匹克精神
- 清楚高等学校体育的任务、地位、作用及要求

训练项目一　了解体育的起源与发展

一、体育的起源

体育作为人类文化的重要组成部分,是随着人类社会的发展而逐渐形成和发展起来的。生产劳动是体育产生的最根本的源泉。正如恩格斯在《劳动在从猿到人的转变过程中的作用》中指出:"劳动创造了人本身。"人类早在原始时代就把走、跑、跳跃、投掷、攀登等作为最早的生产劳动和日常生活的基本活动内容,由此构成了原始体育的萌芽。到了原始社会后期,为了提高生存能力,除了改进生产工具和狩猎技术外,人类还要和猎物在速度、力量、灵敏度和耐力等方面进行竞争。由于生存竞争的需要,使以语言为媒介的技能传授和操练,逐渐从单纯的生存手段中分离开来,演变成身体运动的形式,并促使原始的体育的逐渐形成。

除此之外,随着物质和生存条件的改善,一些高于生存技能的活动开始出现在生活领域。原始人通过宗教祭祀活动开展的舞蹈、角力运动,因部落之间的冲突而出现的各种格斗,为治疗疾病、强壮身体而进行的一些保健活动等,这些也是体育产生的源泉。

二、体育的发展

体育是随着社会的发展而发展的。社会的进步推动着人类需求结构的变化,而体育的发展与人类社会的需求密切相连。体育的发展大致经过了以下三个时期:

原始的体育萌芽时期。早期人类把最基本的生产劳动和日常生活的技能传授给下一代。这是人类教学的萌芽,也是体育活动的萌芽。

自觉从事体育运动时期。由于古代战争的需要,人们自觉从事与军事密切相关的一

些锻炼项目,这些既是军事内容,又是体育项目。例如,大约在1340年,欧洲出现了首批炮兵队伍,当时所用的炮弹是一个圆球,重约16磅。士兵们利用与炮弹形状、重量相似的石头,做投掷游戏的比赛。后来,石头球变成了金属球,又逐渐变成现在的铅球,于是铅球运动项目产生了。

形成与完善体育制度时期。体育的发展与人们的休闲娱乐密不可分,许多体育项目是人们在休闲娱乐中发展起来的。例如,1891年,美国马萨诸塞州体育教师詹姆斯·奈史密斯在健身房两边挂上竹篮,把人分成两组,往竹篮里投球。这在当时只是一种娱乐游戏,后来演变成如今风靡世界的篮球运动。

体育的发展与教育紧密相连,体育始终是教育的重要组成部分。奴隶社会时期,在出现了学校这种专门的教育机构之后,体育就成为学校教育的重要内容。我国殷商时期"学宫"中的神箭、古希腊雅典教育体系中"五项竞技"(角力、赛跑、跳跃、掷铁饼、投标枪)的内容就是例证。

体育的发展与经济有着密切的关系。首先,经济发展水平决定体育发展的规模。一个时代、一个国家体育发展的水平和规模,取决于当时的经济发展能为体育运动提供多少人力、财力和物力的支持,也取决于社会经济条件所决定的社会成员对体育需求的性质和强度。其次,经济制约竞技运动水平。影响竞技运动水平的直接因素包括民族的性质、体育运动的基础、运动训练的规模、训练的物质条件和训练水平等,这些因素无一不与国家经济发展水平和经济实力相关。再次,经济发展水平决定着社会对体育的需求和体育的结构。改革开放以来,我国经济的快速发展促使人民群众的生活方式和消费观念不断更新,从而增加了健身、体育娱乐和观赏竞技等活动的需求。最后,体育对经济有巨大的推动作用。以北京为例,举办奥运会前7~8年新增海外旅客400万人次、收入40亿美元。旅游业的发展极大地推动了餐饮业、商业的发展,带来了可观的经济效益,同时也带来了更多的就业机会。另外,举办一次奥运会或世界杯足球赛之类的大型体育赛事,可使举办城市的基础设施水平提高20~50年。体育经过萌芽时期、自觉从事时期和形成与完善体育制度时期后,逐步形成了现代的体育体系,其中竞技体育的发展更是推动现代体育发展的主要动力。

训练项目二 认识现代奥林匹克运动

一、现代奥运会的起源

现代奥林匹克运动的创始人是法国教育家皮埃尔·德·顾拜旦。现代奥林匹克运动是近代资本主义发展的必然产物,也是近代体育思想形成后在欧洲各地广泛传播的必然结果。在顾拜旦的倡导下,国际奥林匹克委员会于1894年成立;1896年在希腊雅典举行的第一届现代奥运会,标志着体育运动进入了一个崭新的时代。

现代奥运会受古希腊文化遗产的深刻影响,但它不是古代奥运会的延续,而是带有古希腊奥运会传统色彩的、具有现代思想内涵的国际体育盛会。作为一种文化现象,奥林匹克主义以竞技的形式,将不同肤色、不同文化背景的民族紧密地联系在一起,对人类社会和人类的文明产生了深刻的影响;作为一种体育现象,奥运会是人类探索体能极限且引人入胜的赛场,奥运会纪录、奖牌成为运动员追求的崇高目标。奥林匹克运动已成为参与国家和地区众多、具有巨大吸引力和凝聚力的一项全球性体育活动。现代奥林匹克运动会包括夏季奥运会、冬季奥运会和残疾人奥运会。

二、现代奥林匹克运动的发展

奥林匹克运动自1894年国际奥委会成立至今,已经历了一个多世纪的历程。其发展可分为四个阶段:

1. 奥林匹克运动初期(1894~1914年)

从1894年到1914年第一次世界大战爆发前,国际政治经济关系处于急剧变化时期,各种民族主义和排外心理妨碍了正常的国际交往。现代体育也受到影响,世界范围的体育活动很少举办,此阶段的各届奥运会都是根据主办国的意愿安排的,随意性较大;而且各种设施及比赛规则都很不完善。直到1908年的伦敦奥运会才有了一定的改观。运动竞赛有了一定的规则,为未来奥运会构建了一个基本模式。这一时期最成功的奥运会是1912年的第五届奥运会,从参赛国家、运动员人数、比赛设施到组织等都有了一定的提高,第一次实现了顾拜旦所期望的没有事故、没有抗议、没有民族人文主义仇恨的奥运会。

2. 奥林匹克模式基本形成(1914~1939年)

因世界大战而中断数年的奥林匹克运动会于1920年重新举办,经过第一阶段的实践,奥林匹克运动会的组织者意识到奥运会规范化的重要性,在第一阶段初步形成框架的基础上,逐步健全奥运会的各项制度,使其向组织化、规范化方向发展。同时,奥运会的基本框架、运行机制和基本特征初步形成,比赛项目逐渐合理、比赛设施进一步完善、比赛时间得到限制。先进的技术得以充分运用到比赛中,如电子计时、终点摄影、自动印刷、有线电视等。1928年,女子田径项目正式纳入比赛。1924年,举办了第一届冬季奥运会,将奥林匹克运动扩展到了寒冷的冬天。1936年,奥委会成员由第一次世界大战前的29个增加到了60个。与此同时,各国际单项体育联合会也相继成立,初步形成了国际奥委会、国际单项体育联合会和国家奥委会"三大支柱"各司其职的局面。

3. 奥林匹克运动的发展(1946~1980年)

第二次世界大战结束后,世界形成了东、西两大集团的"冷战格局",严重地影响到奥林匹克运动的发展。但另一方面,世界经济的振兴和科技的发展却为奥林匹克运动的发展创造了良好的契机。奥运会已在不同的大洲举办,各地区运动会和残疾人运动会都有所发展。非洲体育运动会开始得到世人瞩目。随着体育场馆的改善和先进运动器材的引进,奥运会规模越来越大,艺术性越来越强。通过举办奥运会,城市建设也大为改观。此阶段举办奥运会的基金也由单纯的政府拨款和私人捐款向政府拨款、社会捐资和出售电视转播权、发行彩票相结合的形式转变。奥林匹克组织与政府以及非政府各部门的联系日益密切。

4. 奥林匹克运动的改革和发展期(1980年至今)

进入20世纪80年代,在萨马兰奇主席的领导下,国际奥委会针对奥林匹克运动所面临的各种问题进行了大规模的变革。通过四年一度的奥运会开展文化教育,注重奥林匹克思想的传播,如举办奥林匹克艺术节、建立博物馆、举办"奥林匹克日"纪念活动、定期召开奥林匹克体育科学大会等;打破了政治观点不同的政府间联系的"独立性"做法,使各种政治观点不同的政府都聚集在奥林匹克"五环"旗下。

20世纪80年代,国际奥委会建立了专职的总部,1981年第一次确立了自己的正式法律地位,并以法人的身份参与处理各种重大事务。在经济上,各主办国进行的商业性开发活动为奥林匹克运动的发展创造了良好的经济基础。从洛杉矶奥运会起,主办国再未出现奥运会赤字,这极大地调动了各国申办奥运会的积极性,肯定了奥林匹克组织与各国政府进行合作的必要性。同时,国际奥委会明确指出要保持自己的独立性,国际奥委会这种务实的态度,促进了奥林匹克运动向健康的方向发展。

训练项目三 了解体育的概念、本质与功能

一、体育的概念

体育(sports)有两种含义:一种是纯竞技运动,另一种是娱乐消遣活动。从广义上说,体育是指以身体练习为基本手段,以增强人的体质、促进人的全面发展、丰富社会文化生活和促进精神文明为目的的一种有意识、有组织的社会活动。它作为教育的一个重要组成部分,是培养全面发展、高素质人才的一个重要手段。

二、体育的本质

体育的本质是增强体质,这是决定体育的性质、面貌和发展的根本属性。

马克思对体育曾有过精辟的论述:"生产劳动同教育和体育结合起来,这不仅是增进社会生产的一种方法,而且是造就全面发展的人的唯一方法。"陶行知是我国近代伟大的教育家,他认为"体育为德、智二育之基本",教育应"以养成坚强之体魄,充实之精神为标准"。他常对学生说:"健康之精神寓于健康之身体,休闲时间要多活动……健体是人生的一个最重要目的。"著名教育家蔡元培提出了"养成共和国国民健全人格"的意见,并详细解释说:"所谓健全的人格,内分四育,即体育、智育、德育、美育。这四育是一样重要,不可放松一项。"随后他又提出"完全人格,首先在体育"的教育主张。毛泽东对德、智、体三者之间的关系进行了入木三分的剖析,他指出"无体是无德智也""体育于吾人实占第一之位置"。他强调健康第一,体育第一。

由此可见,增强身体素质是体育的根本属性,它不但与德育、智育、美育具有同等重要的意义,而且是后三者发展的基础。

三、体育的功能

体育的功能是指体育对人类自身及其社会的作用,它是在体育的生物效应和社会效应上衍生出来的,是动态的。一般来说,体育的功能可分为基本功能和派生功能。基本功能是体育本身固有的功能,任何一种形式的体育都具有健身、教育和娱乐功能。所谓派生功能,是我们利用体育手段所能够达到的某种目的,即通常所说的经济、文化、政治和社会功能。

1. 健身功能

强健身心是体育的本质功能。体育是通过身体直接参与运动,使各器官、系统在一定强度和量的刺激下,发生的身体形态结构、生理机能和生物化学等方面的一系列适应性反应。这种适应性反应对机体产生的积极影响,有利于促进健康、增强体质、防治疾病、提高机体的工作效率。

(1)通过适当的体育运动,可以改善和提高机体中枢神经系统的功能,改善大脑的供血状况,延缓脑细胞的衰老;还可以改善和提高心血管系统的功能,改善人体呼吸系统的功能,使呼吸肌发达,呼吸深度增加,气体交换率提高,吸氧量增加;另外,还可以促进和改善人体运动系统的功能,促进骨骼关节、肌肉的生长发育和身高、体重的增长。

(2)经常参加体育运动,可以调节情趣,锻炼意志,促进心理健康,提高机体对环境变化的适应能力以及机体防病、抗病能力,推迟衰老,延年益寿等。

2. 教育功能

体育是教育的组成部分,是造就"全面发展的人"的一个重要的手段。德育、智育、体育之间的关系应是相互促进、相互制约的辩证关系。德育是方向,智育是本领,体育是基础或载体。毛泽东曾以生动形象的比喻描述了德、智、体的关系:"体育一道,配德育与智育,而德智皆寄于体,无体是无德智也""体者,载知识之本而寓道德之舍也"。

3. 娱乐功能

目前,人们的生产、生活方式都发生了很大的变化,如何善度余暇已成为一个社会问题,而体育具有游戏性、大众性、艺术性、惊险性,能满足社会上不同人的各种需求,起到丰富社会文化生活、愉悦人们身心的作用。首先,人们可以通过体育运动,获得自信心、自豪感,满足人们与同伴交往、合作的需要;其次,欣赏体育成为人们余暇的重要内容,体育运动中时间和空间的和谐、健与美的统一,加上优美的韵律、鲜明的节奏、微妙的配合、激昂的情感、高雅的造型和优美的瞬间,能给人们留下美好的感受,使人赏心悦目、心旷神怡。

4. 经济功能

体育的经济功能在现代社会中,尤其是在我国改革开放的今天,已被众多人所认知和接受。在社会主义市场经济条件下,体育社会化、产业化已成为我国拉动市场经济的重要方式及手段。例如:体育产品生产业;体育产品经营业;体育彩票业;体育转播权;体育场馆经营业;体育娱乐服务业;体育博彩业;体育饮食服务业;体育旅游业;体育人力资源开发业;体育建筑业;体育信息、广告、报业;体育训练及培训服务业等。

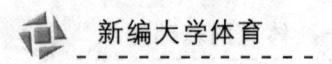

5. 文化功能

体育本身就是社会的一种文化现象。体育文化是现代文明的标志，主要从大众媒体的传播、体育服饰、体育竞技、民间体育、体育表演、体育建设等方面反映一个国家的文明程度。体育还是一种高尚的文化生活，它与欣赏音乐、舞蹈、艺术、文学有着不解之缘，它是人类文明与智慧的结晶。

6. 政治功能

体育作为一种社会现象，既具有上层建筑的职能，又具有为生产力服务的作用。体育既受政治、经济的制约，又为政治、经济服务。它既可以宣传一个国家的社会制度，提高一个民族的国际威望，还可以为振兴经济服务，增强一个国家的民族凝聚力。一方面，体育受政治的干预和制约；另一方面，政治渗透于体育之中，体育为政治服务，并在现代政治生活中发挥着极其重要的作用。

训练项目四　熟悉高等学校体育的目标与任务

一、高等学校体育的目标

高校体育是高等教育的重要组成部分，它与德育、智育相互配合，共同完成培养全面发展的合格人才、实现高等教育的目标。根据中共中央、国务院《关于深化教育改革　全面推进素质教育》和《全民健身计划纲要》的精神要求，高校体育应着眼于提高学生体质和健康水平，树立健康第一的指导思想。高校体育的总体目标应是：以育人为宗旨，引导和教育大学生主动、积极地锻炼身体，掌握现代体育科学的基本知识、技能、技术和锻炼身体的方法；提高体育文化素养；加强独立从事体育锻炼的意识；培养"终身体育"的思想，为身体的全面发展打下基础；还要创造条件，提高有发展前途的学生的运动水平，为国家培养和输送优秀的体育人才。

二、高等学校体育的任务

根据高等教育的总体目标，高等学校体育应完成以下任务：

(1)全面锻炼学生的身体，促进其身体形态、结构、生理功能和心理的健康发展，提高其身体素质和基本活动能力；提高其对自然环境的适应能力和对疾病的抵抗力，有效地增强体质。

(2)使学生掌握体育的基本理论知识、运动的基本技术和基本技能，并学会科学地锻炼身体，养成积极参与体育锻炼的意识和习惯，为终身体育打下良好的基础。同时对部分基础较好并有一定专项运动才能的学生进行训练，提高其运动水平，使其成为体育骨干，进而为国家输送后备人才。

(3)对学生进行思想品德教育，使学生树立良好的体育作风，陶冶学生的情操。同时增强组织纪律性，培养学生勇敢、顽强、进取的精神和集体团队精神。

三、高等学校体育的地位和作用

高等学校体育是学校体育的重要组成部分,又是学校体育与社会体育的连接点,是国民体育的重要基础,对实现"培养体魄健壮,具有现代意识和精神的社会主义合格建设人才"的目标,保证国家可持续发展战略的实施,增强民族体质,都具有十分重要的作用。

1. 高等学校体育的地位

(1)在提高民族体质中的地位

一个民族的体质水平是这个民族进步和发展的重要标志。大学生是一个国家和民族的希望与未来,拥有健康的体魄是他们为祖国和人民服务的前提,是中华民族旺盛生命力的体现。大学生正处于身体生长发育的关键时期,各器官、系统的机能和适应能力均已发展到较高水平并达到人体生命活动最旺盛的时期。在这一时期,通过体育活动可以提高他们的体力、智力和能力,可以发展他们的体能,增强他们对环境的适应能力和对疾病的抵抗能力,增强他们的意志力,为他们一生的学习、工作和幸福生活打下良好的基础,有助于实现"为建设祖国健康工作 50 年"的目标,对增强民族的体质有着极为深远的意义。

(2)在民族文化建设中的地位

随着社会发展和人们物质生活水平的不断提高,人们对文化生活的追求日益迫切。体育作为人类文化的重要组成部分,已成为现代文明生活中不可缺少的重要组成部分。对于大学生来说,由于身心活动处于飞跃阶段,他们朝气蓬勃,充满青春活力,敢于创造,富于幻想和喜欢憧憬未来,因而在享受、娱乐、审美和社交等方面都有强烈的精神追求。大学生从体育教育中不仅可以获得欣赏体育文化的能力,而且在直接参与体育实践的体验中,更能获得调节生活内容、丰富文化生活、享受精神乐趣、保持心态平衡等方面的益处,养成勇敢顽强、敢于竞争、吃苦耐劳、不甘落后的精神,从而促进民族文化、民族精神的进步。

2. 高等学校体育的作用

在 21 世纪这极具竞争和挑战的新世纪里,拥有适应现代社会高、精、尖技术工作能力及全面发展的合格人才,是一个国家可持续发展的基础。高等教育就担负着这一历史使命。体育教育是高等教育体系的一个重要组成部分,因此,高等学校体育教育在培养和造就国家建设合格人才的育人工作中发挥着独特的作用。

(1)促进学生身心健全发展

大学生正处于生长发育的旺盛时期,在此期间形式多样的体育锻炼,能够有效地促进大学生的身体健康,增强对外界环境的适应能力和对疾病的抵抗能力,塑造健美的体态,掌握必要的运动技巧,提高身体素质和基本活动能力。同时,由于大学生自我意识的不断增强,个性特征逐渐明显,意志品质的发展不稳定、不平衡,性格尚不成熟等特点,运动中的和谐交往、竞争拼搏、情感跌宕以及耐负荷锻炼等因素,在帮助大学生稳定心理状态、进行自我调节、提高自控能力等方面起着重要作用。

(2)培养大学生体育能力与习惯,奠定"终身体育"基础

根据大学生的年龄、生理及其特点,高等学校体育要结合学生的运动兴趣,有针对性

地培养其独立从事体育锻炼的欲望,树立"学为我用"的观念,保证传授体育知识的渠道畅通无阻,使学生系统地掌握体育基本知识、技能以及科学锻炼身体的方法,提高体育文化素养和体育审美能力,培养良好的锻炼习惯,为"终身体育"奠定基础。

(3)推进实现"体育强国"

高等学校体育是学校体育与社会体育的连接点,既是实现全民健身计划的主战场,又是向社会输送体育人才的最后阶段。特别是国家实施科教兴国战略、大力发展高等教育的今天,将有更多的青年学生有机会接受高等教育,他们将成为体育活动的积极分子,走向社会后会在更大范围内成为群众性体育活动的骨干,对全民健身计划的实施起到积极的推动作用。此外,高等学校体育还可以凭借良好的教育氛围和优越的教学条件,为有竞技天赋的大学生提高运动水平,为实现奥运争光计划,向国家输送优秀的运动人才发挥积极作用。

四、现代社会对大学生的体育要求

1. 树立健康第一的思想

大学生首先要转变学校体育的观念,牢牢树立健康第一的思想。主要包括:通过体育学习,掌握必要的健康知识和科学的健身方法,提高对身体和健康的认识水平,促进身心的健康发展,提高自身对各种环境的适应能力,了解与体育密切相关的营养、卫生、安全防范、药物等方面的知识;从增进心理健康的角度出发,主动营造生动、活泼、和谐、友善的学习氛围,提高克服运动障碍和抗挫折的能力以及自然情感调节的能力,增强自尊心和自信心;主动提高自身的社会适应能力,提高自我责任感、群体责任感和社会责任感,培养现代社会所必需的合作、竞争意识与能力,学会尊重他人和关心他人,并以积极的态度关心家庭和群众的健康。

2. 树立良好的体育意识

体育意识是人们对体育及其重要性的认识以及由此产生的观念的总和。对大学生而言,树立正确的体育意识,首先,应积极、主动地投身于体育,在体育中提高自身的体育意识,发展体育能力,陶冶情操,增强体质,使大学体育阶段成为终身体育的基础阶段;其次,大学生要积极关注体育,努力探索体育世界的真谛,使体育成为大学生学习阶段乃至一生中不可缺少的内容。

3. 塑造强健的体魄

进入21世纪,人才的概念发生了根本性的变化,其基本内涵概括为:健康+知识+能力+创造=人才。这充分反映了现代社会对人才素质的综合要求。增强体质、增进健康、努力塑造强健的体魄、挖掘自身的生理潜能和心理潜能,已成为大学体育乃至未来社会的要求。大学生要认真接受体育教育,主动、积极地学习和掌握体育运动的基本知识、技术和技能,努力获得参与运动实践的本领和科学的方法,营造良好的校园体育氛围,提倡健身、健美、健康和积极向上的体育精神,塑造强健的体魄,打好"为祖国健康工作50年"的基础。

4. 提高基本活动能力

　　大学生在进入大学后的体育生活丰富多彩,选修体育课、体育俱乐部、课外体育活动等都给大学生创造了许多发展的机会。这就要求大学生注重自身的体育基本活动能力的培养,不能只从兴趣、爱好出发,而忽视身体素质的全面提高,忽视人类活动的基本技能和能力培养。

5. 加强体育兴趣、爱好、习惯的培养

　　培养体育兴趣和爱好,应遵循以下几点:首先,培养兴趣,高等学校体育实际上是学校教育的一项要求,往往与个人未来所从事的职业要求相一致,体育兴趣的多样化、个性化,要根据各自的运动水平努力达到高等学校体育的要求;其次,发展爱好,教育者要通过各种途径,创造一个良好的体育学习氛围,使学生的体育爱好向着健康的方向发展。大学生则要主动适应学校对高等学校体育的要求,主动、自觉地参与体育锻炼。第三,形成习惯,从某种意义而言,高等学校体育奠定了人生事业和生活发展的基础。

6. 提高参与社会体育实践的能力

　　提高参与社会体育实践的能力,已经成为当今高等学校体育教育的一项重要任务。具体包括:

　　(1)明确认识积极参与高等学校体育和社会体育实践的意义,努力为了解社会创造机会。

　　(2)努力提高社会体育实践的本领,尽可能地掌握体育实践的技能,掌握社会体育知识,为将来进入社会做好准备。

　　(3)主动、积极地参与社会体育俱乐部和社区体育活动,提高自身的社会实践能力。

　　(4)努力提高运动竞技水平,参与体育竞赛活动,既可增加与社会体育交往机会,同样也是提高社会体育实践能力的有效途径。

思考题

　　1. 现代奥林匹克运动对人类社会的贡献有哪些?
　　2. 体育活动对人类社会有哪些作用?
　　3. 学校设置体育课的意义是什么?

模块二

体育锻炼与身心健康

学习目标

- 了解身体健康和亚健康的概念
- 知道体育锻炼对心理和身体健康的作用
- 掌握心理调整和身体锻炼的方法

训练项目一 掌握健康的概念

世界卫生组织(WHO)1984年提出:"健康不仅是免于疾病和衰弱,而且是保持身体上、精神上和社会适应方面的完善状态。"最近该组织又指出,"道德健康"也应该包括在健康的含义中,一个人只有在身体健康、心理健康、社会适应良好和道德健康四个方面都健全才是健康的人。

1. 身体健康

身体健康是指躯体结构和功能正常,具有生活自理能力。

2. 心理健康

心理健康是指个体能够正确地认识自己,及时调整心态,使心理处于良好状态,以适应外界的变化。

3. 社会适应良好

社会适应良好是指能以良好的思想和行为去适应社会生活的各种变化。

4. 道德健康

道德健康是指能够按照社会规范的准则和要求来支配行为,能为人类的幸福做贡献。

一、心理健康的评价标准

随着精神疾病率的不断上升,为了教育和引导公众主动关注心理健康,美国心理学家马斯洛和米特尔曼提出了10条心理健康的评价标准:

1. 有足够的安全感;

2. 能充分地了解自己,并能对自己的能力做出适当的评价;
3. 生活、理想切合实际;
4. 不脱离周围现实环境;
5. 能保持人格的完整与和谐;
6. 善于从经验中学习;
7. 能保持良好的人际关系;
8. 能适度地发泄情绪和控制情绪;
9. 在符合集体要求的前提下,能有限度地发挥个性;
10. 在不违背社会规范的前提下,能恰当地满足个人需求。

二、亚健康

现代医学将健康称为第一状态,将疾病称为第二状态,将介于健康与疾病之间的生理功能低下的状态称为第三状态,也称亚健康。

导致亚健康的因素主要包括:工作、生活过度疲劳,身心透支而入不敷出;生活方式不科学,如不吃早餐、偏食、暴饮暴食、饮食不规律等引起营养不良而使机体失调;因环境污染而接触过多有害物质。此外,在人体生物钟低潮期或人体自然老化的时候,也可能出现第三状态。应当指出的是,第三状态在很大程度上是慢性疾病的潜伏期。人的机体有一定的适应能力,第三状态既可趋向健康,也可导致疾病。如果已处于或即将进入第三状态,只要采取科学的生活方式,克服不良的生活习惯,通过合理的饮食、心理状态的调节和环境的改变,消除疲劳,祛除致病因素,提高身体素质,就能改善和消除第三状态,早日恢复到第一状态而成为健康人。

亚健康状态是一种自觉性很明显的状态,通过亚健康自觉量表,看看在过去6个月中是否有如下感觉,如果积分在26分以上就可以判定为亚健康,见表2-1。

表 2-1　　　　　　　　　　亚健康自觉量表

评价指标	4分	3分	2分	1分	0分
你的体力状态好吗	很差	差	较差	尚可	很好
你的精神状态好吗	很差	差	较差	尚可	很好
你感觉身体不适吗	经常浑身不适	大多数候	半数时间	偶尔	很适应
你感觉疲劳吗	很疲劳	疲劳	一般	偶尔	很轻松
你感觉肌肉关节疼痛吗	绝大多数时候	大多数时候	半数时间	偶尔	几乎没有
你感到情绪低落吗	绝大多数时候	大多数时候	半数时间	偶尔	几乎没有
你感觉记忆力减退吗	很差	差	一般	偶尔	很好
你能集中注意力吗	几乎不能	偶尔能	一般能	大多数时候	绝大多数时候
你的睡眠正常吗	经常失眠	大多数时候	半数时间	偶尔	很好
你的食欲正常吗	很差	差	较差	尚可	很好

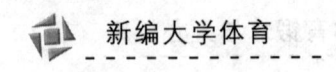

训练项目二　了解体育锻炼对身体健康的作用

一、体育运动时常见的生理变化

人体在活动或体育锻炼过程中会发生一系列的生理变化，认识这些生理变化的机制将会使锻炼者更好地适应这些生理反应，从而提高人体各器官、系统的机能水平。

人们在进行体育锻炼（运动）时的直接能量来源是肌肉中的一种特殊的高能磷酸化合物——三磷酸腺苷（ATP），它在酶的催化下，迅速分解为二磷酸腺苷（ADP）与磷酸（PI），同时释放出能量供肌肉收缩。但是人体的 ATP 含量甚微，只能供极短时间消耗，因此，肌肉要持续运动，就需要及时补充 ATP。体内 ATP 的恢复是糖、脂肪、蛋白质等能量物质通过各种代谢途径来实现的，补充的途径有磷酸肌酸（CP）分解、糖的无氧酵解及糖与脂肪的有氧代谢，生理学上称之为运动时的 3 个供能系统。

1. 无氧代谢供能

人体肌肉在进行剧烈运动时，氧供应满足不了人体对氧的需求，肌肉即利用三磷酸腺苷（ATP）和磷酸肌酸（CP）的无氧分解来释放能量。这是一个无氧供能系统，即磷酸原供能系统。

另一个无氧供能系统是用肌糖原进行无氧酵解供能，由于在酵解中产生乳酸积累，故也把这个供能系统称为乳酸能供能系统。人体肌肉快速运动持续较长时间（10 s 以上）后，磷酸原供能系统已不能及时提供能量供 ATP 的合成，这时就动用肌糖原进行无氧酵解供能。人体乳酸能供能系统的最长供能持续时间约为 33 s。

100 m 跑，无氧代谢占 98% 以上；200 m 跑，无氧代谢占 90%～95%，有氧代谢仅占 5%～10%，因此，短距离跑项目应以提高无氧代谢能力为主。无氧代谢练习中，发展磷酸原供能系统的供能能力最好采用每次 10 s 以内的全速跑重复训练，间歇 30 s 以上，如果间歇时间短于 30 s，会使磷酸原供能系统恢复不足而产生乳酸积累，人体肌肉会感觉酸痛。发展乳酸能供能系统的能力最适宜的手段是全速或接近全速跑 30～60 s，间歇 2～3 min，以使血乳酸达到最高水平，以此来提高人体对高血乳酸的耐受力。

2. 有氧代谢供能

有氧代谢供能是指糖类、脂肪在氧供应充足的条件下，氧化分解成二氧化碳和水，同时释放大量能量供 ATP 再合成的过程。长时间、长距离的运动项目主要是有氧代谢供能，5 000 m 跑有氧代谢占 80%，10 000 m 跑有氧代谢占 90%，很多球类项目也需要良好的有氧代谢能力。有氧代谢供能与人体的肺活量、血红细胞数量关系密切。

二、体育锻炼对肌肉的影响

人体在运动中完成的各种各样优美的运动技术动作、日常生活中的各种生活活动技能，都是通过人体肌肉的主动收缩和放松来实现的。

人在进行体育锻炼时，肌肉的收缩和放松活动会促使肌肉中的毛细血管网大量开放，其开放数量比安静时多 20~50 倍,这样肌肉通过毛细血管获得的氧及养料比安静时要多得多,从而促进肌肉的生长。此外,锻炼时可以使神经系统交感神经对肌肉的营养性作用加强,促进肌肉的代谢,因而肌肉就比平时健壮得多。人们通过体育锻炼使肌肉结实健壮,不仅是人体健康的表现、取得优秀成绩的基础,同时也是健美体形的重要条件。身体各部分肌肉的匀称发展,对不良体态的改善与纠正也有积极的作用。

三、体育锻炼与神经

神经系统是人体各器官活动的指挥者。人体约有 140 亿个神经细胞(人体内工作效率极高的指挥中心)。指挥中心要实现有效而准确的指挥,就必须对外界信息进行了解、分析和综合,因此就有一些专门负责将全身各器官、系统的信息传入和报告中枢神经系统的感觉神经(或称传入神经),指挥中心对这些信息不断加以分析,做出指挥决定,然后通过指挥各器官活动的运动神经(又称传出神经),向全身各器官、系统发布命令,协调指挥人体活动。

经常参加体育锻炼,可使神经细胞在不断的锻炼中提高工作能力,反应更加灵活迅速,指挥更加准确协调,工作更能持久而不易疲劳。普通人从感受外界刺激信号(如听到声音)到指挥中心做出反应的时间一般为 0.30~0.50 s,而经常锻炼的运动员只需 0.12~0.15 s,优秀的运动员只需 0.10 s 甚至更短。此外,运动时有关肌肉的兴奋收缩,无关肌肉的舒张放松,体现了指挥中心的协调指挥能力,可见,体育锻炼对改善和提高神经系统的功能有良好的作用。经常参加体育锻炼对青少年脑细胞的生长发育有积极的促进作用。

四、体育锻炼与心肺功能

联合国"世界卫生日"活动中曾经用"您的心脏就是您的健康"来提醒人们保护心脏。体育锻炼对改善和提高心肺功能具有良好的作用,可促进人类身体健康。

人的生命活动一刻也离不开氧,而将存在于大气环境中的氧气吸入体内直至运送到各组织、器官,则全靠人体内存在的一条氧的运输线,生理学上称之为氧运输系统。氧运输系统由呼吸系统、血液与心血管系统组成。

生理学家对人体的研究表明,运动可使人体心脏细胞产生良好的适应性变化,心肌细胞产生运动性肥大,使心脏重量增大,容积增大,跳动更强有力。约在 100 年前,一位瑞典医生对滑雪运动员的心脏进行检查时,就发现他们的心脏较大而功能又十分强有力,他称之为运动员心脏。一般人心脏约为 300 g,而经常运动的人的心脏可在 300 g 以上,优秀的运动员甚至可达 400~500 g;一般人的心容积约为 750 mL,而运动员的可达 1 000 mL 以上。因此,经常参加体育锻炼的人安静时心肌频率较慢,跳动有力。一些专家认为,坚持运动至少可使心脏推迟衰老 10~15 年。

经常进行体育锻炼还对心血管疾病有良好的预防作用。锻炼可以改善人体内的物质代谢过程,减少脂肪在血管壁的沉积,保持并增进血管壁的良好弹性,对预防心血管疾病有积极作用。

氧气从体外进入人体内的第一道门户是呼吸系统。经常进行体育锻炼能增强呼吸系统功能,表现之一是肺泡具有更好的弹性。肺泡是组成肺的最小单位,氧气就在这里进入血液循环,人的肺约含7.5亿个肺泡,如果将肺泡一个个摊开,总面积可达130 m²。但安静时,人体需要的氧不多,并不是全部肺泡都参与工作,只要大约5%的肺泡参与工作就可以满足身体对氧的需求,因而肺泡活动不足。而体育锻炼时人体需氧量增加,促使大部分肺泡参与工作,这对肺泡弹性的改善与保持十分有益,既有助于增强体质,又可预防呼吸系统疾病。表现之二是锻炼可使负责呼吸的肌肉(呼吸肌)更加强大。肺的扩张和缩小是靠呼吸肌的收缩和放松使胸廓扩大和缩小来实现的,体育锻炼时呼吸加深、加快,迫使呼吸肌收缩更快、更有力,这对呼吸肌是一种很好的锻炼。呼吸肌的强大,可使呼吸深度加深,使肺吸入气体量更大,肺的储备功能及适应能力更强。氧经过氧运输系统到达各组织、器官,并为其所利用,这一能力称之为人体的有氧工作能力。

训练项目三 了解体育锻炼对心理健康的作用

一、体育锻炼对改善大学生心理健康的作用

大学时期学生的心理发展日趋成熟,但在这个阶段随着环境的变化、年级的增高,遇到的问题会逐渐增多,如自我意识、情感、意志、个性等表现还不够稳定,心理活动更加丰富,经常参加体育锻炼有助于改善和增进心理健康。

1. 调节情绪

情绪是人对客观事物是否符合自己需要而产生的态度体验,是心理健康的主要指标。大学生常因学习的压力、同学之间的竞争、人际关系的复杂以及对未来前程的担心而持续产生紧张、焦虑、压抑和不安等不良情绪。通过体育锻炼则可以转移个体不愉快的意识、情绪和行为,使人从烦恼和痛苦中摆脱出来。

2. 正确树立自我

自我的概念是个体在主观上对自己的身体、思想和情感等的整体评价,它是由自我认识形成的。例如"我是怎样一个人""我主张什么""我爱好什么"等。经常参加体育锻炼可以改变自己的身体表象,如男生强健有力,女生形体健美,达到改善身体表象的作用。就身体表象而言,许多学生都存在着障碍,这是一种普遍现象,而且随着年龄的增长,这种身体表象障碍更加明显。如男生较多关注自己的身高;女生过多注重体型、体重。适当的体育锻炼可以改善身体状况,从而帮助他们克服心理上的障碍,使其达到身体自尊的目的。

3. 消除疲劳

疲劳是一种综合性症状,与人的生理和心理因素有关,学生在持续紧张的学习压力下,或是在情绪消极、低沉时,生理和心理上都会很快产生疲劳。这种疲劳极易造成神经衰弱,而研究表明,经常参加适量的体育锻炼,对消除疲劳、保持良好的情绪状态都有很大的益处。

4. 培养意志品质

意志品质是指人的果断性、坚忍性、自制力以及勇敢顽强和主动独立等精神。意志品

质既是在克服困难的过程中表现出来的,又是在克服困难的过程中培养起来的。体育锻炼有独特的环境(如气候、动作难度、场地、器材等),它要求学生不断地克服客观困难和主观困难(胆怯、畏惧、疲劳和运动损伤等),在克服各种困难之中培养良好的意志品质,并能将之迁移到日常生活、学习中去。

5. 治疗心理疾病

体育锻炼已经被公认为是一种良好的治疗心理疾病的方法。美国的一项调查结果显示,1750 名心理医生中,80%的人认为体育锻炼是治疗抑郁症的有效手段之一,60%的人认为应把体育锻炼作为一种治疗焦虑症的方法。因此,体育锻炼不但能增强体质,而且能提高心理素质,治疗心理疾病。

二、体育锻炼对提高大学生社会适应能力的作用

体育锻炼对于提高人的社会适应能力具有重要的促进作用,这是由体育锻炼的社会特性所决定的。人在锻炼时,既需要交往与合作,又存在相互竞争的现象。在这种活动过程中形成的交往、合作和竞争意识的行为,会渗透到日常的生活、学习和工作中去。

1. 体育锻炼有助于人际交往

人际交往是指社会中人与人之间进行信息交流和情感沟通的联系过程。体育锻炼可以增加与他人接触和交往的机会,可以令人忘却烦恼和痛苦,消除孤独感,并逐渐形成与人交往的意识与习惯,使性格外向者通过跳舞、打球等集体活动,满足强烈的交往需要;使性格内向者在参加集体性体育活动时,个性逐步得到改变。

美国有一项研究显示:25%的女性和 18%的男性认为,与同伴一起练习是坚持体育锻炼的重要原因之一。斯蒂芬斯(Stephens)等人研究指出,在他们所调查的加拿大被测试群体中,18%的女性和 12%的男性认为,不与他人一起练习就会阻碍自己继续参加活动;35%的女性和 24%的男性将社会交往看成坚持体育锻炼的重要原因。由此可见,体育锻炼不仅能促进人的社会交往,而且体育活动的社会交往也会提高人们参与体育锻炼的积极性。

2. 体育锻炼有助于培养合作精神

合作是建立在团体成员对团体目标认识相同的基础上的。在合作的社会情境中,个人所得有助于团体所得,它主要体现在个人与他人在一起工作时所获得的社会效益,如交流的增加、互相信任等。在一些相互依赖性的任务(如篮球等集体运动项目)中,合作会使活动变得更加有效,因为团体的成功,必须通过成员的相互协作、共同努力来实现。经常参加体育锻炼,特别是参与集体性的体育锻炼,有助于个体加强合作意识和培养团队精神。

3. 体育锻炼有助于形成竞争意识

竞争是体育运动的主要特性之一。在体育运动过程中,时时处处都充满着竞争,既有对自己运动能力的挑战,又有与他人的争胜;既有个体之间的竞争,又有团体之间的竞争。但运动中的竞争,必须以良好的体育道德为基础,而不是不择手段去伤害他人而达到自己的目的。体育锻炼中的竞争能培养自己积极进取、顽强拼搏的精神。

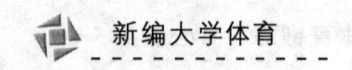

三、体育锻炼有助于改善心理缺陷

参加体育锻炼对改善心理缺陷具有积极的作用。具体可改善人的以下心理缺陷：

1. 改善孤僻的心理缺陷

假如你觉得自己不大合群，不习惯与同伴交往，那么，你就应选择足球、篮球、排球、接力和拔河等集体项目。积极参加这些集体项目的锻炼，会帮助你慢慢地改变孤僻的性格，逐步适应与同伴交往，并热爱集体。

2. 改善腼腆、胆怯的心理缺陷

如果你胆小，做事怕担风险，容易脸红、难为情，那你就多参加游泳、溜冰、滑雪、摔跤、单双杠、跳马和平衡木等项目。这些活动要求人们不断克服害怕摔倒、跌痛等胆怯心理，以勇敢、无畏的精神去战胜困难，跨越障碍。一个时期的锻炼可以使你的胆子自然增大，处事老练。

3. 改善优柔寡断的心理缺陷

如果你觉得自己处事犹豫不决、不够果断，那就多参加乒乓球、网球、羽毛球、摩托车、跨栏、跳高、跳远和击剑等项目。这些活动都会因为任何犹豫和徘徊而延误良机、遭到失败，久练这些项目能帮助你培养果断的个性。

4. 改善急躁、易怒的心理缺陷

如果你发现自己遇事容易急躁，感情容易冲动，那就多参加下棋、打太极拳、慢跑、长距离的步行、游泳、自行车和射击等缓慢、持久的项目。这些体育活动能帮助你调节神经活动，增强自我控制能力，稳定情绪，从而使容易急躁、冲动的弱点得到改善。

5. 改善缺乏信心的心理缺陷

如果你感到自己老是担心完不成任务，那就先选择一些简单、易做的如跳绳、俯卧撑、广播操和跑步等体育项目。坚持锻炼一定时期，信心自然能逐步得到增强。

6. 改善遇事紧张的心理缺陷

如果你感到自己遇到重要事情容易紧张、临场失常（如考试），那就应多参加公开、剧烈的体育比赛，特别是篮球、排球和足球等项目。因为场上形势多变，比赛紧张剧烈，只有冷静沉着，才能取得优势。若能经常在这种激烈的场合中接受考验，遇事就不会过分紧张，更不会惊慌失措，从而给学习、工作带来益处。

7. 改善自负逞强的心理缺陷

如果你发觉自己有好逞强、易自负的短处，那就选择一些难度较大、动作较复杂的技巧运动，如跳水、体操和艺术体操等体育项目，也可以找一些实际水平超过自己的对手下棋、打乒乓球或羽毛球等，以不断地提醒自己"山外有山"，万万不能自负、骄傲。

8. 有助于情绪的调整

体育锻炼能消除烦恼，减轻紧张忧郁，缓解思想压力，使人神采飞扬、愉快向上。情绪不好时,可以采用合理的宣泄方法,如参加足球、篮球和排球等集体项目,通过与他人的积极交往与合作,心情就会逐渐平静,但不能用骂人、打架、摔东西等不文明的方式宣泄不良情绪。

训练项目四 运动处方的制订与实施

运动对机体有好的作用,也有不良的作用。如同药物一样,不同剂量和服用方法对疾病的作用效果不同。不同负荷和练习方法对人体的锻炼效果也不一样,适宜的运动可以增强体力,提高机体的防御能力,预防和治疗疾病。那么,最适合你的运动是什么?如果跑步,一星期该跑几次?每次应该跑多快、多远、多长时间?只有跑步才能改善体质吗……

要解决这些问题,必须引入运动处方的概念。

一、制订运动处方的原则

在制订和实施运动处方时,应遵循下列基本原则:

1. 个体化

由于每个人的身体条件千差万别,不可能预先准备好适应各种情况的处方,即使可能,而个人的身体或客观条件也在经常变化,严格地说,上周的处方在本周就不一定适合。所以必须根据每个人的具体情况,因人制宜,个别对待。

2. 不断调整

对于初定的处方,在实行过程中要进行一次或多次的微调整,使之符合自己的基本情况。一个安全、有效、愉快的运动处方,不是别人给予的,而是自己制订的。书刊上介绍的各种运动处方,只应作为制订自己运动处方的指导性原则。

3. 以耐力为基础

在制订运动处方时,体力的差别比性别和年龄的差别更为重要。因此,即使不根据性别、年龄,而只以体力(全身耐力)情况为基础来制订运动处方,也是适宜的。

4. 保持安全界限和有效界限

为了提高全身耐力水平,必须达到改善心血管和呼吸功能的有效强度,即靶心率范围。如果运动超过这个上限,就可能有危险,这个运动强度或运动量界限,称为安全界限;而达到这个有最低效果的下限,称为有效界限。安全界限和有效界限之间,就是运动处方安全而有效的范围。

二、运动处方的内容

1. 运动种类

现代运动处方要求包括三种运动种类:基础有氧运动、伸展性运动和力量性运动。

(1) 基础有氧运动

基础有氧运动是指有氧运动的耐力性运动项目：健身走、慢跑、自行车、游泳、跳舞、健身操、跳绳、爬山、划船、太极拳，以及非竞技性的乒乓球、篮球、排球、羽毛球、室内自行车等项目。其中健身走、慢跑、自行车、游泳、跳舞、健身操、跳绳、爬山等运动是有氧运动中最常见的形式，能持续地对心脏及循环和呼吸系统产生作用，人们应根据自身的身体状况和健身需求，有针对性地加以选择。

(2) 伸展性运动

伸展性运动项目包括：健身操、广播体操、太极拳、太极功、气功、五禽戏、八段锦、健身迪斯科、跳舞及各种医疗体操和矫正体操等。伸展性运动有助于发展关节和肌肉的柔韧性。长时间缺乏柔韧性练习可导致关节或关节部软组织发生变性、挛缩甚至粘连。医生认为，扩大关节运动的幅度，即扩大人体活动的无疼范围。身体缺乏柔韧性会影响体育锻炼、学习和工作，甚至会影响人们的健康与生活质量，所以必须高度重视柔韧性练习。

(3) 力量性运动

力量性运动项目包括：俯卧撑、仰卧举腿、仰卧起坐、蹬台阶、单杠引体向上、双杠臂屈伸、哑铃扩胸及推举等。肌肉组织的增加，直接影响到身体成分和心血管系统的发展及提高，此外，它还是提高生活质量的重要因素。

2. 不同运动种类的运动处方

(1) 有氧运动的运动处方

① 健身走运动处方

各年龄组健身走运动处方见表 2-2。

表 2-2　　　　　　　　各年龄组健身走运动处方

年龄	20～30 岁			30～39 岁			40～49 岁		
周次	距离(m)	时间(min)	每周次数	距离(m)	时间(min)	每周次数	距离(m)	时间(min)	每周次数
1	1600	15.00	5	1600	15.00	5	1600	15.00	5
2	1600	14.00	5	1600	14.00	5	1600	14.00	5
3	1600	13.45	5	1600	13.45	5	1600	13.45	5
4	2400	21.30	5	2400	21.30	5	2400	21.30	5
5	2400	21.00	5	2400	21.00	5	2400	21.00	5
6	2400	20.30	5	2400	20.30	5	2400	20.30	5

② 健身跑运动处方

在 400 m 的标准跑道上，每 10 m 做一个标记，以便较精确地计算出跑的距离。要求受试者在进行必要的准备运动后，以自己最大的努力和基本均匀的速度跑完 12 min，用秒表计时，由专人用口哨声示意 12 min 时间到。受试者听到口哨声应立即根据自己当时所跑的圈数和跑道上的标记精确计算出 12 min 内所跑的距离，并将距离以千米为单位代入下面的公式，所计算出来的数值就是受试者的最大吸氧量估测值。

最大吸氧量 = [距离(km) − 0.5049] ÷ 0.0447。

12 分钟跑距离与最大吸氧量见表 2-3。

表 2-3　　　　　　　　　　　　12 分钟跑距离与最大吸氧量

距离(km)	最大吸氧量(L)				评价等级
	<30 岁	30～39 岁	40～49 岁	≥50 岁	
<1.610	25.0	25.0	25.0	25.0	非常差
1.610～1.990	25.0～33.7	25.0～30.0	25.0～26.4	25.0	差
2.000～2.390	33.8～42.5	30.2～39.1—	26.5～35.4	25.0～33.7	普通
2.400～2.800	42.6～51.1	39.2～48.0	35.5～45.0	33.8～43.0	好
≥2.810	≥51.6	≥48.1	≥45.1	≥43.1	优秀

③心肺耐力运动处方

心肺耐力运动处方见表 2-4。

表 2-4　　　　　　　　　　　　心肺耐力运动处方

动作形式	100 m 跑＋100 m 走	150 m 跑＋250 m 走	250 m 跑＋150 m 走
运动时间与强度	20 min 最大心率的 50%	30 min 最大心率的 50%	20 min 最大心率的 60%
运动时间与频率	2～3 天/周	2～3 天/周	2～3 天/周
评价及建议	需加强(0%～20%)	普通(21%～80%)	优良(81%～99%)

④伸展性项目运动处方

伸展性项目运动处方见表 2-5。

表 2-5　　　　　　　　　　　　伸展性项目运动处方

部位	项目	需加强(0%～20%)	普通(21%～80%)	优良(81%～99%)
腿后	动作形式	坐姿体前弯：直腿，将身体前压使手触摸小腿 改良式坐姿体前弯：抱腿屈膝，胸、腿相碰，将身体前压使腿尽量伸直 单侧坐姿体前弯：一条腿屈膝侧放，另一条腿伸直，将身体前压使手触摸小腿		
	时间强度	15 s×10 次	20 s×7 次	30 s×5 次
	运动频率	3 回/天	2 回/天	1 回/天
腿前	动作形式	跪式：双膝跪地，小腿贴地，上身后仰 单边跪式：单膝跪地，小腿贴地，另一条腿伸直，上身后仰		
	时间强度	15 s×10 次	20 s×7 次	30 s×5 次
	运动频率	3 回/天	2 回/天	1 回/天
小腿	动作形式	弓箭步式：一脚在前，另一脚在后膝盖打直，重心放在后腿上 立姿：双脚踩在 5 cm 高的台阶上，脚跟着地，身体向前倾		
	时间强度	15 s×10 次	20 s×7 次	30 s×5 次
	运动频率	3 回/天	2 回/天	1 回/天
腰部	动作形式	端坐，体前弯：双脚掌相对，将身体前压 转腰：端坐，一脚跨过另一脚，屈膝腿的对侧手扳着屈膝腿脚部，身体转向屈膝腿		
	时间强度	15 s×10 次	20 s×7 次	30 s×5 次
	运动频率	3 回/天	2 回/天	1 回/天

(续表)

部位	项目	需加强(0%~20%)	普通(21%~80%)	优良(81%~99%)
肩部	动作形式	正、反压肩:手扶一定高度的物体或两人互相手扶对方肩下压 吊肩:单杠各种握法的悬垂;或单杠悬垂后,两腿从两手间穿过下翻成反吊		
	时间强度	15 s×10 次	20 s×7 次	30 s×5 次
	运动频率	3 回/天	2 回/天	1 回/天

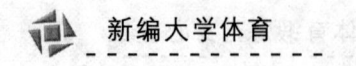

⑤力量性项目运动处方

力量性项目运动处方见表2-6。

表2-6　　　　　　　　　　力量性项目运动处方

部位	项目	需加强(0%~20%)	普通(21%~80%)	优良(81%~99%)
腿部	动作形式	垂直跳:双脚全力跳,并触摸比自己高30 cm的标物	双脚跳阶:双脚反复跳30 cm高的平台或台阶	跳绳:以90 次/min 的频率跳绳
	重复次数	1~8 次×1~3 组	1~12 次×1~3 组	1~40 次×1~5 组
	运动频率	2~3 天/周	2~3 天/周	2~3 天/周
肩背部	动作形式	手臂前、侧平举1~3 kg	肩部推举1~3 kg	俯卧起或撑:身体俯卧并将上身仰起或撑起
	重复次数	1~12 次×1~3 组	1~8 次×1~3 组	1~30 次×1~4 组
	运动频率	2~3 天/周	2~3 天/周	2~3 天/周
胸部	动作形式	伏地挺身:膝盖着地,双手置于高20 cm的平台上	伏地挺身:膝盖着地,双手置于平地	伏地挺身:膝盖着地,双手置于高20 cm的平台上
	重复次数	1~12 次×1~3 组	1~8 次×1~3 组	1~5 次×1~3 组
	运动频率	2~3 天/周	2~3 天/周	2~3 天/周
腹部	动作形式	仰卧起坐:小腿置于板凳上,仰卧起坐	仰卧起坐:身体仰卧长凳上,腰部以下悬于板凳外,双脚举起	仰卧起坐:屈膝仰卧起坐
	重复次数	1~20 次×1~7 组	1~20 次×1~7 组	1~20 次×1~4 组
	运动频率	2~3 天/周	2~3 天/周	2~3 天/周

思考题

1. 简述人体健康与亚健康的区别。
2. 亚健康对人体的危害有哪些?
3. 体育锻炼对人的心理和身体健康有哪些意义?
4. 浅谈你对体育锻炼的态度。

模块三

体育锻炼与营养

学习目标

- 了解身体健康与科学合理膳食的关系
- 理解体育锻炼与营养和增强免疫力的基本概念
- 知道肥胖产生的原因及其危害

训练项目一 了解平衡膳食对健康的意义

一、平衡膳食的概念

合理营养是保证人体正常发育、促进健康、防治疾病以及延年益寿的重要外界因素之一。英国营养学家莱纳斯·波林斯曾断言：合理营养可使人的寿命延长20年。

合理营养的关键是"适度"，这主要通过平衡膳食来实现。平衡膳食是指膳食中所含的营养素种类齐全、数量充足、比例适当，膳食所供给的营养素与机体的需要之间能保持相对平衡，以利于消化、吸收和利用。

平衡膳食应包括五大类食物：谷类及薯类、动物性食物、豆类及其制品、水果和蔬菜类以及纯热能食物。

二、平衡膳食与健康

通过平衡膳食获得的合理营养可改善健康状况，使人精力充沛，体格健壮，提高学习与工作效率，增强机体的免疫力。中国营养学会常务理事会根据平衡膳食、合理营养、促进健康的原则，提出以下平衡膳食的方案：

1. 食物多样，谷物为主

人体所食用的食物多种多样，而各种食物的营养组成并不完全相同。除母乳之外，其他任何天然食品均不能提供人体所需要的全部营养素。而平衡膳食由多种食物组成，能满足人体所需的各种营养素。因此，要提倡广泛食用多种食物，只有平衡膳食才能达到合理营养、促进健康的目的。此外，还应粗细搭配，经常吃一些粗粮、杂粮等。这些粗粮与杂粮含有细粮在加工中所失去的维生素、矿物质及纤维素等。

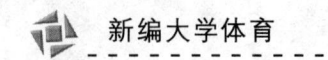

2. 多吃蔬菜、水果和薯类

蔬菜、水果是某些维生素和无机盐的重要来源,它们富含纤维素、果胶和有机酸,能刺激胃肠蠕动和消化液的分泌,对增强食欲和促进食物消化吸收起着重要的作用,且其种类繁多,可使饮食多样化。根茎薯类的淀粉含量较高,被称为"植物面包"。经常食用这些食物,对于保护心血管健康、增强体质、减少眼干燥症的发生以及预防某些癌症等都有着十分重要的作用。

3. 每天食用奶类、豆类及其制品

奶类除含有丰富的优质蛋白质和维生素外,含钙量也较高,且利用率很高,是天然钙质的极佳来源,它适用于各年龄段的健康人和体弱者,是婴幼儿、老年人和病人的理想食品。豆类及其制品则含有丰富的优质蛋白质、不饱和脂肪酸、烟酸、钙及维生素 B_1、维生素 B_2 等。

4. 经常食用适量的鱼、禽、蛋、瘦肉,少吃肥肉和动物油

鱼、禽、蛋、瘦肉等动物性食物是优质蛋白质、脂溶性维生素和矿物质的重要来源。动物性蛋白质的氨基酸组成更适于人体需要,而且其中赖氨酸含量较高,有利于补充植物性蛋白质中赖氨酸的不足;人体对肉类中铁的利用率较高,鱼类特别是海鱼所含的不饱和脂肪酸有降低血脂和防止血栓形成的作用;动物肝脏富含维生素 A、维生素 B_{12} 和叶酸等,但有些动物脏器(如脑、肾等)胆固醇的含量非常高,不利于预防心脑血管系统疾病。肥肉和荤油是高脂肪和高能量的食物,摄取过量不仅会造成肥胖,还有可能引发某些慢性病。

5. 选择清淡少盐的膳食

清淡少盐的膳食有利于健康。食品既不要太油腻,也不要太咸,尽量少食用油炸、烟熏食品。世界卫生组织建议每人每天食盐的摄入量以不超过 6 g 为宜。

6. 食量应与体力消耗相平衡,保持适宜的体重

食物所提供的能量不仅要满足生命所必需的基本能量,而且还要提供人体从事体力活动的能量。但如果摄入量过大而消耗量不足,那么过剩的能量就会在体内以脂肪的形式贮存下来,使体重增加,时间久了就会导致肥胖;反之,如果摄入量不足而消耗量过大,那么体内贮存的脂肪和糖原将会被动用,甚至体内的蛋白质也被用来供能,从而使体重减轻,引起消瘦,导致肌力下降,影响学习与工作。长期热能摄入不足,会影响蛋白质的吸收与利用,引起蛋白质—热能营养不良。所以我们应注重人体能量摄入与消耗的平衡,做到三餐能量分配合理。

7. 饮酒应适量

长期以来,酒一直是人们用来缓解心理压力和精神紧张的饮品。但大量饮酒会使人的食欲下降,影响食物的摄入,从而导致多种营养素缺乏,严重时还会造成酒精性肝硬化,增加高血压、中风等心脑血管疾病的发病率。此外,酗酒可导致事故与暴力事件的增加,对个人健康及社会安定均有危害,进而会产生严重的社会问题。因此,应严禁酗酒,若饮酒则应饮少量的低度酒,青少年不应饮酒。

训练项目二　了解营养与免疫

营养是指人体摄取、消化、吸收和利用食物中的养料以维持生命活动的整个过程。它是保证人体正常生长发育、增进健康、预防疾病、提高学习和工作效率的重要因素。人体在运动过程中会消耗一定的能量,这些能量需要及时补充,而合理膳食是人体能量补充的主要渠道。

一、大学生营养的特点

大学生身体发育趋于成熟期,繁重的学习任务、紧张有序的生活及体育锻炼,促使新陈代谢加快,体能消耗加大,这些都需要通过食物营养来补充。如果此阶段营养摄取量不均衡,将会造成体力下降,引起机体疲劳,精力不集中,抵抗疾病能力降低,由此影响正常的学习和生活。

大学生的营养特点主要体现在以下两个方面:一是大学期间主要以用脑学习为主,大脑的思维、记忆、理解等活动十分活跃,脑力消耗量大,故大脑对各种营养素的需要量也随之增加;二是大学时期处于青春发育期的顶峰阶段,身体的生长发育需要大量而全面的营养素进行补充,以促进青春期发育的完成。

因此,从营养学的角度讲,大学生的膳食除了保证足够的糖、蛋白质和脂肪的供给以外,还要注意维生素 B_1、B_2 和烟酸的充分供给,以营养脑细胞,保持记忆力,提高注意力和理解能力,促进大脑机能活跃、思维敏捷,提高学习效果。

二、营养的补充

1. 蛋白质

蛋白质在人体内的储存量甚微,其中部分由体内蛋白质分解后重新生成,大部分需要从食物中摄取。营养充分时人体可储存少量(1%)蛋白质,人体内的蛋白质每天有3%要更新。每天必须供给一定量的蛋白质,才能满足人体的需要量。我国成人蛋白质的供给量每日为 1.0～1.5 g;蛋白质供给的热能应占日常膳食总热能的 10%～14%,成人的为 10%～12%。

影响人体运动能力的许多因素,如肌肉收缩、氧的运输与贮存、物质代谢与生理机能的调节等,都与蛋白质有密切的联系。

体育运动中的蛋白质代谢变化,根据不同性质的运动,作用又有所差异。耐力性运动使体内蛋白质分解加强,合成速度减慢,机体尿氮和汗氮排出量增加;在力量性运动使蛋白质分解加强的同时,活动肌群蛋白质的合成也在增加,并大于其分解的速度,因而肌肉壮大。蛋白质的摄入不足,不仅影响体育锻炼的效果,而且会发生运动性贫血及生理疾病。同时,对肌肉壮大和提高肌肉功能也有副作用,而且对正常代谢也有不良影响。

2. 运动与糖(碳水化合物)

碳水化合物的供给量依赖于饮食习惯、生活水平等因素,目前我国正常人的碳水化合物供给量以占总热能的50%~70%为宜。

碳水化合物在能量代谢中十分重要,是运动中的重要能量物质。运动时肌肉的摄取量为安静时的20倍以上,体内糖原贮藏量与运动能力成正比。运动前和运动中合理补充糖,可减少糖原消耗,提高血糖水平,有利于提高运动能力。运动后补充碳水化合物可促进糖原贮备的恢复。

3. 运动与脂肪

一般人的食物中脂肪以占总热量的17%~25%为宜。从事大运动量的年轻人的食物中脂肪量不应超过35%。膳食中脂肪总摄取量与动脉粥样硬化症的发病率、死亡率呈正相关,与乳腺癌的发病率也呈正相关,摄取脂肪过多还会引起大量脂肪在肝脏存积而形成脂肪肝。摄入量过多,还会导致体内热量过剩。过剩的热能转化为脂肪存于体内,使机体肥胖,容易产生心血管疾病。

脂肪是长时间运动的主要能源,但必须在氧充足的情况下,一般是在运动强度小于最大耗氧量55%时,脂肪酸才能氧化供能。运动水平与氧化脂肪的能力有关。训练可以改善体内脂肪代谢酶的活性,从而提高氧化脂肪的能力。

4. 运动与维生素

维生素是维护身体健康、促进生长发育和调节生理机能所必需的一类(低分子)有机化合物。人体不能生成维生素,必须从食物中摄取。它对体内生物氧化等代谢过程有重要作用。当机体缺乏维生素时,就会引起代谢紊乱,并出现相应的病理症状。

维生素对于体育运动十分重要,它不仅是保证身体健康所必需的,而且有的维生素直接影响人体的运动能力。对人体运动影响较大的维生素有以下几种:

(1)维生素 B_1

维生素 B_1 在能量代谢和糖代谢生成ATP的过程中起着重要的作用,对肌肉耐力有直接影响。通常每摄取1000 kJ的能量,需要摄取1 mg维生素 B_1,即每天需要摄入3~6 mg的维生素 B_1。它主要来源于粗粮。

(2)维生素 B_2

维生素 B_2 与人体细胞呼吸有关,因此在有氧耐力运动中起重要作用。维生素 B_2 摄取量是每摄取1000 kJ能量,应摄取0.5 mg维生素 B_2。它集中在少量食物中,其中肝、肾中含量丰富,牛奶、大豆中也较多。

(3)维生素 B_6

维生素 B_6 作用于蛋白质和氨基酸代谢,促进糖、血红蛋白、肌红蛋白和细胞色素的合成,并且是糖原合成和分解过程中糖磷酸化酶的一种成分。经常锻炼的人对其需要量增加。一般男性为2 mg/d,女性为1.6 mg/d。坚果类、豆类、蔬菜、水果均含有维生素 B_6,米糠、麦芽中含量最为丰富。

(4)维生素 C

维生素 C是一种强有力的抗氧化剂,大运动量训练会使人体维生素C的代谢加强。运动后补充维生素C有利于减轻疲劳、缓解肌肉的酸痛、增强体能及保护细胞与消除自由基,但不宜过量补充。它主要来源于蔬菜、水果。

(5)维生素 E

维生素 E 是一种重要的抗氧化营养素,有消除自由基、减缓脂肪氧化的作用,有助于运动期间保护红细胞的完整性。它的主要来源是植物油、麦胚、坚果类及其他谷类食物。

5. 运动与无机盐

人体需要的无机盐约有 60 多种,主要有磷、钠、钾、钙等,总量约占体重的 4%,它们构成人体组织细胞和维持人的正常生理功能所不可缺少的营养成分。

人体在物质代谢中有一定量的无机盐排出体外,必须从食物中得到补充,保持体内的平衡。若不能得到满足,体内的代谢和生理机能就会受到影响,甚至发生疾病。

6. 运动与水

水是人体重要的组成部分和不可缺少的营养物质,是除氧以外人体赖以生存的最重要物质。当体内的水分损失 20% 时,人体就无法生存。

一般成人体重的 1/3 是由水组成的,血液、淋巴、脑脊液含水 60%～80%,脂肪组织和骨骼含水 30% 以下。肥胖者体内的水分比瘦人少。水具有保证和参与物质代谢、调节体温、体内物质运输和保持腺体正常分泌等功能。

人体水的需求量取决于排出量。每日摄入的水量应与人体经过各种途径排出的水量保持平衡,称为"水的平衡"。1 500 mL 是成年人一般情况下每日对水的最低生理需求量,安全供水量以每日 40 mL/kg 为宜。高温、运动等排汗多时,供水量应相应增加。

三、营养补充的原则与特点

1. 合理的营养原则

正确的科学知识、合理的膳食原则及膳食结构,能够满足人体的正常生理需要,有助于人体吸收与利用营养,减轻机体的负担。更多地了解营养的不足与过剩对身体的危害,有助于大学生讲究平衡膳食,科学配餐,使饮食结构符合健康的需求。

(1)平衡性原则

平衡性原则是指人体所摄取的各种营养成分应与身体的生理需要之间相对平衡,反之为营养失衡。营养失衡主要有两种情况:一种是营养不良,即营养摄入量过少,不能满足身体需要。其主要表现为经常头晕、怕冷、易疲倦、身体无力、体重减轻等,长期营养不良有可能导致一些营养不良疾病的发生。另一种是营养过剩,其主要表现为人的体重过量增加,并引起肥胖等疾病。因此,人体营养的补充要保持相对平衡,以满足人体的正常生理需求为最佳。

(2)全面性原则

全面性原则是指人们的饮食结构与习惯,应保证人体摄取的营养成分要全面,不能偏食。如乳品和蛋类的营养最为丰富,但乳品中缺少铁元素,蛋类中缺少维生素 C。只有摄取多种食物中包含的各类营养成分,才能保证人体健康。

(3)针对性原则

在实际生活中,每个人受遗传因素、身体状况、所处年龄阶段、生活环境和营养状况等诸多因素的影响,其身体状况有所不同,因此,在营养摄入和补充方面应区别对待。营养素供给要根据生活和工作环境、生理条件改变等及时给予适当的调整。例如：身体活动增多时，能量摄入要有所增加；女生月经期或月经量大时，要注意适当补充铁，而月经量少时，要注意适当补充钙。

(4) 调剂性原则

调剂性原则是指为了确保人体健康的需要，应随着季节变化来变换饮食结构，合理安排膳食，供应充足的营养，满足身体的需要。例如：春季饮食应温和平淡；夏季应少吃油腻食物，多吃清淡食物；秋季要适当节制饮食量；冬季出于御寒的需要，可多吃脂肪类食品，并注意多吃蔬菜以及补充维生素。总之，在调剂膳食的过程中，要根据季节特点，尽可能地使摄入的营养成分齐全，以满足身体健康的需要。

2. 不同体育运动项目的营养特点

营养对从事体育锻炼的人的体质具有特别重要的意义。体质的好坏，除与先天遗传和后天训练有关外，还与长期摄取的营养素的质和量密切相关。如营养状况差、运动能力下降，便难以承受大强度、大运动量负荷的系统训练，且易发生过度疲劳和疾病；营养过剩，会导致运动者体重不适宜地增加，从而影响运动成绩。因此，合理的营养是保证人体运动的基本条件。

体育运动的项目很多，由于各个项目的技术结构、运动强度和精神紧张程度不同，运动时的能量消耗和三大能源物质的分配也不一样。

(1) 速度性运动的营养特点

速度性运动的特点是时间短、速度快、强度大。其代谢特点是能量代谢率高，运动中高度缺氧，能量来源主要依靠磷酸原系统和糖无氧酵解。因此，膳食中应含较多易吸收的碳水化合物、维生素B族和维生素C，同时还应有足够的蛋白质。

(2) 耐力性运动的营养特点

耐力性运动时间长、体力消耗大，其代谢特点是能量与各种营养素消耗比较大，能量代谢以有氧化为主。肌糖原消耗、蛋白质分解加强，脂肪供能比例随运动时间延长而增加。因此，应供给充足的糖，以增加体内糖原以及蛋白质和铁的储备。膳食中可适当增加富含脂肪和维生素C及维生素B族的食物。

(3) 力量性运动的营养特点

力量性运动要求肌肉有较大的力量和较强的爆发力，所以肌肉对蛋白质的需要量大大增加，特别在训练初期，要供给充足的蛋白质以及维生素B_2。同时也要保障碳水化合物、铁、钙和维生素B_1、维生素C的供给。

(4) 灵巧性运动的营养特点

灵巧性运动要求机体的协调性高，神经系统紧张，为完成高难度动作，对体重的控制有较高的要求。所以膳食中要保障充分的蛋白质、磷和维生素B_1、维生素C。

(5) 球类运动的营养特点

球类运动对速度、耐力、灵敏性和力量等综合素质有较高的要求，所以球类运动的营养供给应较全面。球类比赛间歇中，一般不应进食，可服少量含水果酸及维生素C的饮料。如有饥饿感，可在饮料中加些葡萄糖。

(6)游泳运动的营养特点

游泳运动使运动员散热量增加,能量消耗量加大。所以,其膳食中的热能要高,同时要注意有较多的脂肪和维生素 A,以利于保持体温和保护皮肤。长、短距离的游泳项目不同,可参照前面耐力和速度运动项目的营养特点。

四、体育锻炼与免疫

近年来,随着现代免疫学与临床医学的发展,运动免疫学作为一门新兴学科也得到了迅速发展。运动对免疫能力的影响是当今体育科研界的一大热点,它不仅体现在竞技体育领域,同时也体现在全民健身领域。

1. 健身锻炼对人体免疫功能的影响

以强身健体为目的的体育锻炼不同于竞技运动,二者的强度与时间不同,对免疫系统的影响也不同,其影响程度取决于锻炼者的运动习惯、运动种类、运动强度及年龄、性别和体质状况等因素。

(1)健身后对细胞免疫能力的影响

有研究表明,有运动习惯者的淋巴细胞反应性明显高于无运动习惯者,有运动习惯者的单核细胞对酵母多糖的吞噬机能大大高于无运动习惯者,而免疫球蛋白和补体水平则无明显差异。因此,运动习惯对细胞免疫有较大影响,而对体液免疫的影响则较小。即长期系统地进行健身锻炼,可以使人体细胞免疫机能明显增强。

(2)体育锻炼对体液免疫能力的影响

有研究表明,长期坚持长跑者血浆 LgA、LgM、LgC 显著性高于对照组,其患呼吸道感染的人数显著少于对照组。

运动引起的淋巴机能变化及其与类鸦片肽的关系日益受到重视。每天持续跑步的人,有时可能出现被称为"跑步性快感"的现象,表现为心情愉快、内心舒畅,其原因在于运动使 β-内啡肽含量升高。

2. 急性运动后人体免疫功能的变化

(1)大强度、短时间运动对人体免疫功能的影响

有研究证明,短时间、最大强度运动及短时间、亚极限运动后,机体免疫功能显著升高。表现在运动者在运动后白细胞数量、NK 细胞数量和活性以及单核细胞数量均即刻显著升高。

(2)耐力运动对人体免疫功能的影响

对于不同性质的耐力运动,人体免疫功能的反应有所差异。长时间运动至力竭,NK细胞在运动过程中逐步降低,运动后 1.5～2 h 降至最低,然后逐渐增高,运动后 21～24 h 接近安静水平。

(3)逐级递增负荷运动对人体免疫功能的影响

人体在非衰竭性逐级递增负荷运动后,白细胞数量、淋巴细胞数量、NK 细胞数量和活性均显著升高;在衰竭性逐级递增负荷运动后,NK 细胞的活性显著下降,24 h 后逐渐恢复到运动前的水平。

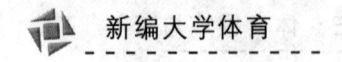

训练项目三 了解肥胖症的成因、危害与预防

一、肥胖形成的诊断

肥胖是指人体脂肪的过量储存所引起的体重增加,即全身脂肪组织增加,与其他组织失去正常比例的一种状态。一般认为超过标准体重的10%～19%为超重,超过20%为肥胖症。

体重的计算方法很多,按布诺卡(Broca)公式,我国专家认为中国成人标准体重可使用下列计算公式:

1. 标准体重的计算方法

标准体重(kg)=[身高(cm)-100(适用于身高为165 cm以下者)](kg)

标准体重(kg)=[身高(cm)-105(适用于身高为166～175 cm者)](kg)

标准体重(kg)=[身高(cm)-115(适用于身高为176 cm以上者)](kg)

2. 理想体重的计算方法

理想体重的计算方法是1986年由中国军事医学科学院等单位推荐的并被专家、学者被认定。南方、北方以长江为界,计算公式为

理想体重(男)(kg)=[身高(以cm计数)-80]×0.7

理想体重(女)(kg)=[身高(以cm计数)-70]×0.6

$$肥胖度=\frac{实际体重-理想体重}{理想体重}\times 100\%$$

当肥胖度超过20%时就视为肥胖。但这种方法计算出的只是体重超重的情况,并不能代表体脂含量的多少。17～27岁的男性,体脂超过20%就是肥胖;27～50岁的男性,体脂超过30%才为肥胖;17～27岁的女性,体脂超过30%为肥胖;27～50岁的女性,体脂超过37%才为肥胖。体重有随年龄增长而自然增长的趋势。

二、肥胖的成因

1. 肥胖的遗传成因

肥胖与遗传因素有密切关系,父母双方肥胖者,其子女发胖的可能性约为80%;父母一方肥胖者,其子女肥胖的可能性约为40%;而双亲正常者,其子女肥胖的可能性仅为23%。

2. 生活习惯与肥胖

后天性肥胖的人群中,有11%归咎于年龄增大,活动量减少;34%归咎于自幼抚养不当,营养过剩;55%归咎于饮食不当,进食脂肪和热量过高。由此可见,大多数肥胖者是后天的,多吃少动是导致肥胖的主要原因。

三、肥胖的危害

人的身体过于肥胖会给机体带来很多危害。首先,肥胖的身躯不仅使人的体态不美,同时也给生活、行动造成许多不便;其次,过于肥胖引起人体的生理、生化及病理等一系列的变化,使人的生活能力、生理机能和工作能力下降,容易发生多种疾病,甚至影响人的寿命。

四、运动与减肥

对于单纯性肥胖(外源性肥胖或过食性肥胖)来说,多吃少动是造成肥胖的主要原因。减少摄入热量,增加人体活动,加大热能消耗量,是减肥的一个有效途径。大学生正值生长发育时期,需要丰富的营养素,因此,通过体育锻炼的方式进行减肥是最佳途径,决不可过度节食。

1. 有氧运动

有氧运动代谢的特点是糖的无氧酵解和有氧代谢,脂肪的有氧代谢和运动会使脂肪氧化。同时,有氧运动能消耗体内的多余脂肪,采用中高强度持续时间较长的有氧运动,是减肥的有效办法。

一般每周锻炼5~7次为最佳,每次锻炼时间为30~60 min,最好选择在早晨,因为早晨锻炼即使在停止运动后,也会继续消耗多余的热量。

青年学生最好选择快走、有氧跑、轮滑、健美操、登山、柔韧性练习和肌力循环练习等运动方式进行减肥。

有氧运动要根据年龄、健康状况、职业等因素选择锻炼的时间、内容。如青年学生早晨就不宜安排过大的运动量,而应尽量选择课余时间,并应注意晨练的低血糖等现象。

2. 运动强度

许多人放弃了运动减肥,是因为在短时间内没有看到运动的效果。其问题有二:一是不能长期坚持;二是运动强度不够,达不到效果。

通常在运动期间用检查心率(最快心率百分比)的办法,作为衡量运动强度的标准。一般将运动时最快心率百分比为60%~70%的运动强度区域,称为"坚持区";最快心率百分比为70%~80%的运动强度区域减肥效果最佳,称为"有效区"。例如,若某人运动时最快心率为185次/min,则其"有效区"心率应为130~148次/min。为了达到减肥的目的,运动强度以最大吸氧量为60%~70%、心率为130~140次/min为宜。

3. 渐进练习

在没有运动习惯的情况下,可以从5~10 min的运动开始,而后每周增加1~2 min,直至达到运动时间的最低限(30~60 min)。随着练习时间的增加,随之增加运动负荷(心率130~140次/min),再就是增加每周的练习次数,可由开始的每周3次增加到每周5~7次。只有循序渐进,持之以恒,不间断地进行锻炼,才能达到减肥的目的。

4. 保持低脂、均衡的饮食

脂肪在人的生长发育过程中起着非常重要的作用,是饮食中不可缺少的,但摄入量过多,会使脂肪堆积,引起肥胖,反而不利于健康。

因此,应注意营养的合理安排。食物应以谷类为主,多吃蔬菜和水果,蛋白质一定要充足,如奶类、豆类、瘦肉、鱼、鸡、蛋,每天脂肪摄入量以 35～40 g 为佳,甜食要少食用,碳水化合物应适量。

➡ 思考题

1. 简述科学合理的膳食对人体的作用。
2. 你如何看待合理的营养与营养过剩问题?
3. 你的身体属于胖还是瘦,想要做哪些补救?

模块四

体育卫生与保健知识

学习目标

- 了解体育锻炼与基本卫生的关系
- 知道什么是运动性疲劳、运动性疾病及损伤
- 掌握运动性疲劳和运动性疾病及损伤的预防和处置

训练项目一 了解体育卫生环境

体育卫生是指为达到增强体质、增进健康的目的,改善和创造合乎生理要求的体育锻炼条件和环境所遵循的卫生要求。违反这一要求而盲目地进行体育锻炼,不但达不到预期的效果,反而会导致各种运动伤病,损害人体健康。

一、运动环境

运动环境是指人们进行体育锻炼时的外界条件,如空气、水、场地和运动建筑、设备等。运动环境是人类赖以生存的自然环境的一个部分,因此受自然环境的影响,人们在进行体育活动时,机体代谢加强,与环境关系更加密切,直接受环境的影响。

二、运动时的空气卫生状况

日常生活中,普通成人吸入的空气量约为 9 L/min;而当进行体育锻炼时,机体代谢加强,肺通气量增加,所吸入的空气量比平时增加 10 倍,约为 100 L/min。因此,应选择空气清新、没有空气污染的地方进行锻炼。若在有废气排出的工厂附近,应避开生产时间或在上风向进行运动;在城市中心区域,则应避开交通繁忙时间,因为此时汽车排出的尾气量较多,空气中的氮氧化物含量最高,交通干道两旁 20 m 内的空气都会受到较重的污染,不应在这些地方运动。

在人数较多、通气和换气不充分的体育馆或密闭的室内进行体育锻炼时,因空气中的二氧化碳含量过多,故应注意通气除尘。此外,大风扬尘、大雾天气都不应进行体育活动。

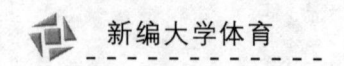

三、气温的变化与体育锻炼

气温对人体的体温调节和新陈代谢有很大影响,当气温降低时,人体内产生的热增加,散热减少;相反,当气温升高时,人体内散热增加,产热减少。人体通过这种体温调节机能,保证生理的平衡,但人体的生理调节机能是有限的。当人们在进行体育活动时,无论外界气温如何,机体内产热都会大幅度增加,而增加的热量在高温环境下是较难向外散发的,会蓄积在体内而使体温升高,一旦中枢神经的温度升高,就可能引起一系列的机能失调,甚至死亡。同时,由于机体内以大量出汗来增加蒸发散热,体内大量水分和无机盐的丢失,可引起脱水和热痉挛病症。

气温过低,使肌肉僵硬,黏滞性提高,容易引起运动损伤;寒冷的刺激能提高神经系统的兴奋性,肾上腺分泌增加,心跳加强,血液循环加快,血压上升,外血管收缩,回心血量增多;老年人和有心血管疾病的患者应注意在低温时减少活动,避免心血管疾病的发作。

四、太阳射线对人体的影响

太阳照射到地球上的射线可分为光线、紫外线和红外线三个部分。光线是许多生物生存不可缺少的条件,对人类尤为重要。

紫外线的生物作用极其明显,故又称生物射线,其主要作用如下:

1. 促进体内抗体的形成和提高血液的杀菌能力,提高机体免疫能力。
2. 可使细菌体内的蛋白质产生光化分解作用而死亡,有很强的灭菌作用。
3. 能使人体皮肤中的L-脱氢胆固醇转变成维生素D,是人体获得维生素D的主要来源,而维生素D具有防治佝偻病、促进少年儿童生长发育的作用。
4. 使皮肤中的黑色素原转变为黑色素,使皮肤变黑。黑色皮肤能吸收太阳射线,防止其对深层组织的伤害。

但紫外线也有不利的一面。过量照射紫外线,可使局部皮肤毛细血管扩张充血,使表皮细胞破坏,释放出组织胺类物质,增进血管通透性,使皮肤发红和水肿,出现红斑;过量紫外线照射还可以引起光照性皮炎、光照性眼炎、头痛、头晕、体温升高和精神异常等症状,甚至还会诱发皮肤癌。

红外线对人体的主要作用是热效应,可通过皮肤到达深层组织,使该部分温度上升,血管扩张,循环改善,代谢加强。红外线在医疗上多用于消炎、镇痛和改善局部营养等,常用来治疗运动损伤、神经痛和某些皮肤病。因此,在室外进行体育锻炼时,要尽量避免强烈日光过度照射,防止紫外线和红外线对人体的损害。

五、运动场地卫生

人们进行体育锻炼时,需要有一个宽敞、合适、卫生、安全并使人有愉快感的活动场所。因此,在有条件的情况下,体育活动场地不能过于狭窄,球场或跑道周围应留有一定的余地;运动场地应无碎石杂物,木制地板应平坦坚固,没有木刺和裂缝;体育馆的通风状况要好,保持恒温和空气新鲜,采光和照明要充足;室外运动场地四周应无空气污染。

六、运动服装与器材卫生

运动服装的设计要美观大方、透气好、防湿、实用并突出符合运动项目特点。此外,在冬季,室外运动服既要考虑保暖性能,又不能妨碍运动的完成。运动器械安装要坚固、得当,并注意及时检查维修,防止生锈以及连接处脱落。器械放置应保持一定距离,避免练习时发生冲撞而受伤。

七、女性体育卫生

女性经常参加体育锻炼,不仅可以促进生长发育,增进健康,提高各系统、器官的功能水平,更好地完成紧张的学习和工作任务,而且能够调节情趣,陶冶情操,使身体各部位的肌肉得到协调均匀的发展,塑造美好的形象,对提高民族素质具有重要的意义。

女子体育锻炼,在运动项目的选择和运动量的安排上,要依据女子生理的特点,并要遵守相应的体育卫生要求。

1. 女子发育的生理特点

(1)女子运动系统的特点

女性骨组织中的水和脂肪含量多于男性,无机盐含量较少,故韧性大;上肢细而短,上体长,窄而细,下体短,粗而壮,骨盆比男性宽,重心低;女性肌肉力量比男性小,为男性的60%~70%。

(2)心血管系统的特点

女性心脏质量比同龄男性约轻15%,女性心脏质量约为239 g,男性约为272 g;女性心脏容积量比男性小,女性为455~500 mL,男性为600~700 mL。故女性心血输出量少于男性。同男性相比,女性心率快,血压低;就全身含血量而言,女性占体重的60%,男性占体重的80%。

(3)呼吸系统的特点

女性以胸式呼吸为主,呼吸频率快而浅,肺通气量仅为男性的73%,肺活量一般为2 500~3 500 mL,而男性为3 500~4 000 mL,有氧代谢和无氧代谢能力低于男性。

(4)月经期的生理反应

一般女性在12~15岁时开始来月经。女性在月经期有着不同程度的身体不舒适感,如下肢发胀、腰酸、乳房胀等,甚至还会出现食欲不好、疲倦、瞌睡、情绪激动或感到头痛等,这些都是月经期的正常生理反应。在月经期适当地进行活动,增加血液循环,可以减轻月经期的生理反应。

2. 女性体育锻炼的卫生要求

(1)加强有氧运动,提高心肺功能

现代生理医学研究显示,人心肺功能的强弱与遗传因素有着十分密切的关系。因此,无论是为其本身,还是为了下一代的健康,女性的体育锻炼应重视加强心肺功能的锻炼。而增强心肺功能的有效方法是有氧运动,即慢跑、步行、健身操和游泳等强度不大但持续时间较长的运动。这些运动可以消耗多余脂肪,有利于健美与健康。

(2)加强腹肌和骨盆底肌的锻炼

位于腹腔周围的肌肉群以及腹腔底部骨盆下口处的骨盆底肌,共同维持着人体正常的腹压,保持着腹腔内各器官的正常功能。从女性将为人母的特点出发,应多选择一些增强腹肌和骨盆底肌的练习,如仰卧起坐、仰卧举腿、"V"字步的立位体前屈、"V"字形的仰卧举腿和肋木悬垂举腿等。

(3)塑造健美体型的锻炼

女性长期参加体育锻炼,使身体各部位的肌肉均匀发展,有利于塑造完美的形体。主要的练习项目有健美操、健身操、艺术体操、体育舞蹈以及徒手和利用器械的健美运动。此外,女性通过对美的爱好和追求,调节情绪,陶冶情操,在增强体质健康的同时,还可以促进心理健康。因此,女性经常参加体育锻炼,有益而无害。

3. 月经期体育锻炼的卫生要求

月经是女性进入青春期后正常的生理现象,但月经期间,子宫内膜破裂,子宫口松弛,易于感染而引起一些疾病。因此,在此期间应十分注意卫生,进行体育锻炼时应该注意以下几点:

(1)对于月经初潮的少女,由于月经周期尚未稳定,应以参加轻微活动为主,注意循序渐进,并应注意培养在月经期适当坚持体育锻炼的习惯。

(2)月经期运动时,应避免做剧烈或强度大的跳跃,也不要做腹压过大的练习,以免引起经血过多或子宫位置改变。可以适当地参加一些徒手操、活动性游戏、打乒乓球和羽毛球等运动量小的项目。

(3)月经期应避免过冷或过热的刺激,如不宜参加游泳和冷水浴以及强烈日光下曝晒等。注意下腹部的保温,以免引起卵巢功能紊乱而导致月经失调。

(4)健康者在月经期锻炼时,一般可以按以下方法适当运动:月经的第一、二天可做少量轻微活动;第三、四天,则可以增加一些运动量;第五、六天就可以照常活动,但不宜参加过分剧烈的运动或比赛。

训练项目二　了解运动性疲劳

一、体育锻炼与运动性疲劳

1983年第5届国际运动生物化学会把运动性疲劳定义为:机体不能将其机能保持在某一特定水平,或不能维持某一预定的运动度。人在运动后,工作能力及身体机能会下降,产生运动性疲劳。经过一段时间的休息或及时采取消除疲劳的有效措施之后,运动性疲劳就可以消除,人体的工作能力及身体机能就能够很快得到恢复。

二、运动性疲劳的判定

判断运动性疲劳的出现及其程度,对科学锻炼身体、增强体质、合理安排运动训练及提高运动成绩都有着重要意义。在学校体育运动和自我锻炼中,可采用比较简易的方法来判断疲劳程度,见表 4-1。

表 4-1　　　　　　　　　　　　　运动性疲劳的判定

内容	轻度疲劳	中度疲劳	重度疲劳
自我感觉	无任何不适	疲乏、腿痛、心悸	除疲乏、腿痛、心悸外,还有头痛、胸痛、恶心甚至呕吐等症状,有些症状存在的时间较长
面色	稍红	相当红	十分红或苍白,有时呈紫蓝色
排汗量	不多	稍多,特别是肩部	非常多,尤其是整个躯干部分,在颈部及汗衫和衬衣上可出现白色盐迹
呼吸	中等程度加快	显著加快	显著加快,并且表浅(其中有少数深呼吸出现),有时呼吸节奏紊乱
动作	步伐轻稳	步伐摇摆不稳	摇摆现象显著,在行进时掉队,出现不协调动作
注意力	比较集中,能正确执行口令	执行口令不准确,改变方向时有时发生错误	执行口令缓慢,只能接受大声口令

三、消除运动性疲劳的常用方法

为了使人体运动中所消耗的物质和各器官、系统的机能尽快得到恢复,避免因疲劳累积而造成过度疲劳,可采用以下消除运动性疲劳的方法:

1. 放松活动

放松活动包括慢跑、呼吸体操及各肌群的伸展练习。运动后尤其应做伸展练习,可消除肌肉痉挛,改善肌肉血液循环,减轻肌肉酸胀和僵硬程度,消除局部疲劳。

2. 按摩和物理恢复

按摩可改善局部或全身血液循环的状况,促进代谢产物的消除,减轻肌肉的酸痛和僵硬,提高肌肉的收缩力,改善关节的灵活性。可根据运动时承受运动负荷的部位,进行局部或全身按摩。

物理恢复可消除多种运动性疲劳。局部热敷和温水浴是简单易行的消除疲劳手段,它能促进血液循环,加速新陈代谢,减少肌肉中酸性代谢产物的堆积,有效放松肌肉并消除肌肉的僵硬、紧张及酸痛。

3. 营养物质补充

运动时所消耗的物质要靠饮食中的营养物质来补充,体育锻炼和比赛后的合理营养有助于运动者恢复体力和消除疲劳。因此,运动后应根据运动项目的特点补充足量的糖、蛋白质、维生素、无机盐和水等。

4. 适度睡眠

适度睡眠是消除疲劳、恢复体力的最好方法之一。人在睡眠时,大脑皮层的兴奋过程降低,体内分解代谢处于最低水平,而合成代谢则相对活跃,有利于体内能量的蓄积。因

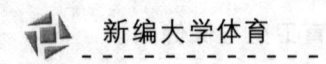

此,运动者每天应保证充足的睡眠,一般每天不少于 8~9 h。在大运动量训练或比赛期间,睡眠时间则应适当延长。

训练项目三 了解常见的运动疾病

在体育锻炼过程中,人体的生理平衡受到暂时性破坏,经常出现腹痛、肌肉酸痛、低血糖和中暑等非创伤性运动疾病和由于运动造成身体某部位受伤的运动性损伤。

一、常见的非创伤性运动损伤

1. 运动性腹痛

运动性腹痛是指在运动过程中或运动结束后产生的腹部疼痛,是体育锻炼中常见的一种非创伤性运动疾病。在中长距离跑、竞走和自行车等项目中发生较多,随着运动的调整或停止,腹痛症状可逐步缓解并消失。

(1)病因

①胃肠痉挛:运动前饮食过量、空腹锻炼、饮食距运动时间过近或吃了不易消化及易产生气体的食物都可能引起胃肠痉挛。其主要病症是钝痛、胀痛或阵发性绞痛。防止发生胃肠痉挛的方法:在饮食 1~2 h 后再参加较剧烈的活动,选用对胃肠刺激较小的食物和饮料。

②肝脾区疼痛:肝痛在右季肋处,脾痛在左季肋处。一般是由于准备活动不足,运动开始强度较大所致,运动者心肌力量较差时,会引起下腔静脉血向心回流受阻,发生肝脾瘀血,牵扯肝脾被膜而产生攫性疼痛或胀痛。

③腹直肌痉挛:由于大量排汗而丧失盐分,导致水盐代谢失调,加上疲劳,会引起腹肌的痉挛。

④腹部慢性疾病:慢性肝炎、阑尾炎、溃疡病及肠道寄生虫等腹部慢性病患者参加剧烈活动时,会由于病变牵拉、振动或供血情况变化等刺激而产生疼痛。

(2)预防与处理

运动前应做好准备活动,运动中注意用深呼吸的方法和节奏,患有各种腹部慢性疾病的患者应彻底治愈疾病,或在医生、教师的指导下循序渐进地进行锻炼。发生腹痛时可按压疼痛部位,加深呼吸。如运动中减低速度,调整运动强度,疼痛可以减轻或消失;若疼痛仍不减轻,反而加重,则应停止运动,并可服十滴水或普苯辛 1 片/次;若仍不见效,应护送医院诊断治疗。

2. 运动中暑

中暑是发生在炎热季节的一种急性病。在高温环境中,长时间体育锻炼易发生中暑,尤其在温度高、通风不良、头部缺乏保护、被烈日直接照射的情况下,最易发病。中暑早期症状有头晕、头痛、呕吐等现象,逐步发展为体温升高,皮肤灼热干燥,严重时可出现精神失常、虚脱、痉挛、心律失常、血压下降甚至昏迷,危及生命。

(1) 预防

在高温和炎热季节锻炼时,应适当减少运动量和锻炼时间,避免在烈日下长时间锻炼。夏天在室外锻炼时,应戴凉帽,穿宽敞薄衣;在室内锻炼时,应保持良好通风并备有低糖含盐的饮料。

(2) 处置

将患者扶送到阴凉通风处休息,同时采取降温消暑措施,如解开衣领、额部冷敷,喝些清凉饮料、十滴水,并补充生理盐水或葡萄糖等。严重患者,经临时处理后,应迅速送往医院进一步治疗。

3. 运动性贫血

血液中红细胞数与血红蛋白量低于正常值,称为贫血。因运动引起的这种血红蛋白量减少,称为运动性贫血。

运动性贫血的指数,通常以每 100 mL 血液中的血红蛋白含量(g%)为单位,男性的血红蛋白量低于 12g%,女性低于 10.5g%。一般情况下,女性发病率高于男性。由于贫血会引起多种不良的生理反应并危及健康,所以这部分人常常恐惧体育锻炼,特别是长跑锻炼。

(1) 病因

①运动时,瞬间释放的溶血卵磷脂能使红细胞的脆性增加,加上剧烈运动时血液循环加快,易引起红细胞破裂,从而导致运动性贫血。

②运动时,肌肉对蛋白质和铁的需求量增加,一旦需求量得不到满足,即可引起运动性贫血。其症状为头晕、恶心、呕吐、气喘、体力下降以及运动后心悸、心率过快、脸色苍白等。

(2) 预防与处置

①预防:遵循循序渐进和个别对待原则,调整膳食。如果运动中经常有头晕现象,应及时诊断治疗,以利于正常参加体育锻炼。

②处置:在运动中(后)出现头晕、无力、恶心等现象时,应适当减小运动量,必要时暂停运动,并补充含蛋白质和含铁的食物,或口服硫酸亚铁,这对缺铁性贫血的治疗有明显效果。

4. 低血糖

运动中低血糖的原因:首先是长时间剧烈运动,体内血糖大量消耗和减少;其次是运动前饥饿,肝糖原储备不足,不能及时补充血糖;中枢神经系统调节糖代谢的功能紊乱,引起胰岛素分泌量增加。其症状为轻者非常饥饿、疲劳、头晕、心跳、脸色苍白、出汗;重者神志恍惚、记忆不清、四肢发抖。

(1) 预防

在平时缺乏锻炼,或患病未愈,或空腹的情况下,不要参加长时间的剧烈运动,为了补充运动时体内消耗的糖,可在锻炼前服用足够的含糖食品,或在运动中饮用一些含糖饮料。

(2) 处置

确诊为低血糖症状后,应平卧、保暖,神志清醒者可饮浓糖水或吃少量食物,一般短时间服用后即可恢复。如不能口服者,可静脉注射50%葡萄糖水 40～100 mL。对昏迷不醒者,可用针刺人中、百会、涌泉、合谷等穴,并迅速送往医院治疗。

5. 运动性昏厥

运动性昏厥是指剧烈运动或长时间运动,或疾跑后立即站立不动,或长时间下蹲后骤然站起,使大量血液滞留下肢,回心血量减少,心血输出量也随之减少,使脑部突然缺血而发生的昏厥。其症状为昏厥时,病人失去知觉,突然昏倒。昏倒前,感到全身发软、头昏、耳鸣、眼前发黑;昏倒后,面色苍白、手足发凉、脉搏慢而弱、血压降低、呼吸缓慢。

(1)预防

平时要坚持体育锻炼,增强体质,不断提高健康水平,久蹲后不能骤然起立,不要在带病或饥饿情况下参加运动,疾跑后不要立即停下来。

(2)处置

使病人平卧,足部略高,头部放低,松解衣服,注意保暖,用毛巾擦脸、按摩。同时用针刺或掐住人中、合谷等穴位。

6. 肌肉痉挛

肌肉痉挛俗称抽筋,即肌肉不自主地强制收缩,变得坚硬。运动中最容易发生痉挛的肌肉是小腿腓肠肌,其次是屈拇肌和屈趾肌等。

在体育锻炼时,肌肉突然用力收缩或用力不均匀,受到冷水或气温的刺激,或收缩与放松不协调等都会引起肌肉痉挛。

(1)预防

锻炼前做好准备活动,对易发生痉挛的部位适当按摩;夏季运动时,要注意补充盐;运动间歇或冬季要注意保温;防止过冷或过热的刺激。

(2)处置

对痉挛部位的肌肉做牵拉或按摩,同时点按委中、承山、涌泉等穴位,以使痉挛缓解和消失。

二、常见运动性损伤的预防与处理

1. 运动性损伤的原因

造成运动性损伤的原因是复杂、多方面的,与锻炼者的运动基础、体质水平、项目特点、技术难度、场地器材及运动环境等因素有关。主要原因如下:

(1)思想麻痹大意是导致运动性损伤的主要因素。如运动前不检查器械,预防措施不到位,因好胜、好奇而在盲目和冒失行动中受伤。

(2)运动前准备活动不充分,特别是缺乏针对性的准备活动,使运动器官、内脏器官受到损伤。

(3)运动情绪低下或在畏难、恐惧、害羞、犹豫以及过分紧张时发生伤害事故。有时因缺乏运动经验、缺乏自我保护能力而致伤。

(4)锻炼方法不科学,盲目增加运动负荷,提高技术难度,尤其是局部负担过重,是造成运动性损伤的重要原因。此外,在身体过于疲劳,或长期局部负担过重,或身体机能状态不良时都可能引起伤害事故。

(5)如果在进行体育锻炼时,组织安排不严密,就会出现拥挤混乱的情况,可能造成伤害;或因场地、器材、时间安排不合理而发生意外事故。

(6)运动环境的不佳也会引起意外伤害事故。例如:运动场地狭窄、不平整,有行人及车辆过往;器械安装不坚固,位置不当;运动服装或鞋不合适;气温或光线不良等。

(7)技术动作不正确,易导致局部受力过大或身体失去平衡和控制,造成损伤。

2. 运动性损伤的预防

为了减少运动性损伤的发生,避免伤害事故,保证体育活动的正常进行,应做好预防工作。根据产生运动性损伤的基本原因,应注意以下要求:

(1)强化运动安全的思想意识,克服麻痹思想,提高预防运动性损伤的意识。

(2)认真做好准备活动,对可能发生运动性损伤的环境和部位,及时做好预防措施。

(3)掌握科学的锻炼方法,全面加强身体锻炼,合理安排运动负荷,防止局部肌肉过度疲劳及负担过重。

(4)提高保护和自我保护能力。如摔倒时,应立即屈肘低头,团身滚动,切不可以直臂或肘部撑地。由高处跳下时,要用前脚掌着地,注意屈膝、弯腰、两臂自然张开,以利于缓冲和保持身体平衡。

3. 常见运动性损伤的处置

(1)软组织损伤

软组织损伤可分为开放性和闭合性两类。开放性有擦伤、撕裂伤、刺伤等;闭合性有挫伤、肌肉拉伤、肌腱腱鞘炎等。

①擦伤

★ 原因与症状:因为运动时皮肤受挫而致伤。如跑步时摔倒,体操运动时身体擦磨器械受伤。擦伤后皮肤可能出血或渗出组织液。

★ 处置:面积较小的擦伤,用红药水涂抹伤口即可。大面积擦伤,先用生理盐水洗净,后涂抹红药水,再用消毒布覆盖,最后用纱布包扎。

②撕裂伤

★ 原因与症状:剧烈运动,或突然受到强烈撞击时,易造成肌肉撕裂,包括开放伤和闭合伤两种。常见的有眉际撕裂、跟腱撕裂等。开放伤顿时出血,周围肿胀。闭合伤触及时有凹陷感和剧烈疼痛。

★ 处置:轻度开放伤,用红药水涂抹伤口即可;裂口大时,则需止血和缝合伤口,必要时应注射防风抗毒血清,以预防破伤风症。如肌腱断裂,则需手术缝合。

③挫伤

★ 原因与症状:因撞击器械或练习者之间相互碰撞而造成挫伤。单纯挫伤在损伤处出现红肿,皮下出血,并有疼痛。内脏器官损伤时,则出现头晕、脸色苍白、心慌气短、出虚汗、四肢发凉、烦躁不安甚至休克等症状。

★ 处置:在 24 h 内冷敷或加压包扎,抬高患肢或外敷中药。24 h 后,可按摩或理疗。进入恢复期可进行一些功能性锻炼。如果怀疑内脏损伤,在做临时性处理后,送医院检查和治疗。

④肌肉拉伤

★原因与症状：通常在外力直接或间接作用下，使肌肉过度主动收缩或被动拉长时，易引起肌肉拉伤。特别是准备活动不充分，动作不协调以及肌肉弹性、伸展性或肌力差等更易拉伤。损伤后伤处肿胀、压痛、肌肉痉挛，触诊时可摸到硬块。严重的肌肉拉伤是肌肉断裂。

★处置：轻者可立即冷敷，局部加压包扎，抬高患肢。已大部分或完全断裂者，在加压包扎后，立即送医院手术治疗。

(2)关节、韧带扭伤

①肩关节扭伤

★原因与症状：一般因肩关节用力过猛以及反复劳损所致。也有的因技术错误，违反解剖学原理而造成损伤，慢性期三角肌可能出现萎缩，肩关节活动受限。

★处置：单纯韧带扭伤，可采用冷敷，加压包扎。24 h 后可采用理疗、按摩和针灸等治疗手段。出现韧带断裂时，应立即送医院缝合和固定处理。肩关节肿胀和疼痛减轻后，可适当进行功能性锻炼，但不宜过早活动，以防转入慢性症状。

②髌骨劳损

★原因与症状：髌骨具有保护股骨关节面、维护关节外形、传递股四头肌力量的作用，是维护膝关节正常功能的主要结构。髌骨劳损是膝关节长期负担过重或反复损伤累积而成的，也可能是一次直接外力撞击致伤。如打篮球时的滑步、急停，跳高和跳远时动作不合理或摔倒受击，都可导致这种损伤。

★处置：采用中药外敷、针灸、按摩等治疗手段。平时加强膝关节肌肉群力量的练习，如高位静力半蹲，每次保持 3～5 min。病情好转时，可逐渐增加时间，每日进行 1～2 次。

③踝关节扭伤

★原因与症状：运动中跳起落地时失去平衡，使关节过度内翻或外翻致伤。在准备活动不充分、场地不平坦的情况下，更易造成此类损伤。主要症状为伤处疼痛、肿胀，韧带损伤处有明显压痛、皮下瘀血。

★处置：受伤后，应立即冷敷，用绷带固定包扎，并抬高患肢。24 h 后，根据伤情采取综合治疗，如外敷、理疗、按摩等，必要时应封闭疗伤。对严重患者，可用石膏固定。

④急性腰伤

★原因与症状：运动时，身体重心不稳定或肌肉收缩不协调，引起腰部扭伤。多数因腰部受力过重，或脊柱运动时超过了正常生理范围。如挺身式跳远中，展体过大；举重上挺时，过分挺胸塌腰等，都有可能造成腰部扭伤。其症状为疼痛，有时听到瞬间"格格"响声，有时出现腰部肌肉痉挛和运动受限。

★处置：腰部急性扭伤后，让患者平卧，一般不应立即移动。如果剧烈疼痛，则用担架抬送医院诊治。主要恢复手段有针灸、外敷伤药或按摩。

(3)关节脱位

①原因与症状：因受外力作用，使关节面失去正常的连接关系，称为关节脱位，又称脱臼。关节脱位可分为完全脱位和半脱位(错位)两种。严重的关节脱位，伴有关节囊撕裂，

甚至损伤神经。运动中的脱位,大部分是间接外力撞击所致。如摔倒时,用手撑地,引起肘关节或肩关节脱位。

关节脱位症状常出现畸形,与健肢对比不对称,因软组织损伤而出现炎症,局部疼痛、压痛和关节肿胀,并失去正常活动功能,甚至发生肌肉痉挛等现象。

②处置:用长度和宽度相称的夹板固定患肢。如果没有夹板,可将患肢固定在伤者的躯干或健肢上,防止震动,随后及时送医院诊断。

(4)脑震荡

①原因与症状:脑震荡是指头部受到外力打击后,使大脑控制平衡的膜半规管、椭圆囊、球囊等感受器官功能失调,以致引起意识和功能的一时性障碍。在体育锻炼中,两人头部相撞或撞击硬物,或从高处跌下时头部触地,都可造成脑震荡。

其症状为神志不清、脉搏徐缓、肌肉松弛,瞳孔稍大但能对称;神经反射减弱或消失;清醒后,患者常有头痛、头晕、恶心、呕吐感;平时情绪烦躁,注意力不易集中,耳鸣、心悸、多汗、失眠、记忆力减退等。

②处置:立即让患者平卧,头部冷敷;若有昏迷,则指压人中、内关、合谷穴;若呼吸发生障碍,立即进行人工呼吸,并及时送往医院治疗。

(5)骨折

①原因与症状:运动中,身体某部位受到直接或间接的暴力撞击时,造成骨折。如踢足球时,小腿易发生腓、胫骨骨折;摔倒时,手臂直接触地,易发生尺、桡骨骨折等。其症状为患处即刻出现肿胀,皮下瘀血,有剧烈疼痛,肢体失去正常功能,肌肉产生痉挛,有时骨折部位发生变形,移动时可听到骨摩擦声。

②处置:若出现休克,应先进行处理,即点按人中穴,并进行人工呼吸或心肺胸外按摩;若伴有伤口出血,应同时实施止血和包扎并及时送往医院治疗。

三、常见的体育疗法

体育疗法是指以体育为手段,通过特殊的身体练习,达到防治疾病、促进功能恢复、增进健康的效果,简称体疗,又称医疗体育。

1. 神经衰弱

(1)神经衰弱的发病原因和体育疗法机理

神经衰弱在脑力劳动者中是一种常见病,它是大脑皮层机能的暂时性失调,不属于器质性损害。但其表现症状复杂,有的患者兴奋性很高,情绪控制能力差,易激动、烦躁、注意力不易集中,入眠难、睡眠浅、精神疲乏;有的则表现为衰竭症状,记忆力衰退、嗜睡、易疲劳、全身酸软乏力等。

不论何种症状,以上两种类型的神经衰弱,都是由于长期精神负担过重,特别是受不良的情绪刺激,导致大脑皮层的兴奋与抑制过程发生紊乱而引起的。体育疗法的机理,主要在于通过适宜的体育锻炼,以调整大脑皮层的功能——兴奋与抑制过程,并使之消除疑虑,增强信心,促使其功能恢复。

(2)神经衰弱的体育疗法

①对整日精神不振、孤僻寡言、忧郁、不爱活动的患者,宜采用生动活泼的体疗内容和

方法,例如参加多种形式的活动性游戏、球类活动、远足、游泳或中等运动量的其他体育活动。

②对情绪不易控制,容易激动的患者,宜采用柔和、平缓的体疗内容和方法。例如散步、气功、太极拳以及各种保健体操等。

③不论何种类型的神经衰弱者,都可进行自我按摩。如有头痛可揉按天柱穴和太阳穴;如有头晕,可加练鸣天鼓,即掩住两耳,用手指弹击玉枕穴;如有失眠、心悸,可按摩涌泉穴以及运转寿眉——推摩印堂穴。

④神经衰弱患者适宜用冷水浴锻炼,坚持全年锻炼对神经系统很有益处。秋冬季节,每次水浴时间不宜太长,最好先用冷水擦身,最后淋浴或冲洗 30 s～1 min。有人采用冷水与热水交替淋洗法,使全身血管在反复舒张与收缩中得到锻炼,也能调节神经系统的功能。

⑤其他:散步、旅游以及改变生活环境等。

(3)神经衰弱体育疗法的注意事项

①最主要的是找出病因,并合理安排生活规律,保持乐观情绪,消除发病的各种因素,增强战胜疾病的信心。

②体疗场所尽可能选择空气新鲜、安静和绿化较好的地方。

③保持适宜的运动量,如果在锻炼后大量出汗、兴奋激动、失眠加重、食欲缺乏、心跳加快,且几小时后仍不恢复,就应检查体疗内容是否适宜,运动量是否过大,并及时调整运动内容和运动量。

实践证明,通过合理的体疗和正常的生活规律,神经衰弱是完全可以治愈的。所以,有人称体育疗法是神经衰弱患者最理想的"良药"。

2. 近视

(1)近视的发病原因和体育疗法机理

近年来,我国青少年眼睛近视有逐年增多的趋势。青少年近视多数是由于不良用眼习惯造成的,特别是经常低头做事,距离过近,视空间缩小,致使眼睛内睫状肌长时间处于痉挛性收缩及充血状态,晶状体变得过厚,而形成近视。也有的是不良的学习环境(光线暗淡)、走路时或卧床看书以及室外体育活动过少所致。近视给患者的生活、学习和工作带来许多不便,高度近视还可能使视网膜有剥脱的危险。

体育锻炼,特别是对眼睛周围穴位的按摩,可减轻睫状肌的痉挛等,从而有助于调整与眼睛有关的神经、血管和肌肉,以保护视力,预防和矫正近视。

(2)近视的体育疗法

①眼保健操

广大大学生都已掌握眼保健操的做法,但应注意:做眼保健操揉按穴位时,应力求准确,手法柔和,并保持全身放松,意念集中。眼保健操每天做 1～2 遍,每种按摩手法做 36 次,以局部酸麻感为度,以期达到更好的效果。

②睫状肌调节法

★眼球各按顺、逆时针方向转动 7 次,随即紧闭少时,忽然睁开,如此反复练习。

★远视练习,宜在清晨绿化较好的地方进行,远视要选定目标,由近到远。

③其他体育活动

如打乒乓球、远足或经常去视野宽广的田野、森林、公园锻炼。

3. 慢性肠胃病

(1)慢性肠胃病的发病原因和体育疗法机理

慢性肠胃病的种类很多,多数患者是由于长期生活不规律,嗜好不良以及过度疲劳,或者反复受到不良刺激而引起的。其症状多数为腹痛、消化不良等。慢性肠炎、结肠炎患者经常腹泻,粪便出现脓黏液,甚至便血。其症状时好时坏,如果不积极治疗,可延至数年至数十年,致使患者精神痛苦、精力衰竭,严重影响学习、工作和生活。

慢性肠胃病体育疗法的机理,主要在于通过专门性练习,以增加肠胃蠕动,改善腹腔血液循环,活跃内分泌系统功能。特别是通过气功入静,使大脑皮层处于内抑制状态,以抑制胃肠道过敏,改善神经系统及网状细胞功能,从而使顽固的病理兴奋灶得到抑制。

(2)慢性肠胃病的体育疗法

①气功:适宜练习放松功和内养功。

②太极拳:采用简化太极拳和杨式太极拳均可,熟练后配合腹式呼吸。

③按摩法:仰卧位,两手擦热后重叠于胃部或腹部,先按顺时针方向、后按逆时针方向依次交替按摩,要求速度均匀,每次练习数百次。

④屈腿运动:仰卧位,两腿交替屈膝提起,使大腿尽量贴近腹部,重复练习数十次。

⑤侧举腿运动:侧卧位,举腿时,腿要伸直,左右交替进行,重复练习数十次。

⑥模仿踏自行车运动:仰卧位,两腿举起,依次做屈伸动作,速度均匀(稍慢),动作协调柔和。

(3)慢性肠胃病体育疗法的注意事项

①应以气功、太极拳、腹部按摩为主,坚持常年练习。

②保持正常的生活规律,保证睡眠时间,培养良好情绪,多愁多虑有损肠胃功能。

③少食油腻食物,平时可多食红枣、莲心、血糯米,宜煮汤或蒸服。

4. 慢性肝炎

(1)慢性肝炎的发病原因和体育疗法机理

患肝炎后肝功能恢复正常或接近正常,但若留下若干症状,则可形成肝炎后综合征或慢性肝炎。其体育疗法的机理,主要在于通过专门性练习,来改善肝脏血液循环,减少肝脏瘀血,促进肝细胞再生,增进食欲,提高消化和吸收功能。

(2)慢性肝炎的体育疗法

①气功、太极拳(内容参照慢性肠胃病的体育疗法)。

②按摩:仰卧屈膝位,做肝区、上腹部、腹部的自我按摩。进行时,掌心贴紧身体,动作轻快,意念入深。

③其他:如散步、远足、呼吸运动等。

(3)慢性肝炎体育疗法的注意事项

①避免剧烈运动和静力性用力动作,如举重、引体向上、仰卧起坐等。运动心率控制在130次/min以下。

②当有低热、倦怠、恶心、食欲减退或血液转氨酶升高的现象时,应暂停体育疗法。

③情绪愉快,生活有规律,禁烟、酒,预防感冒,适当增加蛋白质、维生素、蜂蜜等营养,食物应以少盐、低脂肪为宜。

5. 关节炎

(1)关节炎的发病原因和体育疗法机理

多数患者是因关节周围软组织慢性劳损而引起的,或由于长期缺乏运动,关节周围的肌腱和滑囊血液瘀滞,致使关节活动范围变小。可通过适当的体育活动提高韧带弹性,从而达到黏者分之,僵者松之,瘀者稀之,消除炎症,治愈疾病的目的。

(2)关节炎的体育疗法

①颈椎炎

★ 转动颈项:采用站、坐姿势均可。头部左转—再向左转—稍停—还原(放松)。头部右转—再向右转—稍停—还原(放松)。低头—再低头—稍停—还原(放松)。头后仰—再后仰—稍停—还原(放松)。依次练习,以酸胀为度。

★ 搓擦颈部:两手擦热,左、右手交替擦颈后部,以发热为度,随后慢速度转动颈项,依次练习。

②肩周炎

★ 放松运动(适用于急性期):向前弯腰 70°~90°,患病上肢下垂,然后做肩关节向前和向外摆动,运动时肩部肌肉要放松;站位做直臂前后放松性摆动;用患病侧手摆动性地拍打对侧肩。

★ 主动"爬墙"运动:面对墙站立,患病侧手由低到高做前上举爬墙练习;患病侧肩对墙站立,患病侧手由低向高做肩关节外展性爬墙练习,在运动时身体应逐渐向墙靠拢。

★ 被动运动(适用于肩关节明显障碍者):病人完全放松肌肉,由旁人一只手压住患病的肩关节,另一只手握住患侧前臂做肩关节逐渐加大范围的前上举、外展、后伸、内收、绕环运动和用患病侧手做梳头运动。

③腰背部酸痛

★ 按摩腰眼:站、坐姿势均可,两手相互擦热,紧按腰眼,随后用力上下推摩,如此反复练习。

★ 风摆荷叶:两脚自然开立,两手半握拳,以腰脊为轴左右晃摆。向左晃摆时以右手前臂叩击腹部,左手背击尾椎部,接着做相反动作。该练习注重以腰脊为轴晃摆,并与手臂摆动配合协调。

★ 俯身转体:正立,两手半握拳于腰间,左臂向左上方摆起(伸掌),随后上体前屈,自右至左转体后还原。接着做相反动作,依次交替练习。

(3)关节炎体育疗法的注意事项

①患者应根据关节部位和自身症状选择有关动作进行练习。例如,肌肉痉挛明显的病人,应多做摆性运动,不做强烈牵拉运动;关节活动较差的病人,可在有条件的情况下完成练习,以提高关节活动能力。

②练习时肌肉应尽量放松,即使是用力,动作做完后也应立即放松。做扩大关节活动范围练习时,动作应徐缓,使之扩大到最大限度。

③运动量要遵循循序渐进原则,切勿操之过急。对一些顽固症患者,必须坚持长期锻炼,才能收到效果。

④体疗过程中要定期检查,以便了解体疗效果,及时调整治疗方案。

思考题

1. 影响运动锻炼的因素有哪些?
2. 什么是运动性疲劳?
3. 举例说明运动性损伤的预防与处置。

模块五

《国家学生体质健康标准》测试与评价

学习目标

- 了解《国家学生体质健康标准》
- 知道测试内容和方法
- 掌握测试评价办法

训练项目一　了解《国家学生体质健康标准》

《国家学生体质健康标准》（以下简称《标准》）是由教育部、国家体育总局共同组织研制并正式颁布的，是《国家体育锻炼标准》的组成部分。《标准》在各级、各类学校全面实施，是促进学生体质健康发展、激励学生积极进行体育锻炼的教育手段，也是学生体质健康的个体评价标准和学生毕业的基本条件之一。

一、体质的概念

体质，即人体的质量。它是在遗传性和获得性的基础上表现出来的人体形态、生理功能和心理因素的综合的、相对稳定的特征。其影响因素是多方面的，其中遗传、营养、体育锻炼起了重要作用。

体质在其形成和发展过程中，具有明显的个体差异性和阶段性。不同人体质的差异，主要表现在形态发育、生理机能、心理状态、身体素质、运动能力以及对环境的适应和对疾病的抵抗力等方面；在水平上包括了从最佳功能状态，到严重疾病和功能障碍的多种不同的水平。同时，在人的不同生长发育阶段，如儿童期、青少年期、中老年期，体质的状况是不断发展和变化的，既有共同的特征，又有不同年龄阶段的特殊特征。人们可以通过改善物质生活条件、建立健康的生活方式和有目的、有计划、科学的锻炼身体，来保持良好的体质状况，不断增强体质。

体质的范畴，主要包括以下五个方面：

1. 身体形态发育水平

身体形态发育水平即体型、姿势、营养状况、体格及身体成分等。

2. 生理功能水平

生理功能水平即机体新陈代谢水平以及各器官、系统的工作能力。

3. 身体素质和运动能力发展水平

身体素质和运动能力发展水平即心肺耐力、柔韧性、肌肉力量和耐力、速度、爆发力、平衡、灵敏、协调、反应等素质，以及走、跑、跳、投、攀、爬等身体活动能力。

4. 心理发育（或心理发展）水平

心理发育水平即个体感知能力、个性、意志等。

5. 适应能力

适应能力即对内、外环境条件的适应能力、应急能力和对疾病的抵抗能力。

这五个方面的综合状况是否处在相对稳定的状态，决定着人们的不同体质水平。

二、实施《标准》的意义

1. 是贯彻落实"健康第一"指导思想的一项重要举措

学校教育，特别是学校体育直接肩负着"增强全体学生体质"和"促进全体学生健康"的使命。《标准》的贯彻实施，对于强化广大师生的健康意识、提高学生的体质健康水平有积极的促进作用。

2. 可满足社会发展的需要

科技的进步，社会的发展以及物质生活的极大丰富，使影响人类健康的因素发生了很大的变化。但是社会环境的剧变，对于任何一种生物来说未必都是好事。当前，处于"亚健康"状态的人群剧增和非传染性疾病的快速增长，都是这一变化产生的"副作用"。社会上疾病发生的类型，也足以反映出人们的生活习惯和生活方式存在的问题。为了解决这些社会问题，适应社会的发展和人们对健康的迫切需要，以及对高生活质量的不断追求，必须从学生抓起。因此，《标准》的制定与实施不仅是个人健康的需要，也是社会发展的需要，是全面提高国民素质、振兴中华民族的需要。

三、《标准》的实施办法

（1）《标准》的实施工作是在教育部、国家体育总局的领导下，由各级教育行政部门管理，体育行政部门指导，由学校负责组织实施的。

（2）《标准》应在校长领导下，由教务处（科）、体育教研部（体育组）、校医院（医务室）、学生工作部、辅导员（班主任）协同配合，共同组织实施。各测试项目的成绩，由体育教研室（体育组）汇总，并按照《标准》的要求评定成绩、确定等级，记入"国家学生体质健康标准登记卡"，在毕业时放入学生档案。

（3）达到《标准》良好等级及以上者，方可评为三好学生；达到优秀成绩者，方可获奖学金；对测试成绩不及格者，在本学年度准予补考一次，补考仍不及格，则学年评定成绩不及格。学生毕业时，《标准》成绩达到60分为及格，准予毕业；《标准》成绩不及格者，高等学校对其按肄业处理。

(4)奖励与降低分数的办法

①属下列情况之一者,奖励5分,不同项可累计加分:

★ 早操、课间操和课外体育锻炼出勤率达到98%以上,并认真锻炼者;

★ 获等级运动员称号者;

★ 参加校运动会及以上体育比赛获名次者;

★ 学生体育干部在组织各项体育活动中,工作认真负责者。

②对体育课、早操、课间操、课外体育锻炼无故缺勤,一学年累计超过应出勤次数1/10者,或因病、事假缺勤,一学年累计超过1/3者,其《标准》成绩应记为不及格,该学年其《标准》成绩最高记59分。

(5)有病或残疾学生,可向学校提交免于执行《标准》的申请,经医生证明,体育教研室(体育组)核准后,可以免于执行《标准》,所填表格存入学生档案。

训练项目二 掌握《国家学生体质健康标准》测试的方法

一、身高

1. 测试目的

测试学生身高应与体重测试相配合,以评定学生的身体匀称度,评价学生生长发育的水平及营养状况。

2. 测试器材

身高的测试器材为身高测量计。使用前应校对零点:要求钢尺测量基准板平面至立柱前面红色刻线的高度为10.0 cm,误差不得大于0.1 cm。同时,应检查立柱是否垂直,连接处是否紧密,有无晃动,零件有无松脱等情况并及时加以纠正。

3. 测试方法

受试者赤足,以立正姿势站在身高测量计的底板上(上肢自然下垂,足跟并拢,足尖分开成60°)。足跟、骶骨部及两肩胛区与立柱相接触,躯干自然挺直,头部正直,耳屏上缘与眼眶下缘呈水平位。测试人员站在受试者右侧,将水平压板轻轻沿立柱下滑,轻压于受试者头顶。测试人员读数时双眼应与压板水平面等高,记录员复述后进行记录。以cm为单位,精确到小数点后一位。测试误差不得超过0.5 cm。

4. 注意事项

(1)身高测量计应选择平坦靠墙的地方放置,立柱的刻度尺应面向光源。

(2)严格掌握"三点靠立柱""两点呈水平"的测量姿势要求,测试人员读数时两眼一定要与压板等高,两眼高于压板时要下蹲,低于压板时应垫高。

(3)水平压板与头部接触时,松紧要适度,头发蓬松者要压实,头顶的发辫、发结要放开,饰物要取下。

(4)读数完毕,应立即将水平压板轻轻推向安全高度,以防碰坏。

(5)测量身高前,受试者应避免进行剧烈体育活动和体力劳动。

二、体重

1. 测试目的

测试学生的体重应与身高测试相配合,以评定学生的身体匀称度,评价学生生长发育的水平及营养状况。

2. 测试器材

体重的测试器材为杠杆秤或电子体重计。使用前需检验其准确度和灵敏度。准确度要求误差不超过 0.1%。检验方法是:以备用的 10 kg、20 kg、30 kg 标准砝码(或用等质量标定重物代替)分别进行称量,检查指标读数与标准砝码的误差是否在允许范围内。灵敏度的检验方法是:置 100 g 砝码,观察刻度尺变化,如果刻度抬高了 3 cm 或游标向远处移动 0.1 kg 而刻度尺维持水平位,则达到要求。

3. 测试方法

测试时,应将杠杆秤放在平坦的地面上,调整零点至刻度尺水平位。受试者赤足,男性受试者身着短裤;女性受试者身着短裤、短袖衫,站在秤台中央。测试人员放置适当砝码并移动游标至刻度尺平衡。读数以 kg 为单位,精确到小数点后一位。记录员复述后记录。测试误差不超过 0.1 kg。

4. 注意事项

(1)测量体重前受试者不得进行剧烈体育活动或体力劳动。
(2)受试者站在秤台中央,上下杠杆秤的动作要轻。
(3)每次使用杠杆秤时,均需校正。测试人员每次读数前都应核对砝码标重以避免差错。

三、台阶试验

1. 测试目的

台阶试验的目的在于测试学生在定量负荷后心率的变化情况,以评价学生的心血管机能。

2. 试验器材

台阶试验需要的试验器材包括台阶或凳子、节拍器(或录音机及磁带)、秒表、台阶试验仪。

3. 测试方法

大学各年级男生用高 40 cm 的台阶(或凳子),女生用高 35 cm 的台阶(或凳子)做踏台上、下运动。测试前测定安静时的脉搏,然后受试者做轻度准备活动,主要活动下肢关节。上、下台阶(或凳子)的频率为 30 次/min,因而节拍器的节律为 120 次/min(每上、下一次为 4 动)。受试者按节拍器的节律完成试验。具体试验步骤是:

(1)受试者做好预备姿势;
(2)受试者一只脚踏在台阶上;
(3)踏台上的腿伸直于台上站立;

(4)先踏上台的脚先下地;

(5)还原成预备姿势。

以每2 s上、下一次的速度(按节拍器的节律来做)连续做3 min。做完后,保持静止休息状态,测量运动结束后1~1.5 min、2~2.5 min、3~3.5 min的3次脉搏数,并计算评定指数(取整),其计算公式为

评定指数=踏台上、下运动的持续时间(秒)×100/2×(3次测定脉搏之和)

4. 注意事项

(1)有心脏病的学生不能参加测试。

(2)按2 s上、下一次的节律进行。当受试者跟不上节奏时应及时提醒,如果3次跟不上节奏应停止测试,以免发生伤害事故。

(3)上、下台阶时,膝、髋关节都应伸直。

(4)受试者不可自测脉搏。

(5)如果受试者不能完成3 min的负荷运动,以实际上、下台阶的持续时间进行计算,计算公式同上。

四、肺活量

1. 测试目的

测试肺活量的目的在于测试学生的肺通气功能。

2. 测试器材

肺活量的测试器材为电子肺活量计。

3. 测试方法

测试肺活量时,房间应通风良好;使用干燥的一次性口嘴(非一次性口嘴,则每次更换测试对象时都必须消毒),电子肺活量计主机应放置在平稳的桌面上,检查电源线及接口是否牢固,按工作键,液晶屏显示"0"(表示机器进入工作状态),预热5 min后测试效果上佳。

首先告知受试者不必紧张,测试时要尽全力,以中等速度和力度吹气。令受试者面对电子肺活量计站立,手持吹气口嘴,站立试吹1~2次,首先观察仪表有无反应,并测试口嘴或鼻处是否漏气,调整口嘴或使用鼻夹(或自己捏住鼻孔);学会深吸气(避免耸肩提气,应该像闻花香似地慢吸气)。受试者进行一两次较平日深一些的呼吸动作后,更深地吸一口气,屏住气,向口嘴处慢慢呼出至不能再呼为止,防止此时从口嘴处吸气,测试中不得中途二次吸气。吹气完毕后,液晶屏上最终显示的数字即肺活量。每位受试者测3次,每次间隔15 s,记录3次数值,选取最大值作为测试结果。以mL为单位,不保留小数。常用肺活量体重指数来评定肺活量,其计算公式为:

肺活量体重指数=肺活量/体重

4. 注意事项

(1)电子肺活量计计量部位的通畅和干燥是仪器准确的关键,其吹气筒的导管必须在上方,以免口水或杂物堵住气道。

(2)每测试10人测试完毕后,应用干棉球及时清理和擦干吹气筒内部。严禁用水、酒精等任何液体冲洗吹气筒内部。

(3)导气管存放时不能弯折。

(4)定期校对仪器。

五、50 m 跑

1. 测试目的

50 m 跑的测试目的在于测试学生速度、灵敏性及神经系统灵活性的发展水平。

2. 场地及器材

50 m 直线跑道若干条,地面平坦,地质不限,跑道线要清楚。发令旗1面,口哨1个,秒表若干块(1道1表)。秒表使用前,应用标准秒表校正,误差不得超过 0.2 s/min。标准秒表以北京时间为准,误差不超过 0.3 s/h。

3. 测试方法

受试者至少两人一组测试。站立起跑,听到"跑"的口令后开始起跑。发令员在发出口令的同时要摆动发令旗。计时员看到发令旗动即开表计时,当受试者躯干部到达终点线的垂直面时停表。以 s 为单位记录测试成绩,精确到小数点后一位,其后数值按非零进1原则进位,如 10.11 s 应记录为 10.2 s。

4. 注意事项

(1)受试者测试时,最好穿运动鞋或平底布鞋,赤足亦可。但不得穿钉鞋、皮鞋、塑料凉鞋。

(2)发现有抢跑者,要立即召回重跑。

(3)有风时一律顺风跑。

六、800 m 或 1000 m 跑

1. 测试目的

800 m 或 1 000 m 跑主要测试学生耐力素质的发展水平,特别是心血管呼吸系统的机能及肌肉耐力。

2. 场地器材

400 m、300 m、200 m 田径场跑道,地质不限,也可使用其他不规则场地,但必须丈量准确,地面平坦。秒表若干块,使用前需要校正,要求同 50 m 跑测试。

3. 测试方法

受试者至少两人一组进行测试,站立式起跑。当听到"跑"的口令后开始起跑。计时员看到发令旗动即开表计时,当受试者的躯干部到达终点线垂直面时停表。以 min、s 为单位记录测试成绩,不计小数。

七、立定跳远

1. 测试目的

立定跳远可测试学生下肢的爆发力及身体协调能力的发展水平。

2. 场地器材

测试立定跳远需要沙坑和丈量尺。沙面应与地面平齐,如无沙坑,则可在土质松软的平地上进行。起跳线至沙坑近端不得少于 30 cm。起跳地面要平坦,不得有坑注。

3. 测试方法

受试者两脚自然分开站立,站在起跳线后,脚尖不得踩线(最好用线绳做起跳线)。两脚原地同时起跳,不得有垫步或连跳动作。丈量起跳线后缘至最近着地点后端的直线距离。每人试跳 3 次,记录其中的最好成绩。以 cm 为单位,不计小数。

4. 注意事项

(1)若犯规,则该次成绩无效。3 次试跳均无成绩者,应允许再跳,直至取得成绩为止。
(2)可以赤足,但不得穿钉鞋、皮鞋、塑料凉鞋参加测试。

八、掷实心球

1. 测试目的

掷实心球的测试目的在于测试学生的上肢爆发力。

2. 场地器材

长度不小于 30 m 的平整场地,地质不限,在场地一端画一条直线作为起掷线。实心球质量为 2 kg。

3. 测试方法

测试时受试者站在起掷线后,两脚前后或左右开立,身体面对投掷方向,双手举球至头上方稍后仰,原地用力把球向前方掷出。若两脚前后开立投掷,则在球出手的同时后脚可向前迈出一步,但不得踩线。每人投掷 3 次,记录其中的最好成绩。以 m 为单位,取一位小数。丈量起掷线后缘至球着地点后缘之间的直线距离。为了准确丈量成绩,应设专人负责观察实心球的着地点。

九、握力

1. 测试目的

测试握力的目的在于测试学生上肢肌肉力量的发展水平。

2. 测试器材

握力的测试器材为电子握力计或弹簧式握力计。

3. 测试方法

受试者两脚自然分开成直立姿势,两臂自然下垂。一手持握力计全力紧握,记录握力计指针的刻度(或显示的数字)。用有力(利)手握两次,取最大值,以 kg 为单位,保留 1 位小数,计算握力体重指数,其计算公式为:

$$握力体重指数 = 握力 \times 100 / 体重$$

4. 注意事项

测试握力时,应保持手臂自然下垂姿势,手心向内,不能触及衣服和身体。

十、引体向上

1. 测试目的

引体向上的测试目的在于测试学生上肢肌肉力量的发展水平。

2. 测试器材

引体向上的测试器材为高单杠或高横杠,杠径以手能握住为准。

3. 测试方法

受试者跳起双手正握杠,两手与肩同宽成直臂悬垂。静止后,两臂同时用力引体(身体不能有附加动作),上拉到下颌超过横杠上缘为完成一次。记录引体次数。

4. 注意事项

(1)受试者应双手正握单杠,待身体静止后开始测试。

(2)引体向上时,身体不得做大的摆动,也不得借助于其他附加动作撑起。

(3)当两次引体向上的间隔时间超过 10 s 时,停止测试。

十一、坐位体前屈

1. 测试目的

坐位体前屈的测试目的在于测量学生在静止状态下,躯干、腰、髋等部位所能达到的活动幅度,主要反映这些部位的关节、韧带和肌肉的伸展性和弹性及学生身体柔韧性的发展水平。

2. 测试器材

坐位体前屈的测试器材为坐位体前屈测试计。

3. 测试方法

受试者两腿伸直,两脚平蹬坐位体前屈测试计的测试纵板,坐在平地上,两脚分开 10~15 cm,上体前屈,两臂伸直前,用两手中指指尖逐渐向前推动游标,直到不能前推为止。坐位体前屈测试计的脚蹬纵板内沿平面为零点,向内为负值,向前为正值。测试 2 次,记录最好成绩。以 cm 为单位,保留一位小数。

4. 注意事项

(1)身体前屈,两臂向前推游标时两腿不能弯曲。

(2)受试者应匀速向前推动游标,不得突然发力。

十二、仰卧起坐

1. 测试目的

仰卧起坐主要用于测试学生的腹肌耐力。

2. 测试器材

仰卧起坐测试器材为垫子(或代用品),应铺放平坦。

3. 测试方法

受试者仰卧于垫子上,两腿稍分开,屈膝呈 90°,两手手指交叉贴于脑后。另一同伴压住其踝关节,以固定下肢。受试者坐起时两肘触及或超过双膝为完成一次。仰卧时两肩胛必须触垫。测试人员发出"开始"口令的同时开表计时,记录 1 min 完成次数。停表时,受试者虽已坐起但肘关节未达到双膝者,该次不计数,精确到个位。

4. 注意事项

(1)当发现受试者借用肘部撑垫子或臀部起落的力量起坐时,该次不计数。
(2)测试过程中,测试人员应向受试者报数。
(3)受试者双脚必须放在垫子上。

十三、跳绳

1. 测试目的

跳绳可测试学生的下肢爆发力和身体协调能力。

2. 场地器材

应在一块地面平整、干净的场地测试跳绳,地质不限。其主要测试器材包括秒表、发令哨、各种长度的跳绳若干条。

3. 测试方法

两人一组,一人测试,一人计数。受试者将绳调至适宜长度,听到开始信号后开始跳绳,方法为正摇双脚跳绳,每跳跃一次且摇绳一回环(一周圈),计为一次。听到结束信号后停止,测试员报数并记录,测试单位为次/min。

4. 注意事项

测试过程中若跳绳绊脚,则该次不计数,并继续测试。

十四、篮球运球

1. 测试目的

篮球运球可测试学生综合身体素质和篮球基本技能水平。

2. 场地器材

篮球运球的测试场地长为 20 m,宽为 7 m,起点线后 5 m 设置两列标志杆,标志杆距左右边线各 3 m。每列标志杆间距 3 m,共 5 排杆,全长为 20 m,并列的两杆间隔 1 m。测试器材包括秒表(使用前应进行校正,要求同 50 m 跑)、发令哨、30 m 卷尺、标志杆 10 根(杆高1.2 m 以上)、篮球(应符合国家标准)若干个。

3. 测试方法

受试者在起点线后持球站立,听到出发口令后,单手运球依次过杆,每次过杆时需换手运球。发令员发令后开表计时,受试者与球均返回起点线时停表。每名受试者测试两次,记录其中的最好成绩。以 s 为单位记录测试成绩,精确到小数点后 1 位,其后数值按非零进 1 原则进位。

4. 注意事项

(1)测试中篮球脱手后,如球仍在测试场地内,受试者可自行捡回,并在脱手处继续运球,不停表。

(2)测试过程中出现以下现象均属犯规行为,取消当次成绩:出发时抢跑、运球过程中双手同时触球、膝盖以下部位触球、漏绕标志杆、碰倒标志杆、人或球滚出测试区域、未按要求完成全程路线、通过终点时人球分离等。

(3)受试者有两次测试机会,两次犯规无成绩者可再测直至取得成绩。

十五、足球运球

1. 测试目的

足球运球可测试学生的足球基本技能水平。

2. 场地器材

足球运球测试应在坚实、平整的场地或足球场上进行,测试区域长为 30 m,宽为 10 m,起点线至第 1 根杆距离为 5 m,各杆间距 5 m,共设 5 根标志杆,标志杆距两侧边线各 5 m。测试器材包括足球(应符合国家标准)若干个,秒表(使用前应进行校正,要求同 50 m 跑),30 m 卷尺,5 根标志杆(杆高为 1.2 m 以上)。

3. 测试方法

受试者站在起点线后准备,听到出发口令后开始向前运球依次过杆,不得碰杆。受试者和球均越过终点线即结束。发令员发令后开始计时,受试者与球均越过终点线时停表。每人测试两次,记录其中最好的成绩。以 s 为单位,精确到小数点后 1 位,其后数值按非零进 1 原则进位。

4. 注意事项

(1)测试过程中出现以下现象均属犯规行为,应取消当次成绩:出发时抢跑、漏绕标志杆、碰倒标志杆、故意手球、未按要求路线完成全程测试等。

(2)受试者有两次测试机会,两次犯规无成绩者可再测直至取得成绩。

十六、排球垫球

1. 测试目的

排球垫球可测试学生的排球基本技能水平。

2. 场地器材

排球垫球测试应在坚实、平坦的场地或排球场上进行,测试区域为 3m×3m。测试用球应符合国家有关标准。

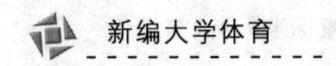

3. 测试方法

受试者在规定的测试区域内原地将球抛起,独立连续正面双手垫球,要求手型正确、击球部位准确、达到规定的高度,球落地即测试结束。受试者每次垫球应达到的高度,男生为 2.43 m,女生为 2.24 m。每名受试者测试两次,记录其中的最好成绩,单位为次。

4. 注意事项

(1)测试过程中如出现以下现象均只作为调整,不计次数:采用传球等其他方式触球、测试区域之外触球、垫球高度不足等。

(2)为方便判定垫球高度,可将排球场的球网调整到相应的高度,或者在测试区域外相距 0.5 m 处插两根标杆,标杆顶端用橡皮筋或标志线相连,将标杆调整到相应的高度进行判定,测试时通过比较垫球的高度和球网或标志线的高度进行判定。

训练项目三 熟悉《国家学生体质健康标准》的测试内容及成绩评定标准

一、测试内容

大学生测试项目为六项,其中身高、体重、肺活量为必测项目;选测项目为三项:男生从台阶试验、1 000 m 跑中选测一项,女生从台阶试验、800 m 跑中选测一项。男生从坐位体前屈、掷实心球、引体向上、握力中选测一项,女生从坐位体前屈、掷实心球、仰卧起坐和握力中选测一项。男、女生均从 50 m 跑、立定跳远、跳绳、篮球运球、足球运球、排球垫球中选测一项。

二、评价指标

大学生的评价指标有五项:身高标准体重、肺活量体重指数两项为必测指标,其他三项任选。评价、评分指标和得分见表 5-1。

表 5-1 评价、评分指标和得分

评价指标(测试项目)	分值	备注
身高标准体重	10	必测
肺活量体重指数	20	必测
1 000 m 跑(男)、800 m 跑(女)、台阶试验	30	选测一项
坐位体前屈、掷实心球、仰卧起坐(女)、引体向上(男)、握力体重指数	20	选测一项
50 m 跑、立定跳远、跳绳、篮球运球、足球运球、排球垫球	20	选测一项

三、成绩评定

各评价指标的得分之和为最后得分,满分为 100 分。根据最后得分评定等级:90 分及以上为优秀,75分~89分为良好,60分~74分为及格,59分及以下为不及格。大学生身高标准体重见表5-2~表5-3,大学生各测试项目评分标准见表5-4、表5-5。

表5-2　　　　　　　　大学一年级至四年级男生身高标准体重　　　　　　　　（kg）

身高段/cm	营养不良 50分	较低体重 60分	正常体重 100分	超重 60分	肥胖 50分
144.0~144.9	<41.5	41.5~46.3	46.4~51.9	52.0~53.7	≥53.8
145.0~145.9	<41.8	41.8~46.7	46.8~52.6	52.7~54.5	≥54.6
146.0~146.9	<42.1	42.1~47.1	47.2~53.1	53.2~55.1	≥55.2
147.0~147.9	<42.4	42.4~47.5	47.6~53.7	53.8~55.7	≥55.8
148.0~148.9	<42.6	42.6~47.9	48.0~54.2	54.3~56.3	≥56.4
149.0~149.9	<42.9	42.9~48.3	48.4~54.8	54.9~56.6	≥56.7
150.0~150.9	<43.2	43.2~48.8	48.9~55.4	55.5~57.6	≥57.7
151.0~151.9	<43.5	43.5~49.2	49.3~56.0	56.1~58.2	≥58.3
152.0~152.9	<43.9	43.9~49.7	49.8~56.5	56.6~58.7	≥58.8
153.0~153.9	<44.2	44.2~50.1	50.2~57.0	57.1~59.3	≥59.4
154.0~154.9	<44.7	44.7~50.6	50.7~57.5	57.6~59.8	≥59.9
155.0~155.9	<45.2	45.2~51.1	51.2~58.0	58.1~60.7	≥60.8
156.0~156.9	<45.6	45.6~51.6	51.7~58.7	58.8~61.0	≥61.1
157.0~157.9	<46.1	46.1~52.1	52.2~59.2	59.3~61.5	≥61.6
158.0~158.9	<46.6	46.6~52.6	52.7~59.8	59.9~62.2	≥62.3
159.0~159.9	<46.9	46.9~53.1	53.2~60.3	60.4~62.7	≥62.8
160.0~160.9	<47.4	47.4~53.6	53.7~60.9	61.0~63.4	≥63.5
161.0~161.9	<48.1	48.1~54.3	54.4~61.6	61.7~64.1	≥64.2
162.0~162.9	<48.5	48.5~54.8	54.9~62.2	62.3~64.8	≥64.9
163.0~163.9	<49.0	49.0~55.3	55.4~62.8	62.9~65.3	≥65.4
164.0~164.9	<49.5	49.5~55.9	56.0~63.4	63.5~65.9	≥66.0
165.0~165.9	<49.9	49.9~56.4	56.5~64.1	64.2~66.6	≥66.7
166.0~166.9	<50.4	50.4~56.9	57.0~64.6	64.7~67.0	≥67.1
167.0~167.9	<50.8	50.8~57.3	57.4~65.0	65.1~67.5	≥67.6
168.0~168.9	<51.1	51.1~57.7	57.8~65.5	65.6~68.1	≥68.2
169.0~169.9	<51.6	51.6~58.2	58.3~66.0	66.1~68.6	≥68.7
170.0~170.9	<52.1	52.1~58.7	58.8~66.5	66.6~69.1	≥69.2
171.0~171.9	<52.5	52.5~59.2	59.3~67.2	67.3~69.8	≥69.9
172.0~172.9	<53.0	53.0~59.8	59.9~67.8	67.9~70.4	≥70.5
173.0~173.9	<53.5	53.5~60.3	60.4~68.4	68.5~71.1	≥71.2
174.0~174.9	<53.8	53.8~61.0	61.1~69.3	69.4~72.0	≥72.1
175.0~175.9	<54.5	54.5~61.5	61.6~69.9	70.0~72.7	≥72.8
176.0~176.9	<55.3	55.3~62.2	62.3~70.9	71.0~73.8	≥73.9

(续表)

身高段/cm	营养不良 50分	较低体重 60分	正常体重 100分	超重 60分	肥胖 50分
177.0~177.9	<55.8	55.8~62.7	62.8~71.6	71.7~74.5	≥74.6
178.0~178.9	<56.2	56.2~63.3	63.4~72.3	72.4~75.3	≥75.4
179.0~179.9	<56.7	56.7~63.8	63.9~72.8	72.9~75.8	≥75.9
180.0~180.9	<57.1	57.1~64.3	64.4~73.5	73.6~76.5	≥76.6
181.0~181.9	<57.7	57.7~64.9	65.0~74.2	74.3~77.3	≥77.4
182.0~182.9	<58.2	58.2~65.6	65.7~74.9	75.0~77.8	≥77.9
183.0~183.9	<58.8	58.8~66.2	66.3~75.7	75.8~78.8	≥78.9
184.0~184.9	<59.3	59.3~66.8	66.9~76.3	76.4~79.4	≥79.5
185.0~185.9	<59.9	59.9~67.4	67.5~77.0	77.1~80.2	≥80.3
186.0~186.9	<60.4	60.4~68.1	68.2~77.8	77.9~81.1	≥81.2
187.0~187.9	<60.9	60.9~68.7	68.8~78.6	78.7~81.9	≥82.0
188.0~188.9	<61.4	61.4~69.3	69.4~79.3	79.4~82.6	≥82.7
189.0~189.9	<61.8	61.8~69.8	69.9~79.9	80.0~83.2	≥83.3
190.0~190.9	<62.4	62.4~70.4	70.5~80.5	80.6~83.6	≥83.7

注：身高低于表中所列出的最低身高段的下限值时，身高每低1 cm，实测体重需加上0.5 kg，实测身高需加上1 cm，再查表确定分值。身高高于表中所列出的最高身高段时，身高每高1 cm，实测体重需减去0.9 kg，实测身高需减去1 cm，再查表确定分值。

表5-3　　　　　大学一年级至四年级女生身高标准体重　　　　　（kg）

身高段/cm	营养不良 50分	较低体重 60分	正常体重 100分	超重 60分	肥胖 50分
140.0~140.9	<36.5	36.5~42.4	42.5~50.6	50.7~53.3	≥53.4
141.0~141.9	<36.6	36.6~42.9	43.0~51.3	51.4~54.1	≥54.2
142.0~142.9	<36.8	36.8~43.2	43.3~51.9	52.0~54.7	≥54.8
143.0~143.9	<37.0	37.0~43.5	43.6~52.3	52.4~55.2	≥55.3
144.0~144.9	<37.2	37.2~43.7	43.8~52.7	52.8~55.6	≥55.7
145.0~145.9	<37.5	37.5~44.0	44.1~53.1	53.2~56.1	≥56.2
146.0~146.9	<37.9	37.9~44.4	44.5~53.7	53.8~56.7	≥56.8
147.0~147.9	<38.5	38.5~45.0	45.1~54.3	54.4~57.3	≥57.4
148.0~148.9	<39.1	39.1~45.7	45.8~55.0	55.1~58.0	≥58.1
149.0~149.9	<39.5	39.5~46.2	46.3~55.6	55.7~58.7	≥58.8
150.0~150.9	<39.9	39.9~46.6	46.7~56.2	56.3~59.3	≥59.4
151.0~151.9	<40.3	40.3~47.1	47.2~56.7	56.8~59.8	≥59.9
152.0~152.9	<40.8	40.8~47.6	47.7~57.4	57.5~60.5	≥60.6
153.0~153.9	<41.4	41.4~48.2	48.3~57.9	58.0~61.1	≥61.2
154.0~154.9	<41.9	41.9~48.8	48.9~58.6	58.7~61.9	≥62.0

(续表)

身高段/cm	营养不良	较低体重	正常体重	超重	肥胖
	50分	60分	100分	60分	50分
155.0~155.9	<42.3	42.3~49.1	49.2~59.1	59.2~62.4	≥62.5
156.0~156.9	<42.9	42.9~49.7	49.8~59.7	59.8~63.0	≥63.1
157.0~157.9	<43.5	43.5~50.3	50.4~60.4	60.5~63.6	≥63.7
158.0~158.9	<44.0	44.0~50.8	50.9~61.2	61.3~64.5	≥64.6
159.0~159.9	<44.5	44.5~51.4	51.5~61.7	61.8~65.1	≥65.2
160.0~160.9	<45.0	45.0~52.1	52.2~62.3	62.4~65.6	≥65.7
161.0~161.9	<45.4	45.4~52.5	52.6~62.8	62.9~66.2	≥66.3
162.0~162.9	<45.9	45.9~53.1	53.2~63.4	63.5~66.8	≥66.9
163.0~163.9	<46.4	46.4~53.6	53.7~63.9	64.0~67.3	≥67.4
164.0~164.9	<46.8	46.8~54.2	54.3~64.5	64.6~67.9	≥68.0
165.0~165.9	<47.4	47.4~54.8	54.9~65.0	65.1~68.3	≥68.4
166.0~166.9	<48.0	48.0~55.4	55.5~65.5	65.6~68.9	≥69.0
167.0~167.9	<48.5	48.5~56.0	56.1~66.2	66.3~69.5	≥69.6
168.0~168.9	<49.0	49.0~56.4	56.5~66.7	66.8~70.1	≥70.2
169.0~169.9	<49.4	49.4~56.8	56.9~67.3	67.4~70.7	≥70.8
170.0~170.9	<49.9	49.9~57.3	57.4~67.9	68.0~71.4	≥71.5
171.0~171.9	<50.2	50.2~57.8	57.9~68.5	68.6~72.1	≥72.2
172.0~172.9	<50.7	50.7~58.4	58.5~69.1	69.2~72.7	≥72.8
173.0~173.9	<51.0	51.0~58.8	58.9~69.6	69.7~73.1	≥73.2
174.0~174.9	<51.3	51.3~59.3	59.4~70.2	70.3~73.6	≥73.7
175.0~175.9	<51.9	51.9~59.9	60.0~70.8	70.9~74.4	≥74.5
176.0~176.9	<52.4	52.4~60.4	60.5~71.5	71.6~75.1	≥75.2
177.0~177.9	<52.8	52.8~61.0	61.1~72.1	72.2~75.7	≥75.8
178.0~178.9	<53.2	53.2~61.5	61.6~72.6	72.7~76.2	≥76.3
179.0~179.9	<53.6	53.6~62.0	62.1~73.2	73.3~76.7	≥76.8
180.0~180.9	<54.1	54.1~62.5	62.6~73.7	73.8~77.0	≥77.1
181.0~181.9	<54.5	54.5~63.1	63.2~74.3	74.4~77.8	≥77.9
182.0~182.9	<55.1	55.1~63.8	63.9~75.0	75.1~79.4	≥79.5
183.0~183.9	<55.6	55.6~64.5	64.6~75.7	75.8~80.4	≥80.5
184.0~184.9	<56.1	56.1~65.3	65.4~76.6	76.7~81.2	≥81.3
185.0~185.9	<56.8	56.8~66.1	66.2~77.5	77.6~82.4	≥82.5
186.0~186.9	<57.3	57.3~66.9	67.0~78.6	78.7~83.3	≥83.4

注：身高低于表中所列出的最低身高段的下限值时，身高每低1 cm，实测体重需加上0.5 kg，实测身高需加上1 cm，再查表确定分值。身高高于表中所列出的最高身高段时，身高每高1 cm，实测体重需减去0.9 kg，实测身高需减去1 cm，再查表确定分值。

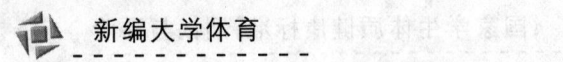

表 5-4　　　　　　　　　　　　　　　大学男生各测试项目评分标准

等级	单项得分	肺活量体重指数	1 000m跑	台阶试验	50m跑/s	立定跳远/m	掷实心球/m	握力体重指数	引体向上/次	坐位体前屈/cm	跳绳(次/min)	篮球运球/s	足球运球/s	排球垫球/次
优秀	100	84	3′27″	82	6.0	2.66	15.7	92	26	23.0	198	8.6	6.3	50
	98	83	3′28″	80	6.1	2.65	15.2	91	25	22.6	193	9.0	6.5	49
	96	82	3′31″	77	6.2	2.63	14.4	90	24	22.0	186	9.6	6.9	46
	94	81	3′33″	74	6.3	2.62	13.6	89	23	21.4	178	10.3	7.3	44
	92	80	3′35″	71	6.4	2.60	12.5	87	22	20.6	168	11.1	7.7	41
	90	78	3′39″	67	6.5	2.58	11.5	86	21	19.8	158	12.0	8.2	38
良好	87	77	3′42″	65	6.6	2.56	11.3	84	20	18.9	152	12.4	8.5	37
	84	75	3′45″	63	6.8	2.52	10.9	81	19	17.5	144	12.9	8.9	34
	81	73	3′49″	60	7.0	2.48	10.5	79	18	16.2	136	13.5	9.3	32
	78	71	3′53″	57	7.3	2.43	10.0	75	17	14.3	124	14.3	9.9	29
	75	68	3′58″	53	7.5	2.38	9.5	72	16	12.5	113	15.0	10.4	26
及格	72	66	4′05″	52	7.6	2.35	9.3	70	15	11.3	108	15.6	10.7	25
	69	64	4′12″	51	7.7	2.31	8.9	66	14	9.5	101	16.6	11.2	23
	66	61	4′19″	50	7.8	2.26	8.5	63	13	7.8	94	17.5	11.7	21
	63	58	4′26″	48	8.0	2.20	8.0	59	12	5.4	85	18.8	12.3	18
	60	55	4′33″	46	8.1	2.14	7.5	54	11	3.0	75	20.0	12.9	15
不及格	50	54	4′40″	45	8.2	2.12	7.3	53	9	2.4	71	20.6	13.3	14
	40	52	4′47″	44	8.3	2.09	7.0	51	8	1.4	64	21.6	13.8	12
	30	51	4′54″	43	8.5	2.06	6.7	49	7	0.5	58	22.5	14.3	10
	20	49	5′01″	42	8.6	2.03	6.2	47	6	−0.8	49	23.8	15.0	8
	10	47	5′08″	40	8.8	1.99	5.8	44	5	−2.0	40	25.0	15.7	5

表 5-5　　　　　　　　　　　　　　　大学女生各测试项目评分标准

等级	单项得分	肺活量体重指数	800m跑	台阶试验	50m跑/s	立定跳远/m	掷实心球/m	握力体重指数	仰卧起坐/次	坐位体前屈/cm	跳绳(次/min)	篮球运球/s	足球运球/s	排球垫球/次
优秀	100	70	3′24″	78	7.2	2.07	8.6	74	52	21.1	190	11.2	7.3	46
	98	69	3′27″	75	7.3	2.06	8.5	73	51	20.8	184	11.5	7.8	44
	96	68	3′29″	72	7.4	2.05	8.4	72	50	20.3	175	12.0	8.6	41
	94	67	3′32″	69	7.5	2.03	8.2	71	49	19.8	166	12.6	9.4	38
	92	65	3′35″	64	7.7	2.01	8.0	69	47	19.2	154	13.3	10.5	34
	90	64	3′38″	60	7.8	1.99	7.8	67	45	18.6	142	14.0	11.5	30

(续表)

等级	单项得分	肺活量体重指数	800m跑	台阶试验	50m跑/s	立定跳远/m	掷实心球/m	握力体重指数	仰卧起坐/次	坐位体前屈/cm	跳绳(次/min)	篮球运球/s	足球运球/s	排球垫球/次
良好	87	63	3′42″	59	7.9	1.97	7.7	66	44	17.7	137	14.6	11.9	29
	84	61	3′46″	57	8.0	1.93	7.6	63	43	16.3	130	15.6	12.5	27
	81	59	3′50″	55	8.2	1.89	7.5	61	42	15.0	122	16.5	13.2	25
	78	57	3′54″	52	8.3	1.84	7.4	58	40	13.1	112	17.8	14.0	23
	75	54	3′58″	49	8.5	1.79	7.2	55	38	11.3	102	19.0	14.9	20
及格	72	53	4′03″	48	8.6	1.76	7.1	53	37	10.1	98	19.8	15.6	19
	69	51	4′08″	47	8.7	1.72	7.0	50	35	8.3	92	20.9	16.7	17
	66	49	4′13″	46	8.8	1.69	6.8	48	33	6.5	86	22.0	17.8	15
	63	46	4′18″	44	8.9	1.63	6.6	44	31	4.1	78	23.5	19.3	13
	60	43	4′23″	42	9.0	1.58	6.4	40	28	1.7	70	25.0	20.8	10
不及格	50	42	4′30″	41	9.1	1.56	6.2	39	27	1.5	66	25.8	21.2	9
	40	41	4′37″	40	9.3	1.53	6.0	38	26	1.3	59	26.9	21.9	8
	30	39	4′44″	39	9.5	1.50	5.7	36	25	1.0	53	28.0	22.5	7
	20	37	4′51″	38	9.8	1.46	5.4	34	23	0.6	44	29.5	23.4	6
	10	35	5′00″	36	10.0	1.42	5.0	32	21	0.2	35	31.0	24.3	4

➡ 思考题

1. 根据《国家学生体质健康标准》进行自我评价。
2. 你怎样看待自我评价的结果？
3. 浅议《国家学生体质健康标准》对推进国民体质健康的意义。

模块六

田径运动

学习目标

- 了解开展田径运动对促进其他运动发展的意义
- 普及田径运动知识,让更多人参与田径运动
- 掌握田径运动中走、跑、跳、掷的基本技术和练习方法,全面提高身体素质

训练项目一 认识田径运动

田径运动具有悠久的历史。在公元前776年第一届古代奥林匹克竞技会上,开始出现短跑比赛,以后又增加了跳远、投石饼等项目。现代田径运动起源于英国,1896年第1届现代奥林匹克运动会将田径列为主要比赛项目。1928年第9届奥运会开始设立女子田径比赛项目。1912年根据田径运动发展的需要成立了国际业余田径联合会,它在确定比赛项目、拟定规则、组织国际比赛、审批世界纪录以及促进国际交流等方面发挥了很大的作用,使田径运动发展成为有组织、有目的的国际社会活动。

我国现代田径运动约从19世纪末开始,起先是在一些基督教青年会和教会学校中开展的。1880年在上海圣约翰书院举行的以田径为主要项目的运动会,是最早的一次田径比赛。在旧中国,田径运动还处于较低的水平,随着社会主义经济建设的发展,以及党和国家的重视,我国的田径运动得到了逐步的普及。20世纪90年代以后,我国的田径运动步入了新的辉煌时期。第25届奥运会陈跃玲的10公里竞走金牌,实现了我国奥运史上田径项目金牌"零"的突破。随后我国田径运动员异军突起,马家军女子运动员在赛跑中屡次刷新的世界纪录、刘翔在跨栏项目的突破,把中国的田径运动带到了鼎盛时期。

训练项目二 掌握竞走运动的技巧和方法

一、动作方法

1. 下肢技术

下肢技术是竞走的核心。竞走在一个单步中,分为单腿支撑和双腿支撑两个时期,单

腿支撑又分为前支撑、垂直支撑和后支撑三个阶段,竞走技术如图 6-1、图 6-2 所示。

图 6-1　竞走技术(侧面)　　　　　　　　图 6-2　竞走技术(正面)

当身体重心移过垂直支撑阶段时,支撑腿进入后支撑阶段并开始后蹬。后蹬动作是从支撑腿快速有力的蹬地到脚尖蹬离地面,在即将蹬离地面的瞬间形成双支撑的动作。后蹬结束,后摆阶段开始,摆动腿迅速前摆,膝关节自然弯曲,大小腿之间角度大于 90°,在支撑腿垂直支撑阶段,摆动腿与膝关节的角度是 120°~130°。

当身体重心移过垂直支撑阶段,摆动腿即进入前摆阶段。前摆时,小腿依靠大腿带动前摆,迅速打开膝关节,在脚掌即将着地时,膝关节应当伸直,用脚后跟先着地,形成双支撑姿势。从脚后跟着地至垂直支撑是前支撑阶段,此阶段要求腿必须是伸直的,脚掌应迅速柔和地过渡到"扒"地动作。

2. 躯干和摆臂技术

竞走时躯干正直,两眼平视,颈部放松,躯干动作要与两臂的摆动和两腿的蹬摆相互配合。摆臂时半握拳,以肩为轴,屈肘约 90°,自然有力地前后摆动。前摆时拳不超过身体中线,不要高过下颏;后摆时肘稍向外,摆至上臂与地面近乎平行。

弯道竞走时身体稍向左(右)倾斜,后蹬时右脚掌内侧、左脚掌外侧向后下方蹬地,右臂摆动的幅度和力量稍比左臂大。上坡竞走时,身体适当前倾、减小步幅,加快频率;下坡竞走技术相反。

> **趣 闻 >>>**
>
> 竞走起源于英国。19 世纪初,英国出现步行比赛的活动。19 世纪末,部分欧洲国家盛行从一个城市到另一个城市的竞走旅行。
>
> 1866 年,英国业余体育俱乐部举行首次冠军赛,距离为 7 英里。竞走分场地竞走和公路竞走两种。场地竞走设世界纪录;公路竞走因路面起伏等不可控因素较多,成绩可比性差,故仅设世界最好成绩。
>
> 1908 年,竞走首次进入奥运会,当时竞走的距离是 3 500 米和 10 英里;此后几届奥运会上,竞走比赛的距离有所不同,有过 3 000 米、10 公里等;从 1956 年奥运会起,竞走比赛的距离定为 20 公里(1956 年列入)、50 公里(1932 年列入)。女子竞走于 1992 年才被列入奥运会比赛,距离为 10 公里,2000 年奥运会将女子竞走的距离改为 20 公里。

二、练习方法

1. 通过支撑肋木做送膝和送髋练习。
2. 借助肋木做交叉步及侧向前后交叉步练习。

训练项目三　掌握跑的正确要领

一、短跑技术

短跑包括 400 m 跑、400 m 以下的跑和跨栏跑。短跑技术是由起跑、起跑后的加速跑、途中跑和终点冲刺跑四个相互关联的技术环节组成。

1. 起跑

听到"各就位"口令后,运动员走到起跑器前,俯身,两手撑地,两脚依次蹬在前后起跑器的抵足板上,脚尖应触及地面,后腿膝关节跪地,将有力腿放在前起跑器上。接着两臂收回到起跑线后支撑地面,两臂伸直,两手间距离与肩同宽或比肩稍宽,四指并拢,与拇指成"八"字形支撑,身体重量均匀地落在两手、前腿和后膝之间,注意听"预备"口令。

听到"预备"口令后,逐渐抬起臀部和后膝,臀部要高于肩部 10～20 cm,身体重心向前上方移动、落在两臂和前腿上,前腿的膝角度为 90°～100°,后腿的膝角度为 110°～130°,两脚紧贴在前后起跑器抵足板上,集中注意力听枪声。

听到枪声后,两手迅速推离地面,屈肘做有力的前后摆动,同时两腿快速用力蹬起跑器,后腿蹬离起跑器后迅速屈膝向前上方摆出,摆出时脚离地不宜过高,同时,后腿有力地蹬伸,后蹬角为 42°～45°,短跑的起跑技术如图 6-3 所示。

图 6-3　短跑的起跑技术

2. 起跑后的加速跑

起跑后的加速跑一般为 30 m 左右(优秀运动员略长)。腿蹬离起跑器后,要积极加快腿的蹬伸与臂的摆动,保持身体的动态平衡。第一步的着地应尽量靠近身体重心投影点,脚着地迅速转入后蹬。身体的前倾随着步长和跑速的增加逐渐减小,最后接近途中跑的姿势。加速跑过程中,最初几步两脚着地点并非在一条直线上,随着速度的加快,两脚内侧着地点逐渐合于一条直线上(在起跑后 10～15 m 处)。

加速跑中两臂动作与途中跑基本相同,但开始几步大腿前摆幅度较大,与此相适应摆臂的幅度也较大。

弯道起跑后的加速跑,开始几步向着内侧分道线切点呈直线跑进,加速跑的距离应小于直道加速跑的距离,较早抬起上体。进入弯道跑时,身体应顺势向内倾斜,尽量沿着内侧分道线跑进。

3. 途中跑

途中跑的任务是继续发挥和保持最高跑速。起跑后加速跑结束即进入途中跑。一个单步由后蹬、前摆、腾空、着地和缓冲几个部分组成,短跑的途中跑技术如图 6-4 所示。

图 6-4　短跑的途中跑技术

后蹬,当身体重心移过支撑垂直面时,支撑腿开始积极有力地后蹬。后蹬的用力首先从伸展髋关节开始,依次蹬伸膝、踝关节,直到脚掌蹬离地面。随着支撑腿的蹬地,摆动腿迅速有力地向前上方摆出,支撑腿与摆动腿的协调配合是途中跑技术的关键。

腾空期是从足尖离地后开始,支撑腿的大腿随着蹬地后的惯性,使膝关节折叠屈曲,同时,还伴随着另一条腿抬大腿的屈髋关节动作,形成边折叠边前摆姿势。腾空结束时,摆动腿积极下压,用前脚掌富有弹性地着地。

4. 终点冲刺跑

终点冲刺跑要求运动员在离终点线 15～20 m 处时,尽力加快两臂摆动的速度和力量,保持上体前倾,当离终点线一步距离时,上体急速前倾,双手后摆,用胸部或肩部冲向终点线,跑过终点后逐渐减速。

二、中长跑

中长跑包括 800 m、1 500 m、3 000 m、5 000 m、10 000 m 和 30 000 m 跑。中长跑技术由起跑和起跑后的加速跑、途中跑和终点跑组成。

1. 起跑和起跑后的加速跑

中长跑采用站立式起跑。当运动员听到"各就位"口令后,从集合线走到起跑线后,两腿前后站立,有力腿在前,紧靠起跑线后沿。前脚跟与后脚尖距离约一脚长,左右间隔约半脚,后脚用前脚掌支撑站立。臂的动作有两种:一种是两臂一前一后[如图 6-5(a)所示],另一种是两臂在体前自然下垂[如图 6-5(b)所示]。

图 6-5 中长跑采用的站立式起跑姿势

听到枪声后,两腿用力蹬地,后腿蹬地后迅速前摆,两臂配合两腿的蹬摆做快而有力的前后摆动。加速跑时,两腿应迅速有力地蹬伸并积极地摆臂。无论在直道还是弯道上起跑,都应该按切线方向跑进,在规则允许的范围内,抢占有利的战术位置,然后进入途中跑。

2. 途中跑

途中跑是决定中长跑运动成绩的重要环节。途中跑应强调摆动腿膝关节迅速有力地向前方摆出。后蹬腿的三个主要关节迅速蹬伸。腾空时,放松蹬地腿的肌肉,并迅速有力地将大腿向前上方摆出。着地时,摆动腿大腿积极下压,小腿顺势前摆并做"扒地"动作。上体正直或稍前倾。两手半握拳,两臂弯曲,两肩放松,以肩为轴前后自然摆动。途中跑过程中要做到轻松、省力,并掌握好节奏。

3. 终点跑

终点跑是临近终点的那一段冲刺跑。终点跑的距离要根据项目、训练水平、个人特点、战术需要及比赛具体情况而定。一般情况下,800 m 可在最后 200～300 m 开始冲刺跑,1 500 m 在最后 300～400 m 进行冲刺跑,3 000 m 以上可在最后 400 m 或稍长的距离开始终点冲刺跑。

三、练习方法

1. 两个同学一组,互相喊口令做 10 次蹲踞式起跑练习。
2. 集体听信号做蹲踞式起跑,加速跑 20～30 m。
3. 在直道上以中等速度做 3 次 60～80 m,体会完整途中跑技术。
4. 沿一个半径 10～15 m 的圆圈跑,依次按慢速、中速、快速跑的要求,体会跑速的加快、身体内倾程度的变化。
5. 从直道入弯道 30～40 m,体会从直道进入弯道跑的技术。
6. 快速跑 30～40 m 做撞线动作。

训练项目四　掌握掷的方法和要领

一、铅球

推铅球是速度力量型项目。推铅球技术分为握持铅球、背向滑步、最后用力和维持身体平衡四部分。

1. 握持铅球（以右手为例）

五指自然分开，将球放在食、中、无名指指根处，拇指和小手指扶在球的两侧，手腕背屈[如图 6-6(a)所示]。握好球后，将球放在锁骨窝处，贴于颈部，下颏略向右转，右臂屈肘，掌心向内，上臂略低于肩或与肩齐平，左臂自然上举，两眼平视前方[如图 6-6(b)所示]。

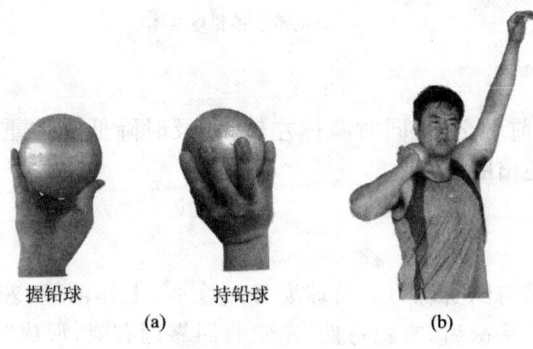

握铅球　　持铅球
(a)　　　　　　　　　　(b)

图 6-6　握持铅球技术

2. 背向滑步

（1）预备姿势：持球后，背对投掷方向，两脚前后开立，相距 40~50 cm，身体重心压在右腿上。右腿弯曲，右脚脚尖贴近投掷圈的后沿，左脚在后，脚尖着地，形成"团身"姿势。这时，躯干与地面基本保持平行，目视前下方 2~3 m 处。

（2）滑步动作：预备姿势完成后，首先臀部带动身体重心略向投掷方向移动，使其移离身体的支撑点（右脚）。接着，左腿以大腿带动小腿迅速向抵趾板方向摆出并外旋，右腿积极蹬伸，及时拉收并内旋，两腿摆蹬协调配合，推动身体向投掷方向快速移动，形成最后用力前的良好姿势。

3. 最后用力

当滑步结束后，背对投掷方向，肩轴与髋轴成"十字"扭紧，两脚左右成"外八字"开立，紧接着，右腿积极蹬转，推动右髋向投掷方向转动，上体在转动中逐渐抬起。左臂由胸前向投掷方向牵引摆动，使身体由背对投掷方向转至侧对投掷方向，挺胸抬头，用力推球。当铅球将要离手时，右手屈腕，手指有弹性地拨球，以加快铅球出手的速度。背向滑步推铅球如图 6-7 所示。

图 6-7 背向滑步推铅球技术

4. 维持身体平衡

铅球离手后,两腿前后交换,同时身体左转,并及时降低身体重心,以便减缓向前冲力,维持身体平衡,避免出圈犯规。

二、投掷练习

1. 全体学生做预摆与团身练习。持球姿势站稳后,上体前倾,左腿向后上方抬起,左臂自然下垂。保持身体平衡后,右腿弯曲,左腿收回靠近右腿,形成"团身"姿势,练习时动作放松,身体平稳。
2. 摆动腿的摆动练习。成团身姿势后臀部稍向后移,接着左腿以大腿带动小腿向身体后下方用力摆出,带动身体向投掷方向移动,体重落在两脚之间,此时上体仍保持团身时的姿势。开始练习时,最好用左手或双手拉着约同髋高的橡胶带或同伴的手练习。
3. 拉收右腿练习。
4. 两人一组徒手背向滑步完整动作练习。
5. 两人一组持橡胶球、实心球进一步体会背向滑步动作练习。
6. 背向滑步推铅球练习。

训练项目五 掌握跳的要领

一、跳远——挺身式

跳远的完整技术由助跑、起跳、腾空、落地四个部分组成。

1. 助跑

助跑的任务是获得较高的速度。助跑的开始姿势有两种:一种是从静止姿势开始。

一般采用两腿微屈,两脚左右平行站立的"半蹲式"。另一种是行进间走几步踏上起跑点后,开始加速。助跑加速一般是逐渐加速,在逐渐加大步长的基础上,不断提高步频。助跑最后一步的步长,要小于倒数第二步的步长。

2. 起跳

在助跑的最后一步,起跳脚应积极、主动地着地,脚跟与脚掌几乎同时接触起跳板。起跳脚着板后,当身体重心达到支撑点上方时开始进行蹬伸动作。此时,上体保持正直,提肩、拔腰,同时下肢快速蹬伸,髋、膝、踝关节充分伸直,身体伸展向前上方腾起,起跳时,摆动腿和两臂做快速摆动。当起跳脚踏上起跳板时,摆动大、小腿折叠,屈腿前摆,加快身体重心前移。

3. 腾空

起跳进入腾空步后,摆动腿的大腿随即积极下放,小腿由前向后下呈弧形摆动,髋关节伸展,两臂向下、向后上方摆动,这时留在身后的起跳腿与向后摆动的摆动腿靠拢,臀部前移,胸、腰稍向前挺,形成展体挺身的姿势。挺身式跳远如图6-8所示。

图6-8 挺身式跳远技术

4. 落地

准备落地时两腿要屈膝高抬,上体前倾,在脚接触沙坑前,两腿尽量向前伸直,此时上体不应过分前倾。两臂由上经前向后下方摆,脚触沙坑后及时屈膝,使身体重心向下、向前移过支撑点。

二、跳远的练习方法

1. 上步模仿起跳练习。两腿前后站立,摆动腿在前,起跳腿在后。起跳腿由后向前迈步,做积极向下放脚的踏板动作,用全脚掌滚动着地,随即稍屈膝并蹬伸起跳,摆动腿屈膝前摆至大腿成水平位,同时起跳腿同侧手臂向前摆,异侧手臂向侧后积极摆动并突然制动。跳起后下落时,用摆动腿着地过渡到跑。

2. 在跑道上连续做3步助跑起跳练习。将摆动腿放在前面,跑3步按练习1的要求起跳,下落时用摆动腿落地,接着再跑三步起跳,如此重复进行。

3. 跳上器械的起跳练习。助跑4~6步起跳,要求起跳腿充分蹬伸后留在身体后面,用摆动腿落在 60～100 cm 高的海绵包或高台上。起跳点距离台 2 m 左右。

4. 助跑起跳越过障碍。在沙坑边上摆放低栏或拉一条橡皮筋,运动员助跑 6～10 步起跳越过此障碍物。要求起跳腿蹬伸后留在身体后面,摆动腿屈膝前摆,带动髋关节向前上方摆出,大腿抬平,小腿自然下垂,上体挺直成腾空步姿势,用摆动腿下落沙坑,接着向前跑出。

三、跳高——背越式

背越式跳高的完整技术由助跑、起跳、过杆和落垫四个部分组成。

1. 助跑

背越式跳高的助跑技术近似于短跑的途中跑,但要求身体重心高而平稳,上体略有前倾,后蹬充分有力,前摆抬腿积极自然,动作连贯,两臂配合大幅度地摆动。在弧线上跑进时,身体逐步地向内倾斜,加大外侧臂和腿的摆动幅度,头、躯干和腿的支撑点应在力的作用线上。助跑的整个过程,加速节奏明显,尤其是最后几步应积极跑进,加大每一步支撑阶段身体重心前移的幅度和速度。

> **趣闻 >>>**
>
> 博格奎斯特,瑞典跳高运动员。2006 年 2 月 5 日凌晨,在德国阿恩施塔特举行的世界室内跳高赛中,身高仅 1.75 米的瑞典美女博格奎斯特跃过了 2.08 米的横杆,达到 14 年来无人企及的高度,打破了女子室内跳高世界纪录。

2. 起跳

背越式跳高的起跳脚踏向起跳点时,要求保持住身体的内倾姿势向前送髋和前移躯干,并使起跳腿一侧的髋超越摆动腿同侧的髋,同时控制肩轴与髋轴的扭紧状态。然后,起跳腿以大腿带动小腿积极下压着地,着地时起跳脚外侧根部接触地面,接着通过脚的外侧滚动至全脚掌,脚尖朝向弧线的切线方向。随着身体由内倾转为垂直,迅速地完成缓冲和蹬伸动作。蹬伸动作依次由髋、膝、踝用力,躯干和三个关节充分伸展,顺势向上起跳。

3. 过杆

当起跳腿蹬离地面结束起跳以后,身体应保持伸展的姿势向上腾起,同时在摆动腿和同侧手臂的带动下,围绕身体纵轴旋转,使身体转向背对横杆。当头和肩越过横杆以后,及时地仰头、倒肩和展体,并利用身体重心向上的速度,收腿挺髋,形成身体的背弓姿势。这时两腿屈膝稍后收,两臂置于体侧,当身体重心移过横杆时,含胸收腹,控制上体继续下旋,同时以髋部发力,带动大腿和小腿加速向后上方甩腿,使整个身体脱离横杆,背越式跳高如图 6-9 所示。

4. 落垫

在人体向后上方甩腿之后,保持着屈髋伸膝的姿势下落,最后以上背部或背部落于海绵垫上。落在海绵垫上后要做好缓冲控制,防止受伤。

图 6-9　背越式跳高技术

四、跳高的练习方法

1. 在弧线上做 2～4 步助跑起跳练习。

2. 在半径为 5～8 m 的圆圈上做连续的 2～4 步助跑起跳练习。逐步缩小弧线的半径,加大练习的难度。

3. 原地倒肩挺髋练习。背对 30～40 cm 高的海绵垫站立,练习时向后倒体,以上背部支撑于海绵垫上,同时屈膝挺髋,模仿过杆时的身体姿势。

4. 原地双腿起跳后,做倒肩、挺髋和甩腿练习。

5. 2～4 步助跑过杆练习。

6. 全程助跑过杆练习。

➡ 思考题

1. 田径运动比赛的规则有哪些?
2. 目前国际田径运动有哪些主要比赛?
3. 为什么说田径运动是一切运动的基础?

模块七

足球运动

学习目标

- 了解足球运动的发展过程
- 初步掌握足球运动的基本技术和练习方法
- 发展协调性、灵敏性及下肢力量
- 了解足球运动的主要规则，加强对足球运动的理解
- 巩固足球运动的基本技术
- 初步掌握足球运动的基本战术及提高战术运用能力
- 培养团队合作精神

训练项目一　认识足球运动

中国自古就有足球运动，古称"蹴鞠"，最早记载于《史记·苏秦列传》，它起源于春秋战国时期的齐国故都临淄，唐宋时期最为繁荣。

现代足球运动则起源于英国。据史料记载，476年英国就有了类似今天的足球运动。到19世纪初，足球运动在英国已相当盛行，并经常进行比赛。1835年在英国的谢菲尔德成立了第一个足球俱乐部。1863年10月26日成立了英格兰足球协会，并制定和通过了世界上第一部较为统一的足球竞赛规则。该规则的大部分内容与现在世界上采用的足球竞赛规则相同，后来人们把这一天称作足球运动的诞生日。1930年举行了第一届足球世界杯，以后每四年举办一次。

现代足球传入中国是在1840年以后，香港和上海两个城市开展得最早。1910年在南京举行的旧中国第一届全运会就有足球比赛。新中国成立以后，足球运动有了很大发展，广大人民群众，特别是青少年喜爱足球运动，参加人数越来越多，水平也在不断提高。1988年中国男子足球队首次冲出亚洲，参加了第24届奥运会足球赛决赛阶段的比赛。1996年，中国女子足球队在美国亚特兰大举行的第26届奥运会足球比赛中获得银牌。但是，中国足球运动同世界水平相比还有相当大的差距。

随着职业足球运动的兴起，在商业化的刺激下，足球运动迅速在世界各地普及并广泛开展。足球比赛紧张、激烈和刺激的特点，使其成为世界上最受欢迎的体育运动项目。

训练项目二　了解足球技术

足球技术是指运用身体的合理部位所做的各种动作方法的总称,它包括踢球、停球、头顶球、运球、抢截球、掷界外球和守门员技术等。

一、踢球

踢球是指有目的地运用脚的不同部位将球击向预定的目标。这是足球技术中最基本的技术动作之一,主要有脚内侧踢球、脚背正面踢球、脚背内侧踢球、脚背外侧踢球以及脚尖踢球和脚跟踢球等。

微课:足球基本技术1

1. 脚内侧踢球

脚内侧踢球时触球面积较大,出球平稳,但力量小,主要用于短传或近距离射门。它可以踢定位球、地滚球、空中球和反弹球等。

(1)踢定位球。直线助跑,最后一步稍大,支撑脚踏在球的侧方约15 cm处,膝关节微屈,在支撑脚着地的同时,踢球腿以髋关节为轴由后向前摆动,在摆动过程中,屈膝外转,脚尖翘起,脚掌与地面平行,脚内侧正对出球方向,小腿加速前摆,击球的后中部。击球后,踢球腿随球前摆,如图7-1所示。

图7-1　脚内侧踢定位球

(2)踢地滚球。踢地滚球的动作方法基本上与踢定位球相同,所不同的是由于球在地面上滚动,因此在支撑与摆腿击球过程中,要根据球的滚动方向、速度,对动作方法中的某些环节进行适当调整。

(3)踢空中球。踢空中球时,身体正对来球方向,观察球的飞行路线,大腿抬起,小腿拖在后面,击球时利用小腿的摆动平敲球的后中部。如要踢出低球,可踢球的中上部;如要踢出高球,可踢球的中下部。

2. 脚背正面踢球

踢球腿的摆幅大、摆速快,踢出的球力量大而准确,适用于长传和射门。可以踢定位球、反弹球、空中球、地滚球和倒勾球等,脚背正面踢球如图7-2所示。

图 7-2　脚背正面踢球

（1）踢定位球。直线助跑，跨步支撑时步幅要大而积极，支撑脚踏在球的侧方 10～15 cm 处，足尖与出球方向一致，膝关节微屈，摆动腿在跨步支撑的同时，以髋关节为轴，大腿带动小腿由后向前摆动，当膝盖摆至接近球的上方时，小腿加速前摆。击球时，脚背绷直，脚踝压紧，腹微收，以脚背的正面击球的后中部。击球后，踢球腿随球继续前摆。

（2）踢反弹球。首先要准确判断球的落点、落地时间和反弹角度。踢球时，支撑脚踏在球的侧方，当球要落地时，踢球腿小腿迅速前摆，在球刚落地反弹离地时，以脚背正面击球的后中部。

（3）踢空中球（侧身踢空中球）。首先判断好球的运行路线并确定好击球点。踢球时，侧对出球方向，支撑脚脚尖指向出球方向，上体向支撑脚一侧倾斜，踢球腿的大腿高抬，带动小腿快速向出球方向摆动，用脚背正面击球的后中部，身体随之向出球方向扭转。击球后，面对出球方向。

3. 脚背内侧踢球

踢球腿摆幅大、摆速快、击球点多，易于控制出球的高度、旋转和落点，击球力量也较大，多适用于长传、罚角球、射门和踢任意球等。这种方法可踢定位球、过顶球、弧线球和转身踢球等。

（1）踢定位球。斜线助跑，助跑方向与出球方向呈 45°角，支撑脚踏在球的侧后方 25～30 cm 处，膝关节微屈，足尖指向出球方向，身体稍向支撑脚一侧倾斜，在支撑脚着地的同时，踢球腿以髋关节为轴，大腿带动小腿呈弧形由后向前摆动，当膝关节摆至球的内侧垂直上方时，小腿加速前摆，脚尖稍外转，脚面绷直，脚趾扣紧，脚尖指向斜下方，以脚背内侧部位击球的后下部。踢球后，踢球腿随球继续前摆，脚背内侧踢定位球如图 7-3 所示。

图 7-3　脚背内侧踢定位球

(2)踢过顶球。踢过顶球的动作方法基本上与踢定位球相同,支撑脚可踏在球的侧后方,踢球腿不必过于绷紧,踢球的后下部,并有斜下切的动作,使球向后旋转,以控制球速,使球呈抛物线状缓慢下落。踢球腿不随球前摆。

4. 脚背外侧踢球

脚背外侧踢球除具备脚背正面踢球的特点外,由于踢球时起脚快,踝关节灵活,能随时改变踢球方向,因此击球时具有突然性、隐蔽性等特点。适用于远、近距离传球和射门,是踢弧线球和过顶球的主要方法。

踢定位球时,直线助跑,支撑脚踏在球的侧方 10~15 cm 处,在支撑脚着地的同时,踢球腿小腿迅速前摆,脚面绷直,脚趾扣紧,膝盖和脚尖内转,用脚背的外侧踢球的后中部。踢球后,踢球腿随球前摆,脚背外侧踢定位球如图 7-4 所示。

图 7-4　脚背外侧踢定位球

5. 练习方法

(1)反复练习身体各部位的颠球技术,逐步了解并熟悉球的性能,增加颠球次数,颠球如图 7-5 所示。

图 7-5　颠球

(2)模仿体会动作。做摆腿击球和脚型控制的模仿动作,体会各种踢球技术动作和各个环节的做法。要求动作协调、放松和连贯。

(3)用各种脚法练习踢地滚球、定位球。

示例一:练习者分成 2 排,相距 10 m 左右,面对面站立,互相做各种踢球方法练习。

示例二:练习者分成 2 组,相距 15 m 左右,迎面站立,一组第 1 人踢地滚球后,跑至对方排尾。另一组第 1 人迎球跑上将球踢回,跑至对方排尾,其他人按上述方法依次进行。

(4)进行射门或传球练习。练习者在罚球弧处站成1路纵队,踢定位球给站在端线处的同伴并跑向罚球点,同伴再回传地滚球至罚球点附近,练习者踢球射门。

二、停球

停球是指有目的地运用身体的合理部位将运行中的球停控在所需范围内。停球是为了更好地处理球,完成时要力争快速、简练、合理和多变。常用的停球方法有脚内侧停球、脚底停球、脚背外侧停球、脚背正面停球和胸部停球等。

1. 脚内侧停球

脚内侧停球运用的部位同脚内侧踢球。其特点是动作灵活多变,停球稳,便于改变方向和连接下一个动作。它用于停地滚球、反弹球和空中球。

(1)停地滚球。面对来球,支撑腿膝关节微屈,停球脚提起略高于球,脚尖翘起,当脚与球接触的刹那开始后撤,后撤过程中用脚内侧接触球或用脚内侧传切面与来球前缘相切,将球停在所需位置上,停地滚球如图7-6所示。

(2)停反弹球。首先要判断好来球的落点,支撑脚踏在球的侧前方,膝关节弯曲,上体稍前倾并向停球方向微转。当球反弹离地时,停球腿放松,用脚内侧对准球的反弹方向,推压球的后中上部,缓冲球的力量,将球控制住,停反弹球如图7-7所示。

图7-6 停地滚球 　　　　　　　　　　图7-7 停反弹球

2. 脚底停球

脚底停球接触球的面积大,易将球停稳。常用于停地滚球和反弹球。

(1)停地滚球。面对来球,支撑脚在球的侧后方,膝关节微屈;同时停球脚提起,脚尖翘起,脚后跟离地稍低于球,踝关节放松,以脚掌对准来球,触球的后中部,脚踝轻轻下压。

(2)停反弹球。首先判断好球的落点和反弹方向,支撑脚踏在球落点的侧后方,停球脚的前脚掌对准球的反弹方向,触球的后上部,触球刹那脚尖下压。

3. 脚背外侧停球

脚背外侧停球一般用于停地滚球和反弹球。

(1)停地滚球。停球脚稍提起,膝关节和脚踝内转,以脚外侧正对来球,在支撑脚的前侧方接触球的侧后方时,要向停球脚的一侧轻拨,把球停在侧前方或侧方。

(2)停反弹球。停反弹球的方法与停地滚球基本相同,但要强调对球的落点的判断。在球落地刚要反弹离地的刹那,用脚背外侧触球的侧上部,将球停在体侧。

4. 脚背正面停球

脚背正面停球适用于停空中球。停球时面对来球,停球腿屈膝上抬,用脚背正面对正空中下落球的底部。当球与脚接触的刹那向下撤腿,缓冲球的力量,将球停在所需要的位置上。

5. 胸部停球

胸部面积大,有弹性,位置高,适于停高球和空中平直球。胸部停球包括收胸停球和挺胸停球。

(1)收胸停球。一般用于停胸部高度的平直球。停球时,面对来球,两脚前后开立,两臂自然张开,挺胸迎球。当球与胸部接触时,上体稍后移,然后缩胸、收腹、挡压球,以缓冲来球力量,将球停在身前。

(2)挺胸停球。一般用于停高于胸部下落的球。面对来球,两脚前后开立,两膝微屈,两臂自然张开,收下颏,在球与胸部接触的刹那,两脚蹬地,上体稍后仰,胸部挺出,把球停控在体前,挺胸停球如图7-8所示。

6. 练习方法

(1)各种脚法停地滚球的模仿动作练习,主要体会停球的动作方法和要领。

图7-8 挺胸停球

(2)停地滚球,两人对面站立,相距15 m左右,一人踢(抛)地滚球,另一人迎上做停球练习。

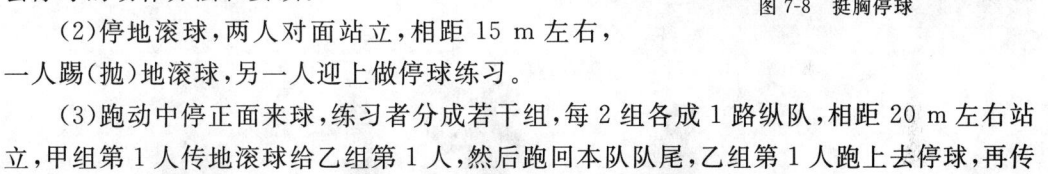

(3)跑动中停正面来球,练习者分成若干组,每2组各成1路纵队,相距20 m左右站立,甲组第1人传地滚球给乙组第1人,然后跑回本队队尾,乙组第1人跑上去停球,再传给第2人,依次练习。

(4)跑动中停侧面来球,3路纵队为1组成等边三角形站立,相距10~15 m,在沿逆时针方向跑动中,甲组第1人传地滚球给乙组第1人,乙组第1人停球后传地滚球给丙组第1人,丙组第1人停球后传地滚球给甲组第2人。练习几次后,按此方法再沿顺时针方向练习。

(5)停反弹球、空中球的练习,2人1组抛、停高球或平直球练习。

(6)2人1组相距15 m左右,有目的地用脚背内侧向同伴体侧、体前、胸部踢高空球或平直球,练习停球。

三、头顶球

头顶球技术是指为了争取时间并取得空中优势,有目的地运用头的前额部位直接处理空中球时所做的各种击球动作方法的总称。它是一项重要的基本技术,进攻时可传球和射门,防守时可抢断和将球破坏。

微课:足球基本技术2

头顶球包括前额正面顶球和前额侧面顶球。这两个部位都可以做原地顶球、跳起顶球和鱼跃顶球等。

1. 前额正面顶球

（1）原地顶球。身体正对来球，两脚前后开立，膝关节微屈，上体稍后仰，收下颏，身体重心放在后脚上，两臂自然张开，两眼注视来球。顶球时，重心向前移动，在前额即将触球的刹那，两脚用力蹬地，颈部紧张，以腰腹和颈部的快速摆动主动迎击来球，用前额正面击球的后中部。击球后，上体随球继续前摆，原地顶球如图7-9所示。

图7-9　原地顶球

（2）跳起顶球。原地双脚起跳时，两腿先弯曲，重心下降，然后两腿用力蹬地跳起，同时两臂屈肘上摆，在跳起上升过程中，挺胸展腹，两臂自然张开，两眼注视来球。在跳到最高点准备顶球时，身体成反弓状。当球运行到身体前上方的刹那，快速收腹，上体前屈并甩头，用前额正面将球顶出。顶球后，两腿自然弯曲，以缓冲落地力量，跳起顶球如图7-10所示。

图7-10　跳起顶球

2. 前额侧面顶球

（1）原地顶球。两脚前后开立，出球方向的同侧脚在前，上体和头部稍向出球的相反方向回旋侧屈，身体重心放在后脚上，两臂自然张开，眼睛注视来球，当球运行至与出球方向同侧肩的前上方时，后脚用力蹬地，上体迅速向出球方向摆动，屈体甩头，用前额的侧面顶球的后中部。

（2）跳起顶球。有原地跳起顶球和助跑跳起顶球两种。起跳动作与前额正面顶球的起跳动作相同。但不论是原地跳起顶球还是助跑跳起顶球，都要在跳起上升过程中，上体向出球的反方向回旋侧屈,侧对来球。在跳起接近最高点时,上体快速向出球方向扭摆、甩头,用前额侧面将球顶出。顶球后,两腿微屈以缓冲落地。

3. 练习方法

(1)做各种顶球模仿动作练习和一人双手举球至对方前额高度,另一人用前额正面、侧面顶球练习。体会顶球接触部位和击球点。

(2)自抛自顶,向空中抛球,待球下落时顶球。

(3)2人互相依次抛顶。

(4)原地双脚跳起和助跑单脚跳起顶吊球。

(5)连续顶球。每组 4～6 人围成圆圈,连续不断地顶球,力争球不落地。

(6)1人踢角球,1人或多人争顶球进行射门练习。

四、运球

运球是指在跑动中用脚连续推拨球,使球处于自己控制范围内的触球动作,是个人进攻和控球能力的集中体现。

运球方法有脚背正面运球、脚背内侧运球和脚背外侧运球等。

1. 脚背正面运球

脚背正面运球可争取进攻时间,多在快速进攻情况下使用。运球时身体自然放松,上体稍前倾,两臂自然摆动,步幅不要太大。运球脚提起时,膝关节微屈,脚后跟提起,脚尖下指,在迈步前伸着地时,用脚背正面推拨球前进。

2. 脚背内侧运球

脚背内侧运球多在改变方向并需要用身体掩护球的情况下使用。运球时,身体自然放松,上体稍前倾,步幅要小些。运球脚提起时,脚尖稍外转,在迈步前伸着地时,用脚背内侧推拨球。

3. 脚背外侧运球

脚背外侧运球多在快速奔跑和向外改变方向时使用。运球时身体自然放松,上体稍前倾,两臂自然摆动,步幅要小些。运球脚提起时,膝关节弯曲,脚后跟提起,脚尖内转,在迈步前伸着地时,用脚背外侧推拨球。

4. 运球过人

运球时要逼近防守者,距对方一大步,身体要保护球并用远离防守者的脚控制球,过人时重心要低并落于两脚之间,利用假动作使对方失去重心,运用拨、拉、扣、挑、推等技术动作,突然快速地摆脱对手。

(1)拨球过人。是指运用脚踝的抖拨动作,从对手的一侧越过,拨球过人如图 7-11 所示。

(2)拉球过人。一般是指用脚掌将球由前向后,或由左(右)向右(左)做拖拉动作,拉球过人如图 7-12 所示。

图 7-11　拨球过人　　　　　　　　　图 7-12　拉球过人

（3）扣球过人。是指运用转身和脚踝急转压扣等动作，以脚背内侧或脚背外侧触球，将球迅速停住或转变方向。用脚背内侧扣球的动作称为"里扣"，用脚背外侧扣球的动作称为"外扣"。

（4）挑球过人。一般是指用脚背部位与脚尖翘起上挑的动作或用脚背上撩的动作，使球向上改变方向，从对手身侧或头上越过。

5. 练习方法

（1）直线运球练习。2组面对面站立，相距20 m左右，甲组第1人运球到对面运球线时，把球传给乙组第1人，依次进行练习。

（2）运球过竿。每隔2 m插一根竹竿，第1人运球依次过竿，当绕过最后1根后直线运球返回，将球传给第2人后跑到队尾，依次进行。

（3）运球射门练习。练习者站在中场，向球门运球，到达规定地点即迅速射门，或运球绕过障碍物后射门。

（4）2人1组，在消极或积极的防守下，做一对一的运球过人练习。

（5）原地做拨、拉、扣球练习，在运球中做拨、拉、扣球练习。

（6）原地做颠球和运球中做挑球练习。

五、抢截球

抢截球是防守技术的综合体现，是指用身体的相应部位，把对手控制的球或对方运、传、射的球抢截下来或破坏掉的技术动作。它包括正面抢截和侧面抢截等。

1. 正面抢截

当对方控球时，应靠近对方，两脚前后开立，两膝微屈，身体重心下降并落在两脚之间，面向对手。当对手带球脚触球后即将着地时，支撑脚立即用力蹬地，抢球脚的脚内侧对正球并屈膝向球跨出，上体前倾，身体重心移至抢球脚上，另一脚立即前跨成支撑脚。如双方的脚同时触球，则要顺势将触球脚向上提拉，使球从对方脚上滚过，身体要迅速跟上，将球控制住。

2. 侧面抢截

当抢球者与运球者平行跑动或两人争夺迎面来球时，双方都可采用合理冲撞的抢球方法。当与对方平行跑动争抢时，身体重心要适当降低，同对方接触一侧的臂要紧贴身体，用肩和上臂冲撞对方相应部位，使对方身体失去平衡，从而把球抢过来。

3. 练习方法

(1)做抢截球的模仿动作练习。

(2)2人1组相对站立,相距4~6 m,将球放在中间,听到口令后同时向前抢球。

(3)2人1组相距6~8 m,1人运球,另1人上前正面抢球。

(4)分成2组在中场站立。当球被他人向前踢出时,2人立即起动追球,进行抢球。抢到球者快速运球射门;没有抢到者要继续进行争抢,直到射门为止。

微课:足球基本技术3

六、掷界外球

掷界外球是指在比赛中球出了边线,最后触球队员的对方队员在球出界的地点将球掷向同伴。掷界外球有原地掷界外球和助跑掷界外球两种方法。

1. 原地掷界外球

原地掷界外球时,面向出球方向,两脚前后开立或左右开立,膝关节微屈,上体后仰成背弓状,身体重心放在后脚上或两脚之间,两手自然张开,拇指相对,持球的侧后部,屈肘将球置于头后。掷球时,后脚用力蹬地,摆体收腹,挥臂屈腕,迅速而有力地将球向出球方向掷出。两脚均不得离地或踏入场内。

趣 闻 >>>

欧洲两支球队在比赛时,甲方一名腕力特别强的队员在场边掷界外球,他右手把球勾住,像掷铁饼般猛地掷出足球,球像离弦之箭,直奔对方球门。对方守门员根本没有防备,呆呆地看着足球被掷入网内。

此球算不算数?双方争执不休,难住了裁判。最后只好判进球有效。

事后,足坛确定了新规则:掷界外球时要用双手将球高举过头,且不能直接掷入网内。

2. 助跑掷界外球

助跑掷界外球时,两手持球于胸前,面对出球方向,助跑3~5 m。在助跑最后1步时,两脚前后开立,同时将球举至头后经头顶掷出,掷球方法同原地掷界外球。

3. 练习方法

(1)原地或上步做掷实心球练习,体会发力。

(2)2人1组,进行原地相互掷界外球练习。

(3)2人1组,相距10~15 m,进行助跑掷界外球练习。

(4)分成若干组,进行掷远、掷准比赛。

七、守门员技术

守门员技术包括准备姿势、移动、接球、扑球、拳击球、托球、运球、掷球和踢球等,其中最主要的是接球技术。接球技术包括接地滚球、接平直球和接高球等。

1. 直腿式接地滚球

直腿式接地滚球时,两腿自然并立,脚尖正对来球,上体前屈,两臂并肘前迎,两手小

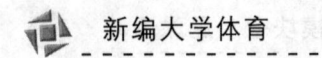

指靠近,手掌对球。在手触球的刹那,随球后引,并屈肘、屈腕,两臂靠近将球抱于胸前。

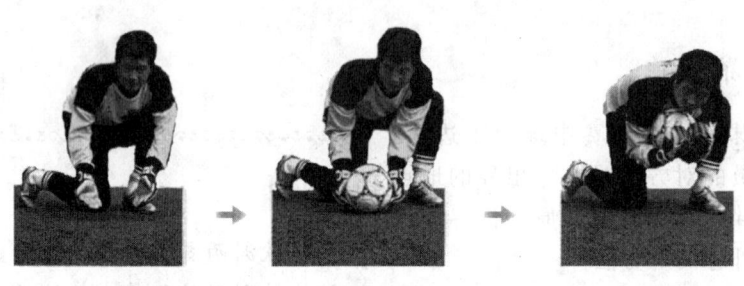

2. 单腿跪式接地滚球

单腿跪式接地滚球时,身体对正来球,两脚前后开立(稍宽于肩),前脚脚尖稍外转,脚后跟和后脚脚尖约成一条线。跪腿时,前腿深屈,后腿大腿内转,小腿倒向地面,以膝盖内侧部位跪地,上体稍前倾,面对来球方向。接球时的动作方法同直腿式接地滚球,单腿跪式接地滚球如图 7-13 所示。

图 7-13 单腿跪式接地滚球

3. 接低于胸部的平直球

接低于胸部的平直球时,身体对正来球,两脚左右开立,两眼注视来球,上体前倾,两臂下垂并屈肘前迎,两手小手指斜相对成八字形。触球的刹那,两臂后引并屈肘,顺势将球抱于胸前。

4. 接齐胸高的平直球

接齐胸高的平直球时,身体对正来球,两手臂屈肘并稍上举,两手拇指靠近,五指微屈,手掌对球。当手触球时,手指和手腕适当用力,顺势屈臂后引,屈腕将球抱于胸前。

5. 接高球

接高球时,应先确定接球点,然后迅速移动起跳,两手臂上伸迎球,两手拇指相靠,手掌对球。当手触球时,手指和手腕适当用力将球接住,同时屈肘、回缩并下引,顺势将球抱于胸前。

6. 练习方法

(1)做前、后、左、右的移动练习,练习中保持自然灵活的准备姿势。
(2)进行接抛来的地滚球、平直球、高空球练习。
(3)结合射门轮流进行守门员技术练习。
(4)结合教学比赛进行练习。

训练项目三　了解足球战术

足球战术是指在比赛攻守过程中,为了战胜对手而采取的个人行动、集体配合的组织方法和组织形式。足球战术分为进攻战术和防守战术两大类,在这两大类战术中又可分为个人战术、局部战术、全队战术等。

一、个人战术

队员无球时的摆脱、跑位和有球技术的合理应用中,都包含着战术内容。

1. 摆脱与跑位

每当队员得球后,都要发动进攻,同队队员要迅速摆脱对手,或制造空当,给有球同伴创造多条传球路线,以更好地进攻。摆脱对手紧逼时,可采用突然起动、冲刺跑、急停、突然变向、变速和假动作等。跑位就是有目的地跑向有利位置或空当。跑位能使自己在短时间内摆脱对手接球,推进进攻。

2. 传球

传球是配合的基础,是完成战术配合、创造射门机会的主要手段。选择目标、把握时机、控制力量与方向是传好球的重要环节。

3. 射门

射门是一切战术配合的最终目的。射门要准确、突然、有力,其中准确是关键。突然有力的射门,往往使守门员猝不及防而失球。

4. 运球过人

运球过人是进攻战术中一种重要的个人战术。运球过人是调动、扰乱对方防线,觅得传球空当,突破密集防守,获得射门机会的有效手段。

> **趣闻 >>>**
>
> 中国国家足球队在1936年赴柏林参加第11届奥运会途中,在意大利米兰市与当地一支球队进行了一场友谊赛。当时中国的头号球星"铁腿"孙锦顺带球突破,连过对方几名后卫,在离球门约20米处抬腿劲射,球飞入球门后从细铁丝编织的球网中穿出,令全场大惊。
>
> 这并非孙锦顺首次破网。此前,1926年12月6日,中国南华队在香港对阵英国陆军队的比赛中,南华队主力前锋孙锦顺在禁区外一个侧身凌空劲射,球应声入网,但守门员在网内找不到足球,原来球已破网而出。

二、局部战术

局部战术是指在局部区域内2人以上的战术配合行动。

1. 局部进攻战术

局部进攻战术通常以"二过一"配合和"三打二"配合为基础。

(1) "二过一"配合。在局部地区2个或3个进攻队员通过2次以上的连续传球配合,越过1个防守队员的配合行动。

①横、斜传直插二过一如图7-14所示。
②横、直传斜插二过一如图7-15所示。
③踢墙式二过一如图7-16所示。
④交叉掩护二过一如图7-17所示。
⑤回传反切二过一如图7-18所示。

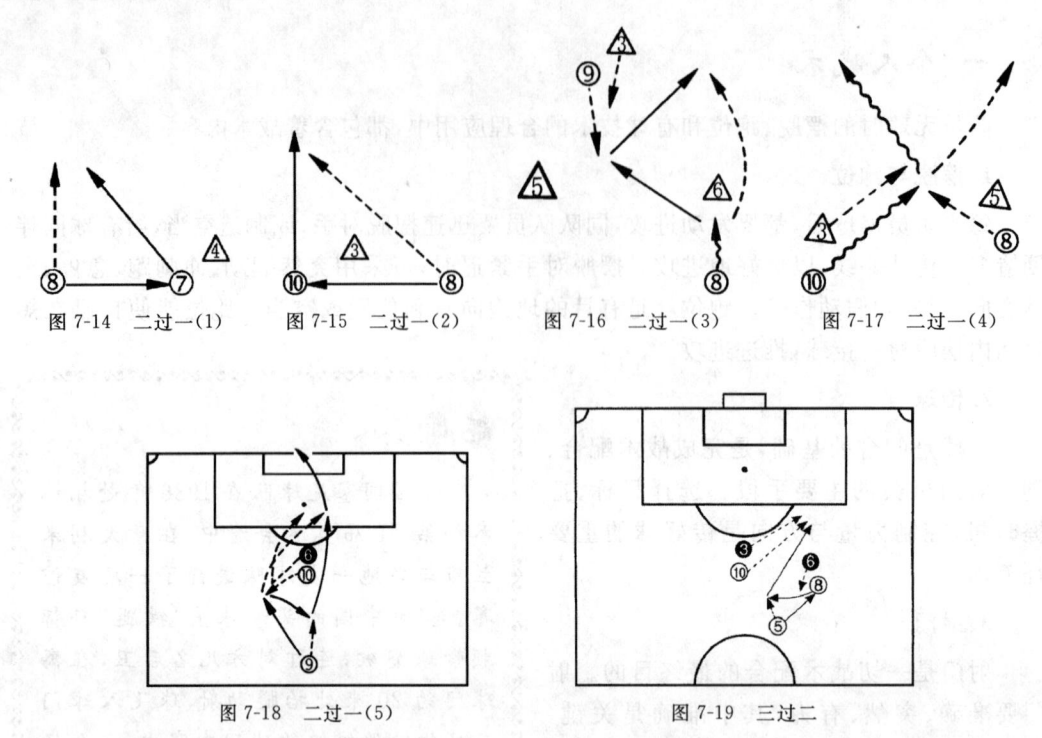

图 7-14　二过一(1)　　图 7-15　二过一(2)　　图 7-16　二过一(3)　　图 7-17　二过一(4)

图 7-18　二过一(5)　　图 7-19　三过二

(2)"三过二"配合。在局部区域内由 3 个进攻队员通过 2 次或 2 次以上的连续传球配合,越过防守队员的配合行动。

示例:⑤传球给回撤接球的⑧,然后⑧再将球回传给⑤,⑤把球传向❸和❻号的空当地区,⑩快速插上接球,如图 7-19 所示。

2. 局部防守战术

在比赛中,局部地区相临近的几个防守队员互相协作地防守配合,通过防守队员彼此之间的相互补位,交换防守对象,可以有效地遏制或破坏对方的进攻,从被动局面转化为有利局面。

(1)补位。现代足球比赛,不仅卫与卫之间要补位,而且锋与卫之间也要相互补位。当附近同伴被对方传接或带球突破时,应立即补位抢截或封堵。

(2)交叉换位、互调盯逼对象的补位。当本方防守采用人盯人战术时,应根据对方交叉换位跑动的情况,随着盯逼对象的跑动与同伴调换位置,使全队防守不漏一人。

三、全队战术

1. 全队进攻战术

全队进攻战术是建立在局部进攻战术基础之上的,方法有边路进攻、中路进攻、转移进攻、快速反击和长传吊中等。

(1)边路进攻。一般是指进攻的最后阶段发生在前场禁区线以外两侧边线附近区域的进攻。边路进攻通常有两种构成形式,其一是进攻过程始终沿边路而行,其二是通过中路转移至边路。

示例：守门员①接球后，立即传给右后卫②，②传给边锋⑦，⑦与侧面来接应的⑧打"踢墙式"二过一，由⑦运球下底传中，如图7-20所示。

(2)中路进攻。通常是指进攻最后阶段发生在前场中间区域的进攻。中路进攻形成的渠道，一般也来自于中路直向推进和边中转移两种形式。

示例：守门员①把球掷给摆脱掉对手的前卫队员⑧，⑧传给⑩，⑩再传给中锋⑨，⑨得球后射门，如图7-21所示。

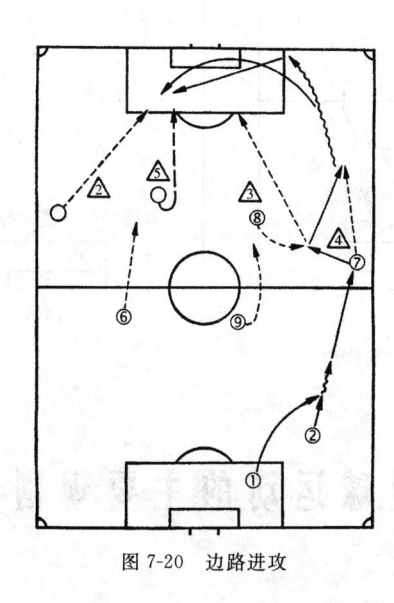

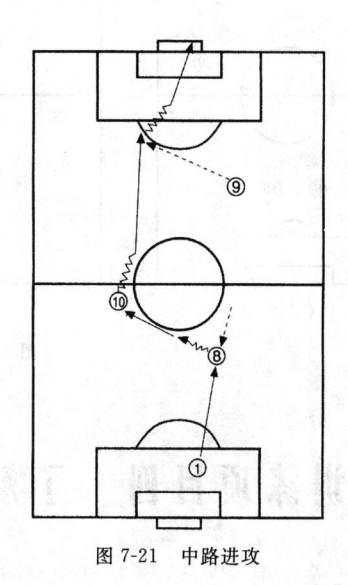

图7-20 边路进攻　　　　　图7-21 中路进攻

2.全队防守技术

(1)盯人防守。是指除拖后中卫(亦称自由人)外，场上其他人每人盯住一个对手，不给其时间、区域、得球自由的防守方法。

(2)区域防守。是指每个防守队员负责自己固定的防守区域，在此区域内盯住对手。

(3)混合防守。是指盯人防守与区域防守相结合的防守方法。全队防守重点是确保集体配合及时、准确、协调和安全等。

四、比赛阵型

比赛场上队员位置的排列形式和职责分工称为比赛阵型。

比赛阵型是足球战术的一个组成部分，是使用战术的必备条件。比赛阵型是根据攻守战术的需要而确定的，是为顺利实现攻守战术服务的。只有根据对方的实力和技术、战术特点以及本方队员的特点，确定本方攻守力量的搭配和职责分工，才能在攻守中发挥自己的特长，克敌制胜。足球比赛的战局瞬息万变，场上队员还应根据具体情况，调整攻守力量的搭配和职责分工。

同一比赛阵型可以表现出多种打法；同一打法可以采用多种比赛阵型。比赛阵型的种类很多，下面介绍几种基本阵型。

(1)1＋4＋2＋4 阵型[图 7-22(a)]。
(2)1＋4＋4＋2 阵型[图 7-22(b)]。
(3)1＋4＋3＋3 阵型[图 7-22(c)]。

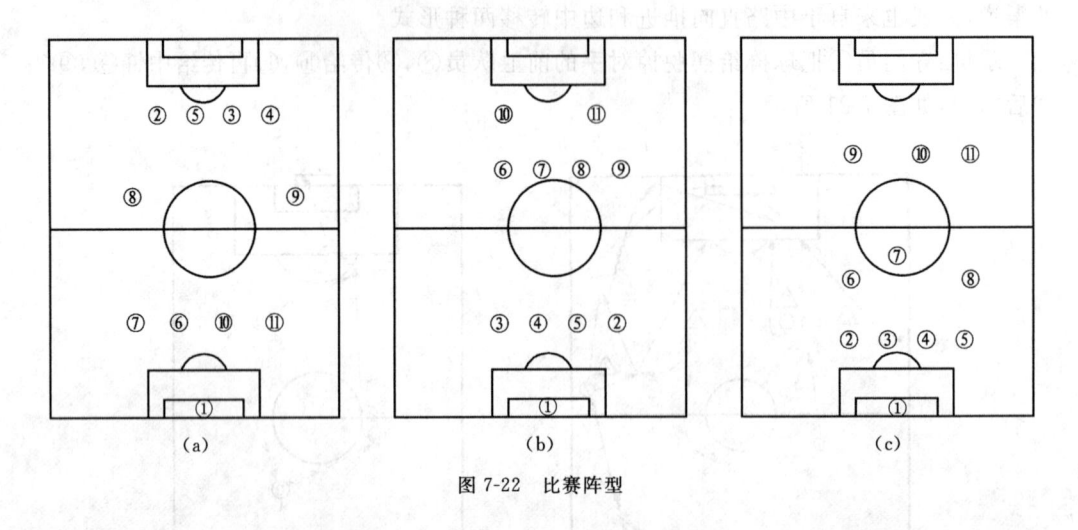

图 7-22　比赛阵型

训练项目四　了解足球运动的主要规则

一、场地

普通足球比赛场地长 90～120 m、宽 45～90 m。国际足球比赛场地长 100～110 m、宽 64～75 m,如图 7-23 所示。

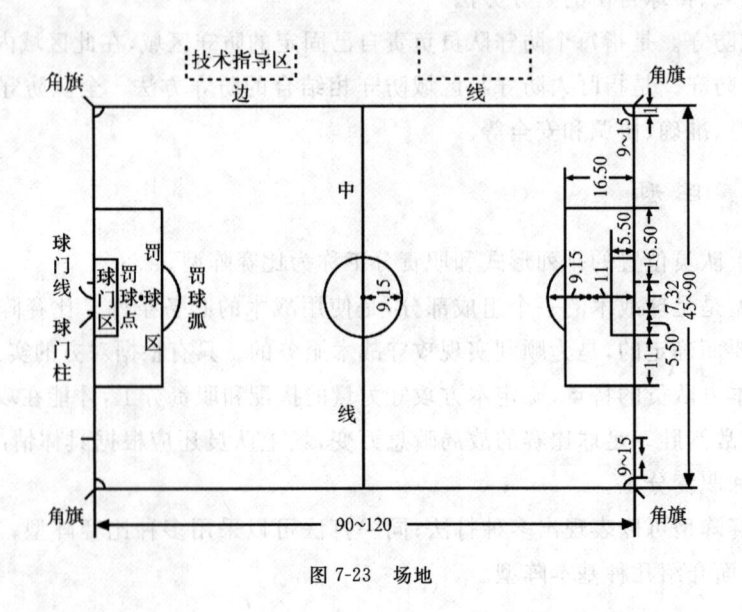

图 7-23　场地

二、球

比赛用球用皮革或其他适当材料制成,其圆周为 68～71 cm,质量在比赛开始时为 396 g～453 g,压力为 0.6～1.1 个大气压。

三、队员和服装

(1)1 场比赛应有 2 队参加,每队上场队员不得超过 11 人,其中必须有 1 名守门员。每队不足 7 人时不得继续比赛。

(2)更换队员必须经裁判员同意,否则待死球后该队有关队员将被警告。

(3)替补队员须在死球时,经裁判员同意方可从中线上场,被换下的队员不得重新上场。正式比赛(规程另有规定除外)每队最多可以使用 3 名替补队员。

四、比赛时间

比赛分为两个半场。上、下半场各 45 min,中场休息不得超过 15 min。因故损失的时间应予以补足。

五、比赛开始及重新开始

1. 通过投掷硬币,猜中的队决定上半场比赛的进攻方向,另一队开球开始比赛。下半场比赛两队交换比赛场地与开球权,开始比赛。

2. 开球是比赛开始和重新开始的一种方式。开球可以直接进球得分。

3. 当球被踢并向前移动时比赛即开始。开球队员在未经其他队员触球前不得再次触球。

4. 重新开始比赛。如果裁判员停止比赛执行警告,由对方队员在比赛停止时球所在地点踢间接任意球重新开始比赛。

六、比赛进行及死球

1. 进行。除死球外,比赛自始至终均在进行中,包括球从门柱、横梁或角旗杆弹回场内,球从裁判员或助理裁判员身上弹回场内。

2. 死球。当球不论在地面或空中全部越过球门线或边线时;当比赛被裁判员停止时。

七、计胜方法

1. 球的整体从球门柱间及横梁下越过球门线,而此前未违反"竞赛规则"即进球得分。进球多的队为胜队;进球数相等或均未进球则为平局。

2. 若比赛结束为平局,须按"规程"的规定采用决胜期(加时赛)或其他方式决定胜者。在决胜局仍为平局后,采用点球决定胜负。

八、越位

越位即进攻队员在对方半场,处于本方队员传出球的前面,且其与对方球门线之间只有一名对方队员(包括守门员),越位如图 7-24 所示。

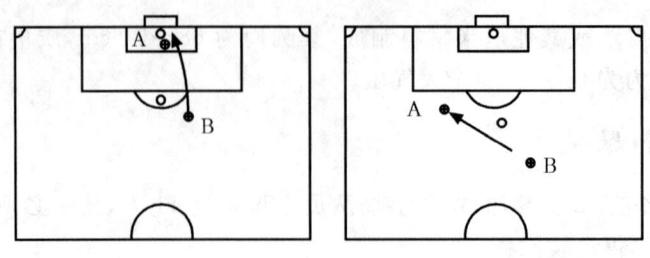

图 7-24 越位

九、犯规与不正当行为

1. 下列 10 种犯规将判罚直接任意球

(1)踢或企图踢对方队员;

(2)绊摔或企图绊摔对方队员;

(3)跳起冲撞对方队员;

(4)冲撞对方队员;

(5)打或企图打对方队员;

(6)推对方队员;

(7)拉扯对方队员;

(8)为了控球而铲对方队员;

(9)向对方队员吐唾沫;

(10)故意手球。

2. 下列 8 种犯规将被判罚间接任意球

(1)危险动作;

(2)阻挡对方守门员发球;

(3)阻挡对方队员;

(4)守门员行走 4 步以上;

(5)守门员在发出球之后未经其他队员触及,再次用手触球;

(6)守门员手接本方队员脚踢回传球;

(7)守门员接同队队员掷的界外球;

(8)守门员拖延时间。

3. 下列 7 种犯规将被黄牌警告

(1)非体育道德行为;

(2)以言语、行为对裁判员的判决表示不满;

(3)连续违反规则;

(4)延误比赛时间;

(5)当对方以角球或任意球重新开始比赛时,不退出规定的距离;
(6)未经裁判员许可进入或重新进入比赛场地;
(7)未经裁判员许可离开比赛场地。

4. 下列7种犯规将被罚令出场
(1)严重犯规;
(2)暴力行为;
(3)向对方或其他任何人吐唾沫;
(4)故意手球破坏对方进球或明显的进球得分机会;
(5)用其他犯规破坏对方明显的得分机会;
(6)使用无礼的、侮辱的或辱骂性的语言;
(7)同一场比赛中被第二次黄牌警告。

十、任意球

1. 直接任意球可直接踢入对方球门得分。
2. 间接任意球不可直接踢入对方球门得分,除非踢出的球触及了场上的其他队员。
3. 罚任意球时对方队员必须退至9.15 m之外的区域。
4. 在对方球门区内踢间接任意球,应在距犯规发生地最近的、与球门线平行的球门区线上执行。

十一、罚点球

队员在本方罚球区内违反可判罚直接任意球的规则之一将被判罚点球。罚点球可以直接进球得分。在每半场比赛或决胜期上、下半场结束时,应允许延长时间执行完罚点球。罚点球时除主罚队员外,其他队员都应在比赛场地内、罚球区外、罚球点后及罚球弧外。守门员在罚点球球门柱间的球门线上。

十二、掷界外球

球出边线后由最后触球队员的对方在出界地点掷界外球。

十三、球门球

1. 球门球可以直接射入对方球门得分。
2. 攻方队员将球踢出对方的球门线(不是进球),则由守方踢球门球。

十四、角球

1. 角球可以直接射入对方球门得分。
2. 守方队员将球踢出本方球门线(不是进球),则由对方踢角球。

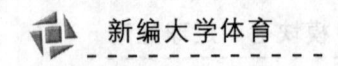

训练项目五 了解五人制足球比赛的主要规则

一、场地

1. 场地长(边线)38~42 m,宽(球门线)18~22 m,长度必须超过宽度。场地中间画一条横穿球场的线叫中线。场地中央做一个明显的标记,并以此点为圆心,以3 m为半径,画一个圆圈叫中圈,线宽不得超过8 cm。

2. 罚球区,以每一根门柱内侧为圆心,以6 m为半径各画一条弧线,一端与球门线相连,另一端与一条长3 m、平行于球门线的直线相连,这两条弧线和一条直线与球门线间的区域叫罚球区。

3. 罚球点,在两条球门线中点垂直向场内6 m处各做一个清晰的标记,即罚球点的正确位置。

4. 替换区,在每半场距中线3 m远,画长度为80 cm的线(场内40 cm,场外40 cm),队员在替换过程中从此处进入或离开场地。

二、比赛时间

比赛时间分为两个20分钟相等的半场,在每半场比赛因各种原因损失的所有时间应被扣除。在每半场比赛结束时,如执行罚点球,应允许比赛延长时间至执行完罚点球为止。

三、队员人数及队员装备

1. 每队上场队员不得多于5名,其中必须有1名为守门员。在比赛中任何一队因队员被罚出场,使得其场上队员少于2名时,视为该队弃权。

2. 队员的替换。离场、上场的队员必须在替换区进行替换,在离场队员完全跨出边线后上场队员方可入场。"机动替换"次数不限,被替换下场的队员可以重新上场替补其他队员。如没有按要求替换,裁判员应立即停止比赛,由主裁判员警告有关队员,并由对方在比赛停止时球所在的地点踢间接任意球恢复比赛。

3. 替换守门员。替换守门员须在死球时进行。守门员可与其他场上队员互换位置,但须事先通知主裁判员,并且应在比赛成死球时替换。

4. 队员装备。队员不得穿戴任何危及其他队员的装备。队员通常的装备是球衣、短裤、球袜、护腿板及球鞋。

5. 暂停。五人制足球比赛允许暂停。即每队每半场可有一次1分钟的暂停,并且要遵守下列要求:

(1) 只有各队的教练员才有权向计时员提出暂停;

(2) 比赛成死球时,计时员可用不同于裁判员的哨音或其他音响、信号暂停比赛;

(3)暂停后,双方队员均应停留在场内接受指导,队员不能超越专人停留的、与替补席平行的边线,而且进行指导的人员也不能进入场内;

(4)如上半场未使用"暂停",下半场也只能暂停一次。国际足球协会理事会决议指出,如全场比赛打成平局,按照竞赛规程需进行加时赛,在加时赛期间没有暂停。

四、犯规与不正当行为

1. 没有越位犯规。

2. 累计犯规。是指可被判为直接任意球或点球的犯规。一队半场比赛中累计到第六次犯规时若被判为直接任意球,对方应在第二罚球点罚直接任意球,且守方不得排人墙防守,攻方必须直接射门。若犯规地点在第二罚球点平行线与球门线之间,攻方可选择在犯规地点或第二罚球点发球。

3. 同一场比赛同一队员被出示两张黄牌应同时出示红牌罚该队员出场。被红牌罚出场的队员不能坐在替补席上,同时不能重新进场比赛,并停止参加下一场比赛,其所属的球队应在队员被罚出场 2 分钟后再重新补充队员上场(上场队员站到替换区由助理裁判示意或记录员允许方可进场)。

➡ 思考题

1. 足球运动的基本技术有哪些?

2. 说出 2~3 种进攻过人方法。

3. 怎样通过足球运动培养团队意识?

模块八

篮球运动

学习目标

- 了解国际、国内篮球运动的发展过程
- 初步掌握篮球运动的基本技术和练习方法
- 发展协调性、灵敏性及上肢力量
- 了解篮球运动的主要规则，加强对篮球运动的理解
- 巩固篮球运动的基本技术
- 初步掌握篮球运动的基本战术，提高战术运用能力
- 培养团队合作精神

训练项目一　认识篮球运动

篮球运动起源于美国，是美国马萨诸塞州的詹姆士·奈史密斯于1891年发明的。当时，他受到民间儿童将从树上摘的桃子往篮子里扔的游戏的启发，将两个"桃篮"分别安装在体育馆两侧的看台栏杆上，将学生分成人数相等的两个组进行攻守，用一个足球向"桃篮"内投，进球多的队为胜。由于这项游戏使用的是"桃篮"和球，故取名为"篮球"。

1932年6月18日，"国际业余篮球联合会"（简称"国际篮联"）正式成立。在1936年第11届奥运会上，男子篮球被列为比赛项目，并正式颁布了国际统一的篮球竞赛规则。1951年和1953年，分别举行了第1届世界男、女篮球锦标赛。在1976年第21届奥运会上，女子篮球被列为正式比赛项目。

篮球运动于1895年传入我国，1914年男子篮球被列为正式比赛项目，1930年女子篮球被列为正式比赛项目。1949年，中国篮球协会正式成立；1951年，举行了全国篮球比赛；1954年，建立了全国篮球联赛的竞赛制度；1956年，建立了全国篮球联赛升降级制度，并逐步形成了我国篮球运动以"快攻""跳投""紧逼防守"为制胜法宝的独特风格与打法。

> **趣闻** >>>
>
> 19世纪下半叶,美国各地的基督教青年会发展很快,参加活动的青年人很多,但到了1890年的冬天,参加青年会活动的人明显减少了。为此,青年会的领导们非常忧虑。经过分析,他们认为是缺少新颖的、适合冬季在室内进行的运动项目。
>
> 他们提出,为使新的竞技项目达到预期效果,新项目必须做到:1. 新的竞技运动必须是"文明"的,严禁粗野的行为,以消除当时人们因体育运动的粗野行为而产生的恐惧心理;2. 不受季节、气候等自然条件的影响,能在晚上和室内进行;3. 能使不同年龄、性别的人参加,而且特别吸引年轻人。
>
> 马萨诸塞州斯普林莫尔德市训练学校的体育教师詹姆士·奈史密斯博士受小孩向装桃子的竹筐里扔桃子游戏的启发,并借鉴其他球类项目的特点、难点,于1891年12月25日设计并发明了篮球。刚开始它被称作"篮球游戏"。做游戏时,奈史密斯博士将两个竹筐分别悬挂在健身房两侧的栏杆上,竹筐距地面10英尺,用足球作为比赛用球。将球扔进对方筐里得1分,以投中球数的多少来决定比赛胜负。这便是篮球运动的起源过程。

训练项目二 了解篮球的基本技术

一、移 动

移动是队员为了改变位置、方向、速度和争取高度、空间所采用的各种脚步动作方法的总称。

1. 移动的基本技术

(1)基本站立姿势。两脚前后或左右开立,与肩同宽或稍宽于肩,两脚着地,重心在前脚掌,两膝微屈,重心在两脚之间,上体微前倾,两臂屈肘,自然下垂置于体侧,两眼平视前方,随时准备起动或接球。

(2)起动。由基本站立姿势开始,向前起动时,上体前倾向前移动重心,一只脚用力蹬地,另一只脚迅速向前跨出;向两侧起动时,向起动方向一侧移动重心,上体迅速转向起动方向,异侧脚用力蹬地,同时脚尖转向起动方向,并向起动方向跨出。

(3)变速跑。在跑动中加速时,上体微前倾,用前脚掌短促有力地蹬地,步频加快,同时加快摆臂。减速时,步幅适当增大,上体直起,用前脚掌抵地来减缓向前的冲力,从而降低跑速。

(4)变向跑。变向跑时(以从右向左为例),最后一步落地后,右脚尖转向左前方,脚前掌内侧用力蹬地,使上体向左前倾,移动重心,同时迅速转肩、转腰,左脚向左前方跨步并用力蹬地,右脚迅速跟随向左前方跨出,或右脚用力蹬地直接向左前方跨出,继续加速跑动。

(5)侧身跑。在跑动时,头部和上体转向侧面或有球的一侧,脚尖向着前进方向,既要保持跑速,又要注意观察场上情况。

(6)急停。包括跨步急停和跳步急停。

①跨步急停。队员在跑动中先向前跨出一大步,用脚跟先着地并迅速过渡到全脚抵住地面,屈膝降重心,身体稍后仰。第二步落地时,屈膝并内扣,身体稍侧转,两脚尖自然转向侧前方,脚前掌内侧用力抵住地面,两臂屈肘自然张开,帮助控制身体平衡。

②跳步急停。队员在跑动中用单脚或双脚跳起,使双脚稍有腾空,上体稍后仰,两脚平行或前后落地,最后形成基本站立姿势。

(7)转身。移动脚向中枢脚脚尖方向跨出以改变身体方向,称为"前转身";移动脚向中枢脚脚跟方向跨出来改变身体方向,称为"后转身"。转身时,身体重心移到中枢脚,移动脚用力蹬地,中枢脚脚前掌用力辗地,同时腰胯扭转带动上体随着脚转动。移动脚落地时重心回到两脚之间以保持平衡。

(8)滑步。滑步可分为侧滑步、前滑步和后滑步。

①侧滑步。两脚平行站立,两膝较深弯曲,上体略前倾,两臂侧伸。向左侧滑步时,左脚向左侧迈出的同时,右脚前掌内侧蹬地、滑动,向左脚靠近,然后左脚继续跨出。滑步时要保持重心平稳移动。

②前滑步。两脚前后站立,前脚向前迈出一步,着地时后脚紧随着向前滑动保持前后开立姿势。滑动时注意屈膝降低重心。

③后滑步。后滑步动作方法与侧滑步相同,只是方向为向后滑动。

2. 移动技术的练习方法

(1)听信号或看信号向不同方向起动。

(2)原地运球,听、看信号做运球起动。

(3)在球场上规定路线练习变速跑、变向跑、侧身跑、各种滑步等。

(4)两人在行进间传接球过程中练习侧身跑。

(5)徒手或运球跑动中听、看信号做急停。

(6)原地练习转身或结合其他技术做练习。

二、传接球

进攻队员原地或在移动中,用手将球相互传递,称为传接球。传接球技术是进攻队员在场上相互联系和组织进攻的纽带。

1. 传接球的基本技术

(1)双手胸前传球。双手持球于胸腹前,两肘自然下垂靠近体侧,成基本站立姿势,双眼平视传球目标。传球时后脚蹬地,身体重心前移,两臂前伸,两手腕随之内旋,食指、中指用力弹拨球,球出手后,两手心和拇指向下,手掌略向外翻,如图8-1所示。

图 8-1 双手胸前传球

（2）双手头上传球。双手持球置于头上，双手手指朝上，两肘微屈。传球时，利用小臂前摆，手腕内旋并用手指拨球，将球传出。距离较远时要蹬地、收腹以增加传球力量。

（3）单手肩上传球。双手持球于胸前，两脚平行开立。右手传球时，左脚向传球方向跨出一小步，左手指拨送球使右手将球引到右肩侧上方，右肩关节引展，大小臂自然弯曲，手腕略后屈，持球的后下方，左肩对正传球方向，重心落在右脚上。传球时，右脚蹬地发力，同时转体带动上肢前臂发力，随后手腕前屈，食指、中指、无名指拨球将球传出。

（4）双手接球。两眼注视来球，两臂迎球伸出，手指自然分开，两手呈半圆形，当手指触到球时，双手边握球边后引，缓冲来球力量，两手持球于胸腹前成基本站立姿势，如图8-2所示。

图 8-2 双手接球

2. 传接球的练习方法

（1）两人一组，相对站立，做各种传接球练习。间隔距离根据需要由近到远。

（2）三人一组成等边三角形站立，相距 3～5 m，采用各种方法传球。

（3）两人一组，一人原地向另一人前、后、左、右方向传球，另一人移动接球。

（4）进行全场两人行进间传接球练习。

（5）进行两人传球，一人防守练习。

三、投篮

投篮是进攻队员为了将球投入球篮而采用的各种专门动作方法的总称,是篮球运动的主要进攻技术,是得分的唯一手段。

1. 投篮的基本技术

(1)双手胸前投篮。双手持球于胸前,肘自然下垂,两脚前后或左右开立,两膝微屈。投篮时,下肢蹬地发力,两臂向前上方伸直,食指、中指用力拨球,通过指端将球投出。球出手时身体随投篮出手方向自然伸展,脚后跟微提起,如图8-3所示。

(2)单手肩上投篮。以右手投篮为例,右手持球于肩上,两脚左右或前后开立,两膝微屈。投篮时,下肢蹬地发力,右臂向前上方伸直,手腕前屈,食指、中指用力拨球,出手时,身体随投篮方向向上伸展,脚后跟微提起,如图8-4所示。

微课:单手肩上投篮

图8-3 双手胸前投篮　　图8-4 单手肩上投篮

(3)行进间投篮。包括行进间单手肩上投篮和行进间单手低手投篮。

①行进间单手肩上投篮。以右手投篮为例,在右脚跨出一大步的同时接球,左脚跨出一小步起跳,举球于肩上,身体接近最高点时右臂向前上方伸直,手腕前屈,食指、中指用力拨球,通过指端投出,如图8-5所示。

图8-5 行进间单手肩上投篮

②行进间单手低手投篮。以右手投篮为例,在右脚跨步的同时接球,左脚跨一小步用力蹬地起跳,右腿屈膝上提,当身体接近最高点时,左手离球,右手托球向球篮上方伸直,屈腕,食指、中指用力拨球,通过指端将球投出,如图8-6所示。

(4)原地跳起单手肩上投篮。以右手投篮为例,两手持球于胸前,两脚前后或左右开立,两腿微屈蹬地向上起跳,右手托球,左手扶球,身体接近最高点时,左手离球,右臂向前上方伸直,手腕前屈,食指、中指拨球,通过指端将球投出,如图8-7所示。

图8-6　行进间单手低手投篮　　　　　图8-7　原地跳起单手肩上投篮

(5)急停跳起投篮。包括接球急停跳起投篮和运球急停跳起投篮。

①接球急停跳起投篮。在移动中接球,跨步或跳步急停,突然向上起跳投篮。身体接近最高点时投篮。

②运球急停跳起投篮。在运球中,跳步或跨步急停,突然向上起跳投篮,手腕前屈,食指、中指用力拨球,通过指端将球投出。

2. 投篮的练习方法

(1)徒手做各种投篮动作的模仿练习。
(2)两人相互对投,练习原地单手肩上投篮。
(3)练习原地单手肩上投篮,距离由近到远。
(4)练习半场运球行进间单手肩上投篮和低手投篮。
(5)练习行进间接传球单手肩上投篮和低手投篮。
(6)练习原地跳起单手肩上投篮,距离由近到远。

四、运球

持球队员在原地或移动中,用单手连续按拍由地面反弹起来的球的技术,称为运球。运球是篮球比赛中个人进攻的重要技术,不仅是个人摆脱防守进行攻击的有力手段,还是组织全队进攻战术配合的重要桥梁。

1. 运球的基本技术

(1)高运球。原地高运球时,两脚前后开立,两膝微屈,运球的手臂自然弯曲,以肘关节为轴,上体前倾,目视前方,手按拍球的上方,使球落在身体的侧前方。行进间高运球时,手腕后屈,按拍球的后上方,使球的落点在身体的侧前方。高运球的反弹高度均在腰、胸之间。

(2)低运球。两腿深屈,降低重心,上体前倾,抬头目视前方,同时用手短促地按拍球,控制球的反弹高度在膝关节以下。

(3)运球急停急起。急停时,两脚做跨步急停,用手按拍球的前上方,然后短促有力地按拍球的上方,变为原地运球;急起时,身体重心迅速前移,后脚用力蹬地,同时按拍球的后上方,向前运球。

(4)体前变向换手运球。运球队员要从对手右侧突破时,先向对手左侧运球,当对手向左侧移动时,运球队员突然向右侧变向,用右手按拍球的右侧上方。同时,右脚向左前方跨出,上体左转侧肩,用肩挡住对手,迅速换左手按拍球的后上方,从对手的右侧运球超过对手。换手时球要低,动作要快,如图8-8所示。

微课:原地高低运球

微课:体前变向换手运球

图8-8 体前变向换手运球

(5)体前变向不换手运球。突破对方前,先将球从右侧运至体前中间位置,对手向左侧移动时,迅速将球拨回右侧,左脚向右前方跨出,同时右手向前运球。

(6)运球转身。以右手运球为例,变向时,左脚前跨一步为中枢脚,随着后转身右手按拍球的右侧前方,将球拉向身体的后侧方,然后换左手运球,从对手的右侧突破后加速前进,如图8-9所示。

图8-9 运球转身

2.运球技术的练习方法

(1)一人一球,原地做高、低运球,侧身做体前换手变向运球、运球转身等练习。

(2)一人一球,沿球场边线、端线做运球急停、急起,侧身体前换手变向运球、运球转身等练习。

(3)一人一球,做侧身体前换手变向运球、运球转身突破障碍物等练习。

(4)圆圈运球。沿罚球圈、中圈做弧形运球到对面的端线,再沿边线直线返回。

(5)后转身运球或背后换手变向运球。在场内设置4~5个障碍物,运球到障碍物时做后转身运球一次或背后运球一次,换手运球后继续前进,到另一侧端线,沿边线直线快速运球返回。

(6)结合传球、投篮、突破的运球。练习者做弧形运球投篮,沿三秒区加圈顶区域进行。自投自抢,反复进行。

五、持球突破

持球突破是指持球队员运用脚步动作与运球技术相结合,达到超越对手的一种进攻技术,它包括交叉步持球突破和同侧步持球突破。

1. 持球突破的基本技术

(1)交叉步持球突破。以右脚做中枢脚为例。突破时,左脚向左前方跨出,做向左突破的假动作,当对手失去重心时,左脚前掌内侧迅速蹬地,向对手左侧跨出一大步,同时上体右转探肩,贴近对手,球移至右手,快速推拍球,右脚蹬地加速超越对手,如图 8-10 所示。

图 8-10 交叉步持球突破

(2)同侧步持球突破。以左脚做中枢脚为例。突破时,左脚内侧蹬地,右脚迅速向前跨出一大步,同时向右侧转身探肩,重心前移,球移至右手,快速推运球,然后左脚迅速前跨超越对手,如图 8-11 所示。

图 8-11 同侧步持球突破

2. 持球突破的练习方法

(1)一人一球,做原地模仿练习。

(2)两人一球,做持球突破练习。

(3)接正面或侧面的传球做急停接持球突破练习。

(4)原地持球突破练习,掌握交叉步突破和同侧步突破的动作要领。

(5)向前、侧方抛球,然后做跳步接球突破练习。

(6)做突破与加速运球投篮结合练习。固定防守者,连续防守若干次后交换。突破投篮后抢篮板球,然后排在队尾,依次进行。

六、防守

防守是指队员为了阻挠和破坏对手的进攻,达到夺球反攻的目的所采取的各种专门动作方法的总称。

1. 防守的基本技术

(1)防守无球对手的方法。当进攻队员距离球和球篮较近时,防守队员要逼防,应站在对手与球篮之间偏向有球的一侧,采用面向对手侧向球的站立姿势,近球一侧的脚在前,同时同侧臂前伸,封堵接球路线。

当进攻队员距离球和球篮较远时,防守队员则离对手远些,应向篮下收缩,采用面向球侧向对手的平行站立姿势,保持与对手和球呈三角形的位置关系,做到人球兼顾,协防篮下,抢断传球。

当进攻队员向限制区及附近区域移动时,防守队员应积极阻截对手的移动路线,封锁对手的接球路线。一般可分为防纵切和防横切两种形式:防纵切时,应抢在对手近球一侧的前面,合理运用身体堵截纵切路线,同时伸出手臂封锁接球路线,迫使对手向远球方向移动;防横切时,应上步堵截,不让对手在自己身前横向切入,迫使其从自己的身后通过并防其接球。

(2)防守有球对手的方法。当进攻队员有球时,防守队员要善于发现其技术特点和动向,及时抢占对手与球篮之间的有利位置,保证既能封阻投篮,又能移动堵截突破,还能阻挠其传球。具体方法如下:

①防投篮。防守对手投篮时,应采用两脚前后站立、一臂上伸、一臂侧伸的斜步防守姿势,当对手投篮时,防守者应及时起跳,手臂向球的前上方伸直,封盖或干扰投篮。

②防突破。防守对手突破时,要根据对手的习惯、技术特点来采取相应对策。例如,对手以左脚为中枢脚,用交叉步从防守者的右侧突破时,防守者可稍偏于对手的左侧站立,以右脚在前的斜步(或平步)堵防其左脚,与前脚同侧手臂伸向球的部位,并伺机以小臂和手的短促动作击打球,另一手臂侧伸防止对手突破。

③防运球。防运球应遵循两条原则:一是堵中路迫使其向边、角运球;二是堵强手迫使其用弱手运球。防守应采用两脚左右站立的平步防守姿势。当对手向纵深方向运球时,防守者应将视线集中在对手运球的手和球上,并抢先向运球方向滑动,以身体的躯干对正球的着地点,并随时准备用手击打球,迫使其改变运球方向或停止运球。

④防传球。当对手善于传球助攻时,防守队员要积极阻挠其传球。防守时要根据位

置和视线以及场上情况,判断其传球意图。防守队员有时要上前贴近对手,挥动手臂封堵其传球,迫使其错过最佳传球时机或向攻击威胁弱的位置传球;有时可向后撤步,协助同伴防守,使对手不能顺利传球给处在有利位置的进攻队员,同时要伺机抢断球。

2. 防守的练习方法

(1)半场四对四攻防练习。进攻队员站在外围四周,只传球不移动,各防守队员根据球的转移进行防守选位练习。

(2)半场一对一攻防练习。一人接球进攻,一人防守。进攻队员可做投篮、运球突破动作,防守队员练习防投、运、突的上步、撤步、滑步及伸臂干扰封盖等动作。

(3)半场二对二、三对三攻防练习。

七、抢球、打球、断球

抢球、打球、断球是攻击性很强的防守技术,是积极防守战术的基础。

1. 抢球、打球、断球的基本技术

(1)抢球。是指当进攻队员停止运球、接球或抢到篮板球落地刚持球时,防守者趁其保护球不当出其不意地将球抢得。抢球时动作要快而狠,果断有力,在手指接触球或控制住球的同时,利用拧、拉和身体扭转的力量,同时手臂迅速向腰腹回收,将球抢夺过来。抢球的手法一般是一手在上,一手在下的直握。

(2)打球。是指打原地持球队员的球,有自上往下和自下往上两种打球方法。当对手持球由胸以上部位向下移位时,宜采用由下往上的打球方法;当对手持球部位较低时,宜采用由上往下的打球方法。对手运球突破时打球,以右手运球为例,当运球队员向前推进时,防守者应在左脚向左滑步、抢位堵截时,在球从地面弹起的刹那,突然用左手打球。对手运球上篮时,防守者侧身跟随运球队员,在对方起步、上篮跨出第二步,刚要起跳把球由体侧移到腹部的瞬间,防守者可用左(右)手自上往下斜击,将球击落。打球时多用手指、手掌击球,用手指、小臂与手腕的短促快速动作弹击。

(3)断球。断球包括横断球、纵断球和封断球等。

①横断球。断球时,重心迅速向断球方向移动,以短而快的上步或助跑,单脚或双脚用力蹬地跃出,身体伸展,手臂伸出,用双手或单手将球截获。

②纵断球。当防守者要从对手右侧绕前断球时,右脚先向前跨第一步,然后侧身跨左脚绕到对手身前,同时重心前移,左脚(或双脚)用力蹬地向前跃出,身体伸展,两臂前伸将球截获。

③封断球。当防守者识破了持球者的传球意图时,在传球出手的刹那,突然起动,伸臂封盖或将球截获。

2. 抢球、打球、断球的练习方法

(1)两人一组,相距1.5 m,面对站立,一人双手持球于腹前,另一人按抢球要求,突然上步将球抢夺过去,攻守交换练习。

(2)三人一组,每两人相距1 m,中间一人持球向两侧摆动,两侧队员根据球的部位,伺机抢球,持球队员做转身跨步和摆脱护球动作,攻守轮换练习。

(3)两人一组,相距1.5 m,面对面站立。持球人把球传给另一人后,上步打球,两人轮流练习。

(4)两人传球,另两人做前面或侧面断球练习。

(5)半场一对一、二对二、三对三攻防练习,提高防守队员的抢球、打球、断球能力。

八、抢篮板球

比赛中双方队员争抢投篮未中的球所采用的技术统称为抢篮板球。抢本方投篮未中球的技术称为抢前场篮板球;抢对方投篮未中球的技术称为抢后场篮板球。

1. 抢篮板球的基本技术

(1)抢后场篮板球。当对方投篮出手后,应注意对手的意向和动势,并根据当时与进攻队员所处的位置和距离,运用上步、撤步和转身抢占有利位置,把进攻队员挡在身后,保持正确的站立姿势,两臂屈肘侧张,占据较大的面积。同时,还要判断球的落点,准备起跳。起跳时前脚掌用力蹬地,提腰向上摆臂,同时单手或双手向球的方向伸展,至最高点时抢球或将球点拨给同伴。如果在空中没有传球,落地时应保持身体平衡,侧对前场,将球持于胸腹之间或头上,并准备及时传球或运球。

(2)抢前场篮板球。当同伴或自己投篮时,处在近篮区的进攻队员首先应判断球的反弹方向,然后先向相反方向的侧前方跨步,做身体虚晃的假动作,诱开身前防守队员,利用绕跨步挤到对手前面或侧前方,抢占有利位置,并借助跨步助跑起跳,至最高点补篮或抢篮板球。落地时,两膝弯曲,重心放在两脚之间,将球持于胸腹之间,两肘外展;高大队员可将球置于头上,以衔接其他进攻技术。

外线进攻队员在投篮出手后立即向球反弹的方向冲抢,被防守队员堵卡时,可运用虚晃或快速变向跑等假动作摆脱堵卡冲向球的落点,进行补篮或抢球,抢球后可根据防守情况再进行投篮、传球或运球。

> **趣 闻 >>>**
>
> 1996年夏天,在选秀大会上没被选中的华莱士意外地接到了凯尔特人的夏季联赛邀请,但在那个NBA还不允许联防的时代,华莱士"迷你"的身高不得不让教练们慎重考虑他的场上位置。为了谋求一份能养家糊口的合同,他甚至对凯尔特人的教练说他愿意改打后卫,但看到他无比笨拙的中远投时,教练们苦笑着摇头。就这样,华莱士被凯尔特人放弃了。
>
> 后来,当时的子弹队邀请华莱士去试训,他立刻就去了。赶到球馆,华莱士脱了外套便开始在地板上飞奔。韦伯、霍华德们为这个小子的勤奋惊讶,但看到他不堪入目的投射后,只好彼此望着,摇头叹气。华莱士对教练说他身高有2.06米,教练假装相信了——在NBA,虚报身高不是不可饶恕的罪过,何况他粗壮的胳膊和宽厚的身板完全可以弥补这点。训练营结束后,华莱士拿到了合同,在新秀赛季,成为子弹队的一名外线替补。
>
> 直到后来,华莱士才发现自己在防守和抢篮板方面的优势,这才重新变成了内线队员,而NBA也从此多了一个篮板"怪兽"。

2. 抢篮板球的练习方法

(1)采用自抛自抢方式,体会抢球动作、抢球时机和得球后落地的动作。

(2)两人一组,一人向篮板或篮圈抛球,另一人开始面向持球人,然后转身跨步(上步)起跳,用单手或双手抢球,数次后交换练习。

(3)攻守双方按罚球时的位置站好,罚球队员投篮后,双方抢位争抢篮板球。练习数次后轮换。

(4)两人一组,站在距离球篮 3 m 处,一人进攻一人防守。一人在罚球线外投篮,防守人练习转身挡人抢篮板球。

(5)在半场二对二、三对三攻防中,进行争抢篮板球练习。要求只传球投篮,投篮后积极冲抢篮板球或补篮。攻方抢到篮板球则继续进攻;守方积极挡人抢位争抢篮板球。可规定守方抢到若干次篮板球后交换攻守。

训练项目三　掌握篮球的基本战术

战术基础配合是指两三人之间有目的、有组织地合作行动的方法。它包括进攻与防守两部分,是组成全队攻守战术的基础,也是培养运动员篮球意识的重要手段。

一、进攻与防守战术的基础配合

进攻与防守战术的基础配合即两三人之间组成的简单配合方法,它是组成全队攻防战术的基础。

1. 进攻战术基础配合

(1)传切配合

传切配合是指进攻队员之间利用传球和切入技术所组成的简单配合,它包括空切和一传一切两种。

示例一:切传配合(1)如图 8-12 所示。⑤传球给④后,立即摆脱对手❺向篮下切入,接④的回传球投篮。

示例二:切传配合(2)如图 8-13 所示。④传球给⑤后,立即摆脱对手❹向篮下切入,接⑤的回传球投篮。

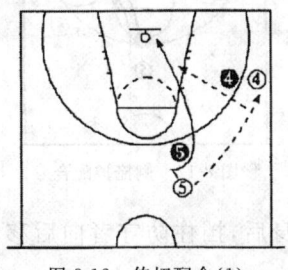

图 8-12　传切配合(1)　　　　图 8-13　传切配合(2)

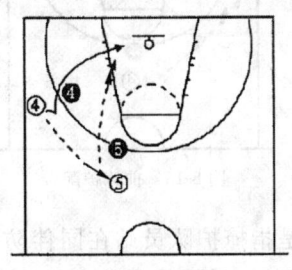

(2)突分配合

突分配合是指持球队员突破对手后遇到对方补防时,及时将球传给进攻时机最好的同伴进行攻击的一种配合方法。

示例一:突分配合(1)如图 8-14 所示。❺从防守者的左侧突破,❹协防,封堵❺向篮下突破的路线,此时④及时跑到有利的进攻位置,接❺的球投篮,或做其他进攻配合。

示例二:突分配合(2)如图 8-15 所示。④从防守者的底线突破,❻协防,封堵④向篮下突破线路,❺也后撤进行协防,④可将球传给插入到有利进攻位置的⑥或⑤。

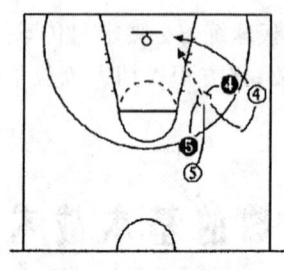

图 8-14　突分配合(1)　　　图 8-15　突分配合(2)

(3)掩护配合

掩护配合是指进攻队员采取合理的行动,用自己的身体挡住同伴防守者的移动路线,使同伴得以摆脱防守,创造接球投篮或进攻机会的一种配合方法。掩护配合有多种形式和方法,根据掩护者和被掩护者位置的不同,分为前掩护、侧掩护、后掩护三种。

★ 前掩护是指掩护队员站在同伴防守者的前面,用身体挡住防守者向前移动的路线,使同伴借机摆脱防守接球进行攻击的一种掩护方法,前掩护配合如图 8-16 所示。⑥跑到❺的前面给⑤做前掩护,⑤利用掩护拉出,接④传来的球投篮或做其他攻击动作。

★ 侧掩护是指掩护队员站在同伴防守者的侧(略靠后)方,用身体挡住该防守者的移动路线,使同伴摆脱防守获得进攻机会的一种配合方法,侧掩护配合如图 8-17 所示,⑤传球给⑥后跑到❻的侧后方做掩护,⑥接球后先向右侧做突破假动作,然后从左侧贴着⑤的身体运球突破上篮,⑤掩护后转身切入篮下。当⑥借助⑤的掩护运球突破时,如遇到对方变换防守,⑤应转身,⑥及时传球给⑤投篮。

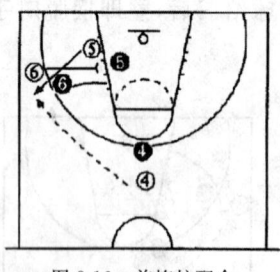

图 8-16　前掩护配合　　　图 8-17　侧掩护配合

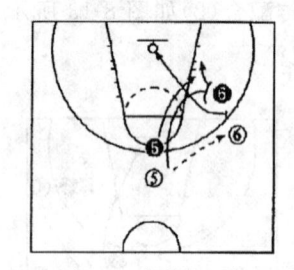

★ 后掩护是指掩护队员站在同伴防守者的身后,挡住防守者向后移动的路线,使同伴借以摆脱防守的一种掩护方法。

(4)策应配合

策应配合是指处在内线的队员背对或侧对球篮接球后,以其为枢纽,通过多种传球方式与其他队员的空切、绕切相结合,借以摆脱防守,创造各种进攻机会的一种配合方法,如图 8-18 所示,④摆脱防守插到罚球线做策应,⑤将球传给④并立即空切篮下,接④的策应传球投篮。

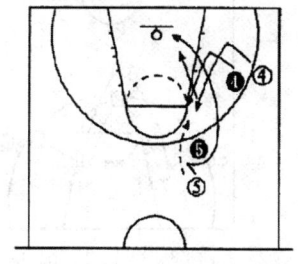

图 8-18 策应配合

2. 进攻战术基础配合的练习方法

(1)传切配合的练习方法。两人一组,一人在靠近端线的三分球线外站立,另一人站在三分球线弧顶偏向端线队员的一边,两人在站立的两个点交换做传切配合练习,开始不加防守,熟练后再加防守进行练习。

(2)突分配合的练习方法。两人一组,分别站于同球篮成 45°的两边三分线外,一人向篮下运球突破,另一人向罚球线或底线切入,接突破队员的分球投篮。先进行无防守练习,后进行有防守练习。

(3)掩护配合的练习方法。三人一组,两名进攻的队员站于三分球线外,相距 6 m 左右,防守队员防守持球队员,持球队员做假投、假突吸引防守者注意,同时无球队员上前做掩护,当掩护到位时,持球队员及时突破上篮。该练习完成后,可增加一名防守队员防守无球进攻队员,当掩护成功,持球队员突破,迫使防守队员换防时,突破队员应及时、准确地将球传给处于有利位置的掩护者进攻投篮。

(4)策应配合的练习方法。四人一组,两人进攻两人防守,做中锋的策应队员在罚球线外侧站立,外围进攻的队员站于三分球线外弧顶附近,外围队员向策应队员传球后,利用假动作摆脱防守,绕策应队员插入篮下,并接球投篮。

(5)其他练习方法。以上各种配合练习完成后,均可分别进行半场三对三攻防的实战练习。

3. 防守战术的基础配合

防守战术的基础配合是指两三名防守队员为破坏对方进攻进行配合,或当同伴防守出现困难时,及时互相协作行动的方法。

(1)"关门"配合

"关门"配合是指两个防守队员靠拢,协同防守突破的配合方法。

示例:"关门"配合如图 8-19 所示。当⑤从正面突破时,❹、❺或❺、❻进行"关门"配合。

(2)夹击配合

夹击配合是指两个防守队员积极防守一个进攻队员的配合方法。

示例一:夹击配合(1)如图 8-20 所示。④从底线突破,❹封堵底线,迫使④停球,❺迅速向底线跑动,与❹协同夹击④,封堵其传球路线,迫使其违例或失误。

示例二:夹击配合(2)如图 8-21 所示。⑤发边线球,❺协同❻夹击⑥,两人积极封堵⑥的接球。

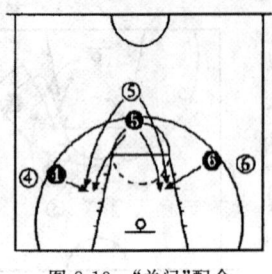

图 8-19 "关门"配合　　　图 8-20 夹击配合(1)　　　图 8-21 夹击配合(2)

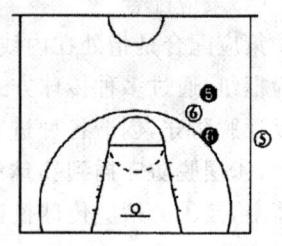

(3)补防配合

补防配合是指防守队员在同伴漏防时,立即放弃自己的对手,去补防那个威胁最大的进攻者,而漏人的防守队员及时换防的一种协同防守方法。

示例一:补防配合(1)如图 8-22 所示。⑤传球给④,并摆脱❺的防守直插篮下,此时❻放弃对⑥的防守补防⑤,❺去补防⑥。

示例二:补防配合(2)如图 8-23 所示。⑤持球突破❺,直接威胁球篮,❻放弃⑥的防守补防⑤,而❺立即补防⑥。

图 8-22 补防配合(1)　　　图 8-23 补防配合(2)

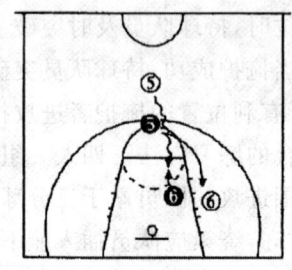

(4)挤过配合

挤过配合是指防守者在掩护队员临近自己时,要积极向前跨出一步,贴近自己的防守对手,从掩护者前面挤过去,继续防守自己的对手。防守掩护队员的同伴,要及时呼应,并配合行动,以备补防。

示例一:挤过配合(1)如图 8-24 所示。④传球给⑤后给⑥做掩护,❹发现后要提醒同伴❻注意。❻在④临近的刹那,迅速抢在④之前继续防守⑥。

示例二:挤过配合(2)如图 8-25 所示。⑤接球后向右侧运球,④上前来掩护,此时❹要及时提醒❺,❺在④临近的刹那,迅速靠近⑤,从④和⑤之间挤过,继续防守⑤,❹要配合行动。

(5)穿过配合

穿过配合是指当进攻队员进行掩护时,防守做掩护的队员要及时提醒同伴并主动后撤一步,让同伴及时从自己和掩护队员之间穿过,以便继续防住各自的对手。

示例:穿过配合如图 8-26 所示。⑤传球给⑥后去给④做掩护,❺要提醒❹,并离⑤远一点。当⑤掩护到位前一刹那❹主动后撤一步,从⑤和❺中间穿过,继续防守④。

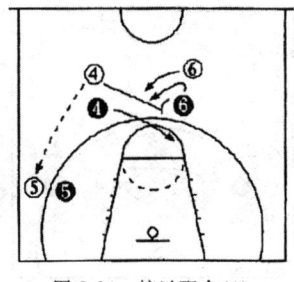

图 8-24 挤过配合(1)　　　图 8-25 挤过配合(2)

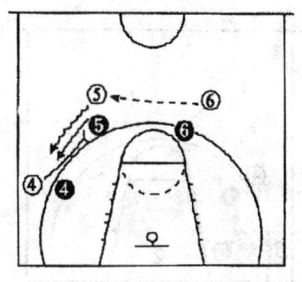

(6)绕过配合

绕过配合是指当进攻队员进行掩护时,防守做掩护的队员主动贴近对手,让同伴从自己的身边绕过,继续防守各自的对手。

示例:绕过配合如图 8-27 所示。⑥传球给⑤并去给⑤做掩护,⑤传球给④后利用⑥的掩护向篮下切入,❺从⑥和❻旁绕过。

(7)交换配合

交换配合是指为了破坏进攻队员的掩护配合,防守队员彼此及时呼应,交换自己所防守的对手的一种配合方法。

示例:交换配合如图 8-28 所示。⑤去给④做掩护,❺要主动发出防守换人信号,及时封堵④向篮下突破的路线,此时❹应及时调整自己的防守位置,防止⑤向篮下空切。

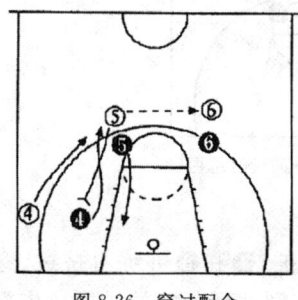

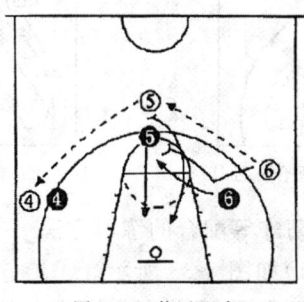

图 8-26 穿过配合　　　图 8-27 绕过配合　　　图 8-28 交换配合

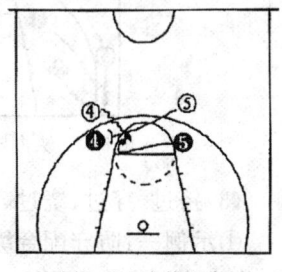

4. 防守战术基础配合的练习方法

(1)"关门"配合练习

①示例一:"关门"配合练习(1)如图 8-29 所示。半场二对二,④突破时❺协同❹进行"关门",若④传球给⑤时,❺迅速回防⑤。⑤突破时❹协同❺进行"关门"。反复练习到一定次数后,攻守相互交换。

②示例二:"关门"配合练习(2)如图 8-30 所示。半场三对三,⑤传球给④,④从右侧突破,❺协同❹"关门",❻调整防守位置,④传球给⑥,⑥防底线突破,⑥从右侧突破,❺再协同❻协防"关门"。做若干次后防守队员按顺时针方向换位,继续练习,然后再攻守交换。

107

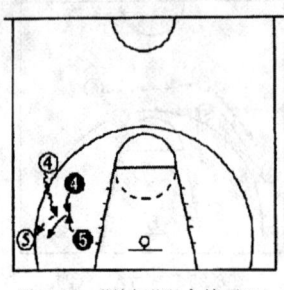

图 8-29 "关门"配合练习(1)　　图 8-30 "关门"配合练习(2)

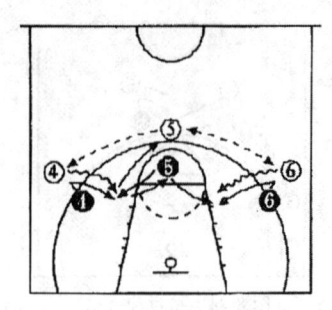

(2)夹击与补防配合练习

①示例一:夹击与补防配合练习(1)如图 8-31 所示。半场二对二,④传球给⑤,⑤迫使⑤向场角运球,❹及时上去和❺一起形成对⑤的夹击,封阻其将球给④的路线,造成其 5 s 违例。练习若干次后攻守交换。

②示例二:夹击与补防配合练习(2)如图 8-32 所示。半场三对三,⑤传球给④,❹迫使④运球到场角,❺及时而迅速地去和❹进行夹击,❻及时移动,调整位置进行补防,并准备断球。练习到规定次数后,攻守交换练习。

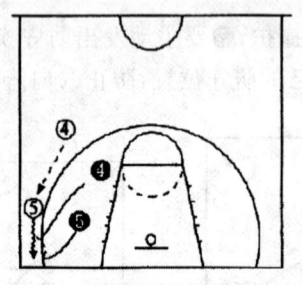

图 8-31　夹击与补防配合练习(1)　　图 8-32　夹击与补防配合练习(2)

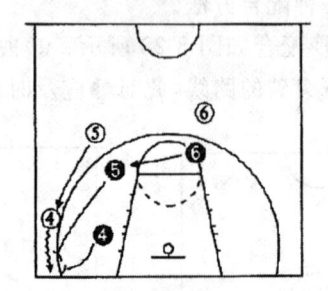

(3)挤过、穿过、绕过、交换防守等配合的练习方法

①示例一:防守配合练习(1)如图 8-33 所示。④给⑤做掩护,❹和❺可练习挤过、穿过、绕过或交换防守配合。④、⑤和❹、❺相互交换攻守职责,分别站到各组的排尾。依次进行练习。

②示例二:防守配合练习(2)如图 8-34 所示。队员 8 人一组,四攻四守,④按顺序给⑤、⑥、⑦做掩护。❹和其他防守队员按规定的防守配合进行练习。每组练习结束后按图示换位,当④和❹落在底角时,⑤和❺开始练习。依次反复练习若干次后,攻守互相交换。

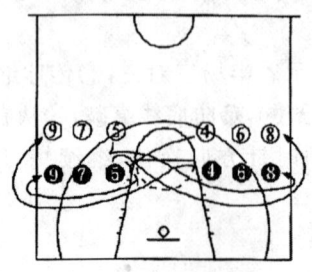

图 8-33　防守配合练习(1)　　图 8-34　防守配合练习(2)

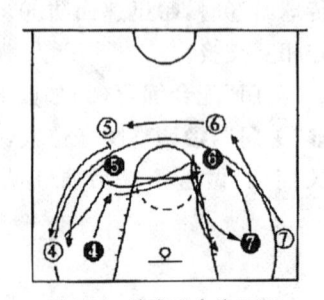

108

二、进攻与防守战术的整体配合

1. 快攻战术

快攻是指由防守转入进攻时,趁对方未站稳阵脚之前,以最快的速度、最短的时间,形成人数上和区域上的优势,果断而合理地进行攻击的一种进攻战术。

(1)快攻发动的时机

①抢得后场篮板球时;

②抢球、打球、断球获球时;

③跳球时;

④对方投中篮后,掷端线界外球时。

(2)快攻战术的形式

①长传快攻。队员在后场获得球后,用一次或两次传球,将球传给已摆脱防守并在前场奔跑的队员进行投篮的战术配合,为长传快攻战术。

②短传和运球结合快攻。队员在后场获球后,利用快速的短距离传球、运球或运球结合传球迅速地向前场推进,创造有利的投篮机会的一种战术配合,为短传和运球结合快攻战术。

(3)快攻的结构

长传快攻通常是由发动和结束两部分组成,也有通过接应后进行的长传快攻。短传快攻通常虽由发动与接应、推进、结束三个阶段组成,但也有由控制球队员直接突破推进的快攻。

①快攻的发动与接应阶段。由守转攻的第一个获球队员及时观察场上情况,快速传出第一传,另一同伴迅速摆脱防守,及时接应第一传的配合。

配合方法:在后场抢到篮板球、断到球、掷对方投中篮后的端线界外球或跳球得到球时,迅速将球传给抢占有利位置的接应队员。接应时要看准时机和位置,及时摆脱防守,接好第一传,同时为采取下一步行动做准备。

②快攻的推进阶段。快攻发动后到结束前,中场这段的配合是快攻的推进阶段。

配合方法:快攻推进的形式有传球推进、运球推进、传球与运球结合推进。推进路线有中间推进、边线推进、中间与边线结合推进等。

③快攻的结束阶段。快攻推进到前场,最后完成攻击任务的配合。快攻结束阶段经常形成以多打少或人数相等的局面。

配合方法:以多打少时,要拉开距离扩大进攻面,可利用传球、运球突破、投篮等进攻手段,诱使防守队员判断错误,制造进攻机会及时投篮。人数相等时,要趁对方立足未稳,在行进间利用运球突破、传切、掩护等配合创造投篮机会。

(4)快攻的练习方法

①长传快攻的练习方法。两人一组,一人投篮后抢篮板球,另一人沿边线快下,接长传球投篮。

②短传和运球结合快攻的练习方法。三人练习配合,先在无防守的情况下练习,后在有防守的情况下练习。练习抢后场篮板球和掷端线界外球的快攻发动与接应。

③半场二攻一、三攻二练习快攻的结束阶段。

④三人、五人抢后场篮板球后练习快攻全过程。
⑤全场三攻二快攻练习。
⑥教学比赛、实战练习。

2. 防守快攻战术

防守快攻战术是指由攻转守的瞬间,迅速组织起来,阻止和破坏对方快攻的防守战术。

(1)防守快攻的方法

①提高进攻的成功率;
②积极拼抢前场篮板球;
③封堵快攻第一传与截断接应;
④逐步退守时,堵中间、卡两边;
⑤提高以少防多的能力。

(2)防守快攻的练习方法

①全场三对三,抢得篮板球一方迅速发动快攻,另一方马上组织封一传,堵接应。
②半场一守二攻,二守三攻,练习以少防多的能力。
③全场三守三攻,守方一人抢篮板球,一人接应,一人快下,三人成三角形(中间稍后)向前推进。两人边防边退,尽量破坏对方进攻。
④全场五攻五守,守方利用抢篮板球、断球等手段,积极发动快攻,要求场上队员全部参加快攻,失去控制球的一方要全力防守,破坏对方的快攻。

3. 半场人盯人防守战术

半场人盯人防守是指由攻转守时,全队有组织地迅速退回后场,在半场内每人防守一个进攻队员的人盯人防守战术。

(1)半场人盯人防守的方法

①半场松动人盯人防守的方法。半场松动人盯人防守是以加强内线防守、保护篮下为主的防守战术。其防守区域控制在离篮圈 6 m 左右的范围内,主要在对方外围攻击力较弱而内线攻击力较强时应用。

防守时,对持球队员要紧逼;对近球者采用错位防守,防其接球;对远离球和球篮的队员要松动防守,回撤保护篮下,对方给有球队员做掩护时,力争挤过防守,尽量不换防,尽量不让对手中锋接球,一旦对手中锋接球,马上进行围防。当对手采用移动进攻时,要积极堵截移动路线,尽可能延误对方进攻时机。

②半场紧逼人盯人防守的方法。半场紧逼人盯人防守战术主要用来对付外围投篮准,以外线进攻为主,不习惯向内切、突、穿插的队员。

当持球的队员进入前场时,防守队员立即迎前防守,控制他的进攻速度,对持球队员要防止其运球突破和投篮。防无球者要及时选好位置,防止对手接球和切入。每个队员均要紧逼对手。

(2)半场人盯人防守练习方法

①进攻队以一种阵形落位后,采取只传球不移动、只移动不传球、既移动又传球三种行动,练习防守者在不同情况下的选位能力。

②半场五攻五守,攻方只传球,防守方盯人抢断,抢到球后守方转为攻方。

4. 进攻半场人盯人防守战术

进攻半场人盯人防守战术是指根据半场人盯人防守战术的特点,综合运用传切、突分、掩护、策应等基础配合所组成的全队进攻战术。

(1)进攻半场人盯人防守战术的配合方法

①选用合理的落位阵形,扬己之长,攻彼之短。常用的进攻阵形有:"2—3""2—1—2""2—2—1""1—3—1""1—2—2"等。

②移动进攻,进攻队员遵循有目的、有配合地连续移动和不断转移的原则,灵活运用各种基础配合进攻。

③综合进攻,由传切、突分、掩护、策应等配合组成整体进攻战术配合。

④通过中锋进攻,以中锋为枢纽,与四名外围队员相互密切配合,共同创造有利的进攻机会。

(2)进攻半场人盯人防守战术的练习方法

①结合进攻战术阵形,练习传切、掩护、策应配合。

②半场五攻五守。攻方要根据守方的特点布置进攻阵形,反复攻守转换练习,先在消极防守情况下进攻,后在积极防守情况下进攻。

5. 区域联防

区域联防是指由攻转守时,全队退回后场,每人分工负责防守一定的区域,严密防守进入该区域的球和进攻队员,并与同伴密切合作,积极移动、补位、封锁内线,伺机抢断球,用一定的阵形把每个防守区域有机地联系起来,组成全队防守的战术。区域联防一般常在下列情况下运用:对方外围投篮欠准确而内线进攻威胁较大时;本队个人防守能力较弱时;为避免防守队员过多犯规时;为加强抢夺篮板球发动快攻时;为控制对方的进攻速度时;对方不善于进攻区域联防时。

(1)区域联防战术的方法

区域联防的方法是以球为主,随球移动,对持球移动队员采用盯人防守,其他防守队员根据球的转移和进攻队员的穿插,不断移动,调整防守位置,加强对有球区和篮下的防守,监视和限制自己防区内进攻队员的活动。对方投篮不中时,积极组织争抢篮板球,并准备发动快攻。防守时,要根据攻守双方的实际情况,合理选择区域联防阵形。常用的区域联防阵形有"2—1—2""2—3""3—2""1—3—1"等。

"2—1—2"区域联防的方法如图 8-35 所示。图中箭头表示防守队员防守时的移动方向。该阵形防守队员分布均衡,便于协作,也容易调整阵形,较适用于正面突破和篮下进攻威胁大的对手。但不利于防守两侧中、远距离投篮。

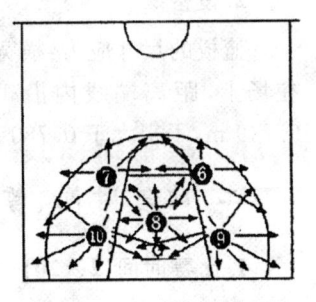

图 8-35 "2—1—2"区域联防

(2)区域联防的练习方法

①半场五攻五守,采用"2—1—2"区域联防,并用球动人不动、人动球不动、人动球动等不同方式,练习防守的移动、选位、卡位、围守中锋等各项防守方法。

②半场五攻五守教学比赛，进行实战练习，提高联防水平。

6. 进攻区域联防

进攻区域联防是指针对联防阵形和变化特点所采用的进攻战术。

(1) 进攻区域联防的方法

进攻区域联防时，要根据对方采用的阵形有针对性地安排自己的阵形。通常以"1—2—2"阵形落位进攻"2—3"区域联防，以"2—2—1"阵形落位进攻"3—2"区域联防，以"2—1—2"阵形落位进攻"1—3—1"区域联防，以"1—3—1"阵形落位进攻"2—1—2"区域联防。

"1—3—1"进攻站位方法如图8-36所示。这种阵形特点是队员分布面广，攻击点多，便于内外联系，保持攻守平衡。该阵形中每个队员正好处在"2—1—2"区域联防的防守队员之间的弱区内，错开了一对一的正面防守。

(2) 进攻区域联防的练习方法

半场五攻五守练习进攻区域联防。

①在无防守的条件下，熟悉移动路线和球的转移路线。

②在消极防守的条件下，熟悉运用传接球、穿插跑动、调动防守、在局部区域以多打少等配合方法。

图8-36 "1—3—1"进攻站位

③在积极防守条件下练习全队配合。

训练项目四 熟悉篮球运动的主要规则

一、场地与设备

1. 球场

篮球场是一块长方形的坚实平整、无障碍物的场地。国际篮联举办的正式比赛的球场尺寸为：长28 m，宽15 m。球场的丈量从界线内沿量起。

2. 设备

篮板的尺寸应为：横宽1.80 m，竖立1.05 m，其下沿距地面2.90 m。其中心垂直落在场上，距离端线内沿1.20 m，篮圈水平面距地面3.05 m，篮球的圆周不得小于0.749 m，不得大于0.780 m，质量为567~650 g。

二、比赛时间、暂停、替换

1. 比赛时间(2×20)

每场篮球比赛由两个队参加，每队出场5名队员。比赛分为4个小节，每节10 min，第1、2节之间，第3、4节之间，各休息2 min；第2、3节之间休息10~15 min，双方交换场地。

比赛中，除在3分投篮区投球中篮得3分外，其他位置投球中篮得2分，罚球中篮得1分。在比赛时间内，得分多的队为胜方。

2. 暂停

每队前3节各准许暂停1次,每次1 min,未用过的暂停不准挪到下一个小节内使用。请求暂停的时机:

(1)球成死球并停止比赛时钟时。

(2)对方投篮得分,也可给予一次暂停,但必须在投篮队员的球离手前提出。

3. 替换

替补队员进场前应向记录员报告,并须立即做好比赛准备。请求替换的时机:

(1)球成死球并停止比赛时钟时。

(2)违例后,只有掷界外球的非违例队员可要求替换。被允许后,对方也可要求替换。

三、违例及罚则

比赛中常见的违例有:带球跑、非法运球、脚踢球、拳击球、掷界外球违例、3 s违例、5 s违例、8 s违例、24 s违例、球回后场违例、干扰球等。

罚则:判该队失去控球权,由对方队员在违例地点就近的边线外掷界外球。

四、犯规及罚则

1. 侵人犯规

侵人犯规是指在球进入比赛状态、活球或死球时的队员犯规,含有与对方队员的接触。

罚则:登记犯规队员一次侵人犯规。如被侵的队员未做投篮动作,由被侵犯队的队员在犯规地点就近的边线掷界外球继续比赛。如被侵犯的队员在做投篮动作,投中得分有效,再判给一次罚球;如投篮未中,则根据投篮的地点判给投篮队员两次或三次罚球。

2. 故意犯规

裁判员认为队员蓄意地对持球或不持球的对方队员造成侵人犯规为故意犯规(违反体育道德的犯规)。

罚则:登记犯规队员一次侵人犯规。应判给非犯规队罚球和在记录台对面边线的中点处掷界外球的控球权。如对未做投篮动作的队员犯规,则判给两次罚球。如对在做投篮动作的队员犯规,投中有效,再判给一次罚球;如投球未中,则根据投篮的地点判给两次或三次罚球。无论罚球成功与否,均由罚球队的任一队员在记录台对面边线的中点处掷界外球。

3. 技术犯规

有意的、不道德的或给违反规定者带来不正当利益的技术性犯规,应立即判罚技术犯规。

罚则:宣判技术犯规后,每次均应登记并由对方队长指定罚球队员罚球一次,无论罚球成功与否,均由罚球队的任一队员在记录台对面边线的中点处掷界外球。对行为十分恶劣或屡次违反此条规定的队员,取消其比赛资格并令其退出比赛。

4. 双方犯规

双方队员同时互相犯规为双方犯规。

罚则:登记每个犯规队员一次侵人犯规。由双方犯规队员在就近的圆圈内跳球继续比赛。

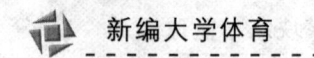

5. 队员 5 次犯规

在一场比赛中,一个队员不论侵人犯规或技术犯规共达 5 次,必须自动退出比赛。

6. 全队 4 次犯规

每节比赛中,一个队的队员侵人犯规和技术犯规累计 4 次,此后发生的所有队员犯规,均执行两次罚球,除非含有更为严重的罚则。

五、CBA 特殊规定

1. 三分线延长至 6.75 m。三秒区改为长 5.8 m、宽 4.9 m 的长方形(NBA 是 4.88 m×5.8 m 的长方形)。"合理冲撞区"是指以篮筐在地板上投影的中心点为原点,以 1.25 m 为半径,画出一个半圆。

2. 采用 4×12 min 的比赛方式,其中第 1、2 节和第 3、4 节中间各休息 2 min;第 2、3 节之间休息 10 min。

3. 一名队员已发生了 6 次侵人犯规和(或)技术犯规,必须立即退出比赛。

4. 一节中某队已发生了 5 次全队犯规时,该队处于全队犯规处罚状态。

5. 每队在第 4 节和每一决胜期最后 2 min 各增加一次 30 s 短暂停。

6. 一方投中篮后,第 4 节、决胜期最后 2 min 内拥有掷球权、入界球权的球队请求暂停后,均在"掷球入界线"执行掷球入界恢复比赛(但本应位于前场端线掷球入界的除外)。

六、其他规定

1. 比赛双方报名为 4 人,上场队员为 3 人。分上、下两个半时,每半时 8 min。上半时之后休息 2 min 再进行下半时。

2. 比赛开始,双方以掷硬币的形式选发球权。比赛开始和投篮命中后,均在发球区(中圈弧线后)掷球入场算做发球。

3. 每次投篮命中后,由对方发球。所有犯规、违例及界外球均在发球区发球,发球队员必须将球传给队友,不能直接投篮或运球,否则处以违例。

4. 守方队员断球或抢到篮板球后,必须迅速将球运(传)出 3 分线外,方可组织反攻,否则判违例。

5. 24 s 违例的规则改为 20 s。

6. 双方争球时,争球队员分别站在罚球线上跳球(交替发球)。

7. 每个队员允许 3 次犯规,第 4 次犯规罚出场。每个队累计犯规达 5 次后,第 6 次以后的犯规由对方执行两次罚球。前 5 次犯规中,凡对正在做投篮动作的队员犯规:如投中,记录得分和对方个人及全队犯规次数,不追加罚球,由对方发球;如投篮不中,则判给攻方 1 次罚球,罚中得 1 分,并由攻方继续发球,如罚不中,仍由攻方继续发球。

➡️ **思考题**

1. 篮球运动的基本技术有哪些?
2. 说出 1—2—1 联防及 1—3—1 进攻的特点。
3. 篮球运动中的团队精神体现在哪些方面?

模块九

排球运动

学习目标

- 了解排球运动的发展过程及水平
- 初步掌握排球运动的基本技术和练习方法
- 锻炼协调性、灵敏性、弹跳力及上肢力量
- 了解排球运动的主要规则,加强对排球运动的理解
- 巩固排球运动的基本技术
- 初步掌握排球运动的基本战术并提高战术运用能力
- 培养团队合作精神

训练项目一 了解排球运动

早期的排球运动源于美国。当时在打法上采用网球和手球的一些技术,规则类似棒球,由9局组成,连胜3分为一局,双方上场人数不限,但须对等。摩根给这种运动形式取了一个颇为有趣的名字"Mintonette",意即"小网子"。

1905年排球运动传入我国。1914年在北京举行的旧中国第二届全运会上,排球被列为男子正式比赛项目。中华人民共和国成立以后,我国排球运动经过几代人的努力,有了突飞猛进的发展。中国女排以"攻防全面、快速多变、高快结合、密切配合"的独特打法,成为世界女排历史上第一个获得"五连冠"的球队。不仅在我国排球历史上写下了光辉的一页,对世界排球运动的发展也产生了巨大的影响。

目前国际上重大的国际排球比赛有:

1. 世界排球锦标赛:男子始于1949年,女子始于1952年。是规模最大的世界性比赛。
2. 奥运会排球赛:1964年正式列入比赛项目。
3. 世界杯排球赛:男子始于1965年,女子始于1973年。

以上各项赛事,均四年举行一次。国际"排联"实行"四年三大赛制",前三年先后举办奥运会、世界杯和锦标赛,第四年为轮空年。

趣 闻 >>>

排球是以手击球、传球进行竞技的球类运动,源于美国。

1895年,美国马萨诸塞州霍利约克基督教青年会体育干事威廉斯从篮球、网球运动得到启发,想创造一种适合更多人参加的室内球类运动。

他用篮球和足球的球胆、网球的球网作器材,每边6个人(也可以多一些),把网球允许球落地再回击的打法,改为不许落地,用手击球,球胆掉在哪一方,就算哪一方输了。由于网球场地太小,他又把网球球网挂在篮球场中线,利用篮球场地进行比赛。

第二年,对这种球类运动感兴趣的斯普林菲尔德市立学校的艾哈尔斯博士,把它定名为"华利波",意为"空中飞球"。此名称在国际上一直沿用至今。我国则将其译为"排球"。

训练项目二　掌握排球的基本技术

基本技术是排球运动的主要组成部分,是排球运动的基础。它包括准备姿势和移动、传球、垫球、发球、扣球和拦网技术。

一、准备姿势和移动

1. 准备姿势

排球的准备姿势多为半蹲准备姿势:两脚左右开立,稍比肩宽,一脚在前,两脚尖稍内收,两膝弯曲成半蹲状。脚后跟稍提起,身体重心稍前倾,两臂放松,自然弯曲,双手置于腹前。身体适当放松,两眼注视来球,两脚始终保持微动,如图9-1所示。

微课:准备姿势

图9-1　准备姿势

2. 移动步法

(1)滑步。当来球距离身体较近、弧线较高时,可采用滑步。右(左)滑时,右(左)脚先向右(左)迈出一步,左(右)脚迅速并上,落在右(左)脚的左(右)面,连续做即为滑步。

微课:移动步法

116

（2）交叉步。当来球距离身体 2 m 左右时，可以使用交叉步。以向右为例，上体稍向右转，左脚从右脚前面向右迈出一步，右脚再迅速向右迈出一步落在左脚的右边，同时身体向来球方向转动，做好击球前的准备姿势。

（3）跨步。当来球较低且距身体较近时，可采用跨步。首先向移动方向跨出一大步，同时屈膝，上体前倾，身体重心移至跨出腿上。

（4）跑步。采用跑步移动时，两臂要配合摆动，应根据来球的方向，边跑边转身。

3. 练习方法

（1）三至五人一组，平行站在端线处。练习者原地快速小碎步跑，看到手势或信号后，快速起动冲刺跑 6 m，或钻过球网后转身 180°后退跑至另一端线。

（2）队形同上，练习者坐在地上（可以侧对球网、背对球网或俯卧、仰卧等），看或听到信号后，快速起动冲刺。

（3）队形同上，先向前跑 6 m，后退 3 m，再向前跑 6 m，后退 3 m，如此前进到对面端线。

（4）队员站在中线处，做好准备姿势，用交叉步或滑步，来回用手触及两侧的进攻线，若干次为一组（可以计时）。

二、传球

传球是排球运动的基本技术之一，是组织战术的基础。传球包括正面传球、背传球、跳传球和调整传球。其中以正面传球最为常用。

1. 正面传球

看清来球，迅速移动到球的落点，对正来球，两脚左右开立，约同肩宽，一只脚稍前，另一只脚脚后跟稍提起，两膝微屈，上体稍前倾，两臂弯曲置于胸前，两肘自然下垂，两手成传球手形，眼睛注视来球方向。击球点在前额上方约一球距离处。当手触球时，手腕稍后仰，两手自然张开，手指微屈成半球状。两拇指相对成"一"字形或"八"字形，两拇指间的距离不能过大，以免漏球，如图 9-2 所示。球来时，两手微张迎球，用拇指内侧、食指全部、中指的二三指节触球的后下部，无名指和小指触球两端。用手指的弹力、手臂和身体协调的力量将球传出。

图 9-2　正面传球

2. 练习方法

（1）两人一组，一人按传球手形持球于脸前，另一人用手以适当的力量压住球，持球者以传球动作向前上方伸展,体会身体和手臂的协调用力。

(2)两人一组,相距4~5 m,面对面站立。一人抛球,另一人模仿传球动作,以传球手形在脸前方将球接住,再抛回给同伴。彼此轮流做(也可用小实心球做此练习)。

(3)每人一球,原地自传,自传高度离手1 m左右,体会正确击球手形与手指、手腕控制球的动作。

(4)两人一组,相距4~6 m,自抛1 m高度后传给同伴(也可对墙进行)。

(5)队形同上,一抛一传。

(6)三人一组对传,练习时相距5 m左右,一人固定,另两人轮流传球后换位。

三、垫球

垫球是排球运动的基本技术之一,是保证接发球进攻和防守反击的主要技术动作。垫球的技术动作多种多样,包括正面双手垫球、侧面双手垫球、背垫球、单手垫球和挡球等。

1. 正面双手垫球

正面双手垫球时,正对来球方向,两脚开立稍宽于肩,一脚在前,两脚脚后跟提起,前脚掌着地,两膝弯曲微内收,重心在前,双臂自然弯曲置于腹前。手形、击球点、触球部位如图9-3、图9-4所示。当球接近腹前时,两手重叠,掌根靠拢,合掌互握,两拇指平行朝前,手臂伸直,手腕下压,用前臂外旋形成的平面靠近手腕的部分击球的后下方。击球点在腹前一臂左右距离,便于控制用力大小并可根据垫球的方向,调整手臂的角度。

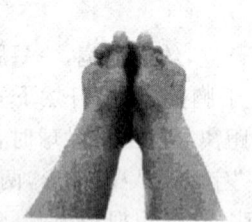

微课:正面双手垫球

图9-3 正面双手垫球的手形

图9-4 正面双手垫球

正面双手垫球的用力顺序是:

(1)插臂,重心下降,手臂插到球下。

(2)提肩,两臂靠拢、夹紧,含胸收腹,提肩压腕。

(3)顶肘,两臂充分伸直,突出前臂的垫球部位,给球以弹击力。

(4)移动,垫球时,脚步要灵活,移动到适合垫球的距离,正对来球。

(5)蹬送,两脚支撑平稳,用蹬地伸腰跟重心的协调力量垫球。垫球用力的大小,要以来球的力量和垫出球的距离远近而定。

2. 侧面双手垫球

以右侧为例,当球向右侧飞来时,左脚前脚掌内侧蹬地,右脚向右跨出一步,右膝弯曲,重心随即移到右脚上,两臂夹紧向右伸出,左肩微向下倾斜,用向左转腰和提右肩的动作,使两臂击球面截住球的飞行路线,垫击球的后下部。

3. 练习方法

(1)原地徒手模仿完整的垫球动作,要做得正确、协调。

(2)两人一组,一人持球固定在小腹前,另一人从准备姿势开始,做垫击动作,但不将球击出,只体会击球动作。击球手形和触球部位要正确,注意全身协调用力。

(3)两人一组,一抛一垫。球要抛准,尽量固定抛球的高度、速度及落点,垫球人用原地正面垫球的动作将球垫回。

(4)两人一组,相距 4 m,连续对垫。

(5)三人一组,三角垫球。

(6)两人对垫,一人固定不动,另一人向前、后、左、右移动。

四、发球

排球比赛是由发球开始的,其目的在于破坏对方进攻和力争直接得分。发球技术包括正面下手发球、正面上手发球、正面上手飘球、勾手飘球、勾手大力发球和跳发球等。

1. 正面下手发球

正面下手发球时,面对球网,两脚前后开立,左脚在前,两膝微曲,上体前倾,重心偏后,左手持球于腹前,右臂自然下垂。左手将球平稳地抛在体前右侧,离手约一球的高度。在抛球的同时,右臂伸直,以肩关节为轴向后摆动。击球时,右腿蹬地,身体重心随着右手的向前摆动前移,在腹前用掌根击球的后下部。重心随击球动作前移,迅速进场比赛,如图 9-5 所示。

微课:正面下手发球

图 9-5 正面下手发球

2. 正面上手发球

正面上手发球时,面对球网站立,两脚自然开立,左脚在前,左手持球于体前。左手将球平稳地垂直抛于右肩的前上方,上体稍向右侧转动。上体向左转动,迅速收腹带动手臂向前上方挥动,伸直手臂,用全手掌击球的后中部,如图9-6所示。

图9-6 正面上手发球

3. 练习方法

(1)抛球练习。球要垂直上抛,位置与高度要固定。

(2)击固定球的练习。将球悬吊在适当高度(或由队员持球)。用正确的发球动作击球,主要练习挥臂击球动作和体会击球时手的感觉。

(3)不隔网发球练习。两人相距10 m左右,互相对发。要求做好完整的发球动作,注意抛球和挥臂击球的配合。也可对墙做发球练习。

(4)发球与接发球比赛。六人一组,轮流进行规定次数的发球和接发球比赛。

五、扣球

扣球技术包括正面扣球、扣快球、时间差扣球、空间差扣球和位置差扣球等。

1. 正面扣球

正面扣球时,站在离网3 m左右处,两脚自然开立,两膝微屈,上体稍前倾,两臂自然下垂,观察来球,随时准备向各个方向助跑起跳。助跑时,左脚先向前迈出一步,接着右脚再迅速跨出一大步,左脚及时并上,落在右脚侧前方,两脚脚尖稍向内收准备起跳。助跑的第一步要小,目的是对正上步方向,使身体获得向前的水平速度;第二步要大,目的是接近球和提高助跑的速度,右脚落地支撑点在身体之前,有利于制动。在助跑跨出最后一小步的同时,两臂绕体侧向后引,在左脚落地制动的过程中,两臂自后积极向前摆动,随着双腿蹬地向上起跳,两臂配合起跳用力上摆。起跳后,挺胸展腹,上体稍向右转,右臂向后上方抬起,身体成反弓形。挥臂时,以迅速转体、收腹动作发力,依次带动肩、肘、腕各部位关节成鞭打动作向前上方挥动。击球时,五指微张成勺形并保持紧张,用全手掌包满球,以掌心为击球中心,击球的后中部,同时主动用力屈腕、屈指向前推压,使扣出的球加速上旋。击球点在起跳和手臂伸直最高点的前上方。空中完成击球动作后,身体自然下落,为了避免腿部负担过重,应尽量用双脚的前脚掌先着地,同时顺势屈膝,缓冲身体下落的力量,如图9-7所示。

图 9-7　正面扣球

2. 练习方法

(1) 做徒手挥臂动作练习。要强调小臂后振和挥臂时的以肩发力,以大臂带动小臂的快速鞭打动作。

(2) 原地对墙(网)自抛球扣球练习。扣反弹球要强调包球和打满球;自抛扣球练习要强调击球臂的正确挥摆动作。

(3) 利用网前抛球进行扣球练习。要求抛出的球垂直起落,高度与落点固定。强调助跑开始的时间和击球时机。

(4) 结合传球进行扣球练习。要求传出的球高出球网 1.5～2 m,近似垂直下落,落点要尽量固定。

六、拦网

拦网包括单人拦网和集体拦网两种。

单人拦网时,面对球网,两脚平行开立,约同肩宽,距网 30～40 cm,两膝微屈,两臂自然弯曲置于胸前,随时准备起跳和移动。起跳时,重心降低,两膝弯曲,两脚用力蹬地,两臂在体侧划小弧用力上摆,带动身体向上垂直起跳。起跳后稍收腹,控制身体平衡。拦网起跳的时间必须掌握好,应根据对方传球的高低、远近、快慢以及扣球队员的起跳时间和动作特点来决定。拦高球时,一般应比扣球队员晚起跳,拦快球时,可以和扣球队员同时起跳或提前起跳。

在起跳的同时,两手从额前贴近并平行于球网,向网上沿的前上方伸出,两臂伸直,前臂靠近球网,两手尽量伸向对方上空接近球,两手自然张开,屈指、屈腕成勺形,两手之间距离不能超过一个球,以防止球从两手之间漏过。当手触球时,两手要突然紧张,手腕要用力下压盖住球的上方,站在靠近边线的拦网队员,为了防止对方打手出界,外侧手掌心在拦击球时要内转。拦远网扣球时,要尽量向上伸直手臂,不要采用压腕动作,以提高拦击点,如图 9-8 所示。

图 9-8 拦网

训练项目三 掌握排球的基本战术

排球战术是队员在比赛中根据排球规则、排球运动的规律及彼我双方的具体情况和临场的发展变化,合理地运用技术配合,所采取的有组织、有目的和有预见性的行动。

排球战术体系主要包括:接发球进攻战术体系,简称"一攻";防守反攻战术体系,简称"防反"。

一、阵容配备和位置交换

1. 阵容配备

阵容配备是合理地运用本队队员的一种手段,其目的在于把全队的力量有效地组织起来,最大限度地发挥每个队员的作用和特长。阵容配备的主要形式有:

(1)"四二"配备

"四二"配备即安排四个进攻队员和两个二传队员,四个进攻队员又分为两个主攻队员和两个副攻队员,分别对应站在对角位置上,以充分发挥进攻力量。这种配备形式在中、低水平的队中采用较多。

(2)"五一"配备

"五一"配备即安排五个进攻队员和一个二传队员。这样安排的目的是为了加强拦网和进攻力量,同时也可以充分发挥二传的作用。同时,在二传的对应位置上,还需要一个具备二传能力的进攻队员作为接应二传,以弥补二传队员有时来不及传球所出现的被动局面。目前高水平的球队普遍采用这种形式。

(3)"三三"配备

"三三"配备由三个进攻队员和三个防守队员组成。初学者或基层比赛中常采用。

2. 位置交换

为了有效地调动一切积极因素和发挥队员特长,弥补队员身体、技术及阵容上的缺陷,比赛中,在规则允许的条件下,可以进行位置交换。当发球队员击球后,双方队员可以在本方场区内交换位置,一般有下列情况:

(1)前排队员之间的位置交换

①为了加强进攻力量,把攻击能力强的队员换到 2、4 号位,把善于扣快球的队员换到

3号位,把二传换到2号位或3号位。

②为了加强拦网力量,把拦网好的队员换到3号位或对方重点进攻队员的相应位置。

(2)后排队员之间的位置交换

在比赛中运用"插上"战术,可把二传换到1号位或6号位,以缩短插上时的距离,便于组织进攻。

二、进攻战术

接发球进攻也称"一攻",即接起对方发过来的球,并力争一传到位,组织起进攻战术。

1."中一二"进攻战术

"中一二"进攻战术即由前排中间的3号位队员作二传,把球传给两边的2或4号位队员进攻。当对方发球时,二传队员轮到2号或4号位时,可以在对方发球后换到3号位,如图9-9所示。

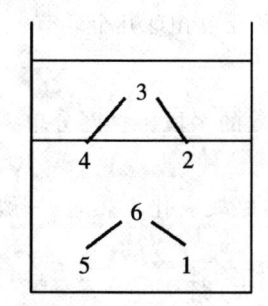

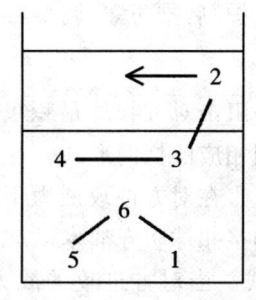

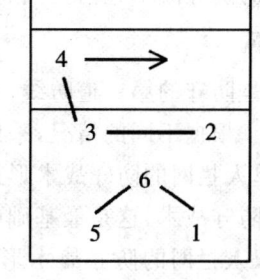

图9-9 "中一二"进攻战术

2."边一二"进攻战术

由前排2号位队员作二传,把球传给3或4号位队员进攻,这种进攻的组织形式称为"边一二"进攻战术。当对方发球时,二传队员轮到4或3号位,可以在对方发球后换到2号位,如图9-10所示。

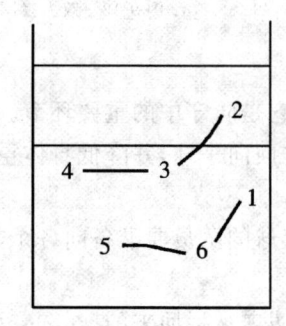

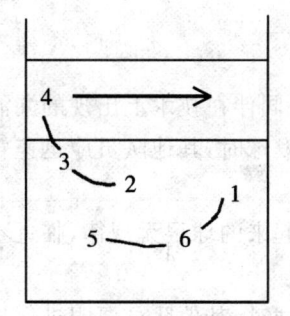

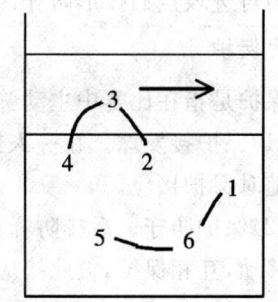

图9-10 "边一二"进攻战术

3."插上"进攻战术

在对方发球后,由后排一个队员插上到前排担任二传,把球传给前排4、3、2号位队员进攻,这种进攻的组织形式称作"插上"进攻战术。当对方发球时,本方二传在 1、6、5 号位时的接发球站位,如图 9-11 所示。

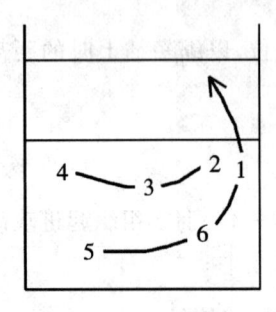

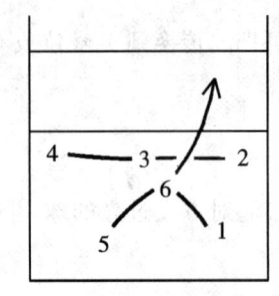

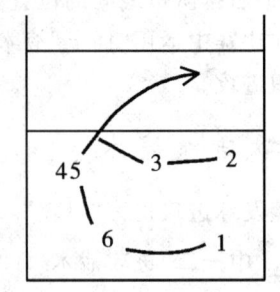

图 9-11 "插上"进攻战术

三、防守战术

排球的防守战术包括拦网、保护、后排防守、调整二传和反攻扣球几个环节。

1. 拦网

拦网是防守的第一道防线,是阻击对方扣球最积极有效的手段。拦网分单人拦网和集体拦网。根据不同的情况,采用相应的拦网形式。

(1)单人拦网的防守战术形式。在对方进攻威力不大,路线变化不多时,一般多采用单人拦网防守战术,这是最基础的接扣球防守战术。

(2)双人拦网的防守战术形式。当对方进攻的威力较大,路线变化较多,单人拦网不足以阻拦对方进攻时,应采用双人拦网防守战术,如图 9-12 所示。

(3)"心跟进"防守战术形式。固定由 6 号位队员跟进保护、防吊球的防守形式。

(4)"边跟进"防守战术。由 1 或 5 号位队员跟进作保护的防守形式。前排不拦网的队员要后撤参加防守,与后排三名队员要形成面对进攻点的弧形防守区。

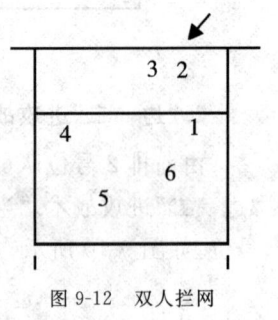

图 9-12 双人拦网

2. 保护

保护是指在比赛中主动弥补同伴在技术上出现的漏洞,它是防守中的重要环节。

(1)保护接发球。在一人接发球时,其他队员应迅速转体面向来球,并降低身体重心,准备随时保护接应。

(2)保护防守。后排防守接起来的球很无规律,临近不接球的队员要准备向各个方向迅速移动,互相保护,彼此接应。

(3)保护扣球。本队队员扣球时,其他队员要跟进保护,防守被拦回来的球。

3. 后排防守

(1)"心跟进"时,由于 6 号位队员跟进保护,所以后场中央容易造成空当,后场 1、5 号位队员应注意补防。

(2)"边跟进"时,1、5号位队员跟进防守,后场两侧易造成空当,6号位队员应注意补防。

训练项目四　熟悉排球运动的主要规则

一、比赛场地、器材与设备

1. 比赛场地

比赛场地为长 18 m、宽 9 m 的长方形。由中线把它分为相等的两个场区。两条长线是边线,两条短线是端线。所有界线的宽为 5 cm,线的宽度均包括在场区内。每个场区各画一条距离中心线 3 m 的进攻线(其宽度包括在内)。中线与进攻线之间为前场区。两条进攻线的延长线之间,记录台一侧边线外的范围为换人区。在两边的端线外,每条边线的延长线上,各画一条长 15 cm 的线,其间为发球区。

2. 球网

球网为黑色,长为 9.50 m、宽为 1 m,架设在中心线的垂直面上。用一根柔软的钢丝从中穿过,将球网固定在网柱上。球网的高度:男子为 2.43 m,女子为 2.24 m。标志杆长 1.80 m,直径为 10 mm,分别设在标志带外沿球网的两侧。标志杆高出球网 80 cm,颜色红白相间。

3. 球

比赛用球的圆周为 65～67 cm,重量为 260～280 g,气压为 0.30～0.325 kg/cm^2。

二、比赛方法

1. 胜一场。正式比赛采用五局三胜制,胜 3 局的队即胜一场。
2. 胜一局。先得 25 分;或当比分出现 24∶24 时,在继续比赛中领先 2 分,为胜一局。决胜局第五局中先得 15 分的队为胜。决胜局中,当一方比分先到 8 分时,双方交换场地,但不休息。
3. 胜一球。比赛中采用每球得分制。

三、暂停

1. 技术暂停

比赛前四局中,当一方先达到 8 分或 16 分时进入技术暂停,时间为 1 min。

趣闻 >>>

1986 年,地中海岛国马耳他创办了一年一度的排球马拉松。排球马拉松从每年 8 月的第一个周末 22 时正式开始比赛。比赛在 6 支队伍间连续轮换进行。1986 年连续进行了 100 个小时,1987 年 120 小时,1988 年 144 小时,1989 年 170 小时,1990 年 180 小时,1991 年 190 小时,1992 年 195 小时,而今已超过了 200 小时。排球马拉松吸引了全城 85% 的人前往观战,受到了国际奥委会、国际排联、欧洲排联等国际体育组织的祝贺。

2. 暂停

比赛前四局中,每队每一局有两次除技术暂停外的暂停机会,每次暂停 30 s。在最后一局决胜局中,没有技术暂停,但每队仍有两次暂停机会,时间仍为 30 s。在决胜局中当一队率先达到 8 分时,两队互换场地。

四、发球与击球等犯规

1. 发球击球时的犯规

(1)发球次序错误

比赛中,某队未按计分表上所登记的发球次序发球为发球次序错误。取得发球权队的 6 名场上队员必须按顺时针方向轮转一个位置,由轮到后排右侧 1 号位的队员发球。发现发球次序错误,队员恢复到正确位置。

(2)发球区外发球

队员发球击球时或跳发球时,踏及场区或发球区以外地面为发球区外发球犯规。跳发球队员击球前允许在发球区外助跑,但起跳时必须在发球区内。

(3)发球击球时球未抛起或持球手未撤离。

(4)发球 8 s。第一裁判员鸣哨发球后 8 s 内,发球队员未将球击出,为发球 8 s 犯规。

2. 发球击球后的犯规

(1)发出的球触及发球队队员或球的整体未能通过球网垂直面为犯规。但发球时,如球触网并进入对方场区内,则比赛继续进行。

(2)界外球

界外球包括:

①发出球的整个落点完全在场区界线以外的地面上;

②发出的球触及场外物体、天花板或非比赛成员等;

③发出的球触及标志杆、网绳、网柱或球网标志杆以外部分;

④球的整体或部分从过网区以外过网。

(3)发球掩护

任何一名发球队的队员,以挥臂、跳跃或左右晃动等动作妨碍对方接发球,而且发出的球从其上空飞过,则构成发球掩护。

(4)位置错误犯规

发球击球瞬间,双方任何一名队员(发球队员除外)不在规则规定的位置上,则构成位置错误犯规。位置错误犯规队的队员恢复原位置。

3. 击球时犯规

(1)四次击球

一个队连续触球四次(拦网除外)为四次击球犯规。

(2)持球

队员接球、击球、吊球时,有接住或抛出动作,造成队员在接球时,球在手中滞留时间较长。

(3)连击

一名队员连续击球两次或球连续触及身体的不同部位(拦网一次和第一次击球除外)为连击犯规。

(4)借助击球

队员在比赛场地以内借助同伴或任何物体的支撑进行击球,为借助击球犯规。

4. 在球网附近的犯规

(1)过网击球

对方进行进攻性击球前或击球时,在对方空间触及球,为过网击球犯规。

(2)过中线

比赛进行中,队员整只脚、整个手或身体其他任何部分越过中线并接触对方场区时,为过中线犯规。

(3)网下穿越进入对方空间并妨碍对方比赛

网下穿越进入对方空间的队员妨碍了对方比赛,属于犯规行为。

(4)触网

比赛进行中,任何队员触及 9.50 m 以内的球网、标志杆和标志带,均为触网犯规。但队员在未试图进行击球的情况下偶尔触网,不应判为犯规。队员击球后,在不影响比赛的情况下,可以触及网柱、网绳和网全长以外的任何其他物体。

5. 拦网犯规

(1)过网拦网

对方进攻性击球前或击球后,在对方空间拦网触球为过网拦网犯规。所谓进攻性击球是指除发球和拦网以外的所有直接向对方的击球,包括扣球、吊球、第三次击球以及对方队员之间进行的有过网趋势的传球。

(2)后排队员拦网

后排队员靠近球网,将手伸向高于球网处阻拦对方来球并触及球,为后排队员拦网犯规。

6. 进攻性击球犯规

(1)后排队员进攻性击球犯规

后排队员在前场区内或踏及进攻线(或延长线)击打整体高于球网上沿水平面的球,并使球的整体由过网区通过球网垂直面或触及对方拦网队员,则为后排队员进攻性击球犯规。

(2)前排队员进攻性击球犯规

在前场区对对方发过来的整体高于球网的球完成进攻性击球(如扣球、吊球等),为前排队员进攻性击球犯规。

以上犯规,均判犯规队失 1 分并换由对方发球。

五、对自由防守队员(自由人)的规定

规则规定,每个参赛队可以在确认参赛的 12 名队员中选择 1 名登记为专门防守的队员,即自由防守队员,又称"自由人"。

1. 对自由防守队员的特殊规定

(1)当运动员被选用并登记为后排防守自由人时,其号码必须与上场6名队员的号码同时登记在第一局的上场位置表上。

(2)自由人在任何地区(包括比赛场区和无障碍区)都不得将高于球网的球直接击入对方场区,完成进攻性击球。

(3)自由人不得发球。

(4)自由人在前场区,包括在无障碍区进行上手传球,当所传的球整体高于球网上沿时,不得进行进攻性击球;当自由人在后场区做同样动作时,则可自由进行进攻性击球。

(5)自由人必须穿与其他队员不同颜色(或不同样式)的上衣。

2. 自由人的替换

(1)自由人的换人不计为正规换人次数,而且次数不限,但在其上、下两次之间必须经过一次发球比赛过程。

(2)自由人只能在比赛中断和裁判员鸣哨之前,从进攻线和端线之间的边线处进出场地(在一局比赛前和核对上场队员号码后,自由人按上述要求进行替换)。

(3)受伤自由人的替换:第一,经过裁判员的允许,受伤的自由人可由登记的任何一名队员来替换,受伤的自由人在该场比赛中不得再参加比赛。第二,替换受伤自由人的队员,在该场比赛中仅限于以自由人的身份参加比赛。

训练项目五　了解沙滩排球

一、概述

沙滩排球1920年起源于美国加利福尼亚的莫尼卡地区,当时沙滩排球纯粹是人们的一种休闲娱乐活动。1927年,沙滩排球开始传入欧洲,20世纪30年代,出现两人制沙滩排球赛。20世纪40年代,出现了由官方组织的两人制比赛。1986年,第一次国际性沙滩排球比赛,在巴西里约热内卢举行。1992年,国际"排联"(FIVB)成立了沙滩排球部。1996年7月23日～28日在亚特兰大海滨,举行了第一次奥运会沙滩排球比赛,沙滩排球正式成为奥运会比赛项目。1998年,国际"排联"经协商,设立了挑战赛、卫星赛和业余赛,作为国际巡回赛以外的重要赛事。

我国沙滩排球起步较晚,1987年7月,我国首次组队参加了沙滩排球国际邀请赛。1990年又派队参加了首届"健牌"国际沙滩排球大奖赛。自1993年国际奥委会确认沙滩排球为正式比赛项目后,中国排协加大了对沙滩排球的普及力度。1998年第13届亚运会上,中国男子沙滩排球选手夺得了我国亚运会历史上第一枚沙滩排球金牌。1998年世界女子沙滩排球公开赛在大连举行,这是我国第一次举办具有国际水平和规模的沙滩排球赛事。1999年,我国又举办了世界女子沙滩排球巡回赛大连公开赛,这是国际"排联"公布世界沙滩排球运动员成绩排名的积分赛。

> 趣闻 >>>

沙排名将——王露

王露出生于历史名城山西太原市。

王露技术全面，进攻犀利。她和老将董娜搭档，在2001年全国沙滩排球巡回赛银川站比赛中，两人配合默契，团结协作，夺得金牌。2001年底，她入选了国家集训队，于2002年初正式首次披上国家队战袍。

在王露的沙滩排球生涯中，有过数名搭档，她表现出深深的感激之情。王露说，自己的第一个搭档是董娜，她是一名老将，技术熟练，心理稳定，经验丰富，对自己的帮助很大。再一个是李颖，一名左手选手，扣球力量大，身体素质好，场上活动范围大，两人合作取得了十运会的亚军。尤文慧则是与她合作时间最长的搭档，一起在国际赛场上征战达三年之久。尤文慧技术细腻，球感好，心理稳定，发挥起伏小，能够很好地弥补自己的弱点，在场上起到"定海神针"的作用。

与王露短暂搭档过的还有田佳，作为中国女子沙排的"大姐大"，王露非常尊重她，认为无论是心理、经验，还是技战术水平，田佳均已达到相当高的水平，是自己学习的榜样。

二、基本技术

1. 发球

发球的位置在球场两边端线延长线和底线之间的任一点，根据基本方式可将其分为低手球、高位球和跳发球。

2. 垫球

垫球一般用双手合握的方式，即两手拇指伸直靠拢在上，一手四指合拢放于另一手虎口处，另一手四指合拢紧握，以拇指合并处的平坦部位接球。接球时身体前倾，两脚分开，眼睛紧盯来球，根据球路调整步伐，手臂要斜下伸直，将球击向预定位置。垫球包括正面双手垫球、侧面双手垫球、背向双手垫球、跨步垫球、单手垫球、滚翻垫球、鱼跃垫球和挡球等。

3. 传球

传球即用托举方式，将球准确传给同伴。传球时两手抬起，肘部稍高于肩部，拇指打开，触球刹那伸直手腕，以腕和肘的力量将球弹出。传球包括正面双手传球、侧面双手传球、背传球和跳传球等。

4. 扣球

扣球是最主要的得分方法，其要求是快、准、狠。扣球时要注意时间的掌握，当身体跃至最高点时，以手掌的下部触球，再以全手掌盖住球体，以全身力量将球往下扣击。扣球包括正面扣球、调整扣球、扣快球、勾手扣球和吊球等。

本项比赛采用国际排球联合会沙滩排球规则,沙滩排球比赛有方式 A 和方式 B 两种方式的比赛。比赛中不得要求替补或代换,假如其他球员因故不能继续比赛,则该队在剩下的局数中,可以三位球员比赛(四人制)。

三、比赛规则简介

1. 器材设备

(1)比赛用球。沙滩排球比赛用球必须是由 12 块或 18 块柔软、不吸水而且具有防滑性能的皮革材料制成,以适应室外的比赛条件,确保即使在下雨时也能进行比赛。球的颜色为浅色或其他鲜明的色彩。球的周长为 65~67 cm,质量为 260~280 g。

(2)球网要求。沙滩排球比赛的球网长 9.5 m,宽 1 m,设置在场地中央中心线的垂直面上。两条标志带宽为 5~8 cm(与边线同宽),分别设在球网两端,垂直于边线。正式比赛球网的高度男子为 2.43 m、女子为 2.24 m;16 岁以下组为 2.24 m;14 岁以下组为 2.12 m;12 岁以下组为 2.00 m(后三组男女同高)。

(3)沙滩排球比赛场地长 18 m,宽为 9 m。由于沙滩排球在地面进行,因此网柱的安装是否牢固尤为重要。网柱在沙地上固定,要先焊接 1.50 m² 的角钢框架,钢架的中部备有与网柱连接的螺孔。安装网柱时,在距两条边线外 0.70~1.00 m 处挖面积为 1.50 m²、深度不少于 60 cm 的坑,将钢架打入沙坑里,用重物压实,用螺栓将网柱与钢架相连,最后用细沙覆盖。

2. 比赛方法

(1)得分方式

①单局制

单局制中先得 15 分为胜,若比分进行到 13∶13 平手时,继续比赛,获胜方至少领先 2 分(16∶14 或 17∶15),但得分上限为 17 分。即当比分为 16∶16 时,先得 17 分的队(领先 1 分)即为胜队。

双方球队的得分合计为 5 分的倍数时,须立即更换场地,如记录台疏失,也应立即换边。掷硬币选择,须在每局开赛前进行,决胜局亦同。

②三局二胜制

★ 在前两局中,由先得 12 分的球队赢得该局,当进行到 11∶11 平手时,先得 1 分为胜者,上限为 12 分。

★ 决胜局仍以先取得 12 分为胜,比赛过程采用得球即得分的形式,当进行到 11∶11 平手时,须继续进行直到领先对方 2 分(13∶11,14∶12,22∶20),无得分上限的限制。

(2)球员位置

球员可自由移动无位置或轮转错误的规定,在四人制比赛中也无前后排之分,但发球顺序不允许有错误。

(3)击球

①一名球员不得连续触球两次(拦网及第一次触及除外)。

②若双方球员于球网的上方同时触球,则接球的一方仍有三次击球权。

③若双方球员在球网的上方因触球而造成"持球",不作犯规处理,继续比赛。

④击球时必须清晰,不可捉球或掷、吊球(本规则与六人制有很大不同)。例外:因对方队员做出猛烈杀球动作而进行防卫时,此种情况下可以用手指做短暂的高手持球。

⑤只要不妨碍对方比赛,球员可进入对方队的空间、场区或无障碍区域。

⑥一次拦网触球算该队的一次击球(拦网触球后,拦网球队将只有两次的击球机会)。

⑦球可以触及身体任何部位。

⑧发球队的队员不得利用掩护妨碍或阻挡对方观察发球队员和球的飞行路线,在对方的要求下必须让开。

(4)暂停。每局比赛中,每队可以有 4 次暂停机会,可以单独使用,也可以连续使用,每次暂停时间为 30 s。

(5)换人。比赛开始后,不允许换人。若 1 名队员不能继续比赛,则判该队输掉这场比赛。一局比赛中最多给予受伤队员一次 5 min 的休息时间。

(6)在比赛中,不允许教练员指导,教练员可以坐在场外观看。

(7)球员号码必须编上 1、2 号(二人制),1、2、3、4 号(四人制)。

➡ 思考题

1. 排球运动的基本技术有哪些?
2. 说出双人拦网"心跟进"防守及"中 1—2"进攻的特点。
3. 排球运动中的团队精神体现在哪些方面?

模块十

乒乓球、羽毛球、网球运动

学习目标

- 了解乒乓球、羽毛球、网球运动的发展过程和水平
- 知道乒乓球、羽毛球、网球运动的基本规则
- 掌握乒乓球、羽毛球、网球运动的基本技术和练习方法,提高灵敏素质,培养勇猛顽强精神

训练项目一　了解乒乓球运动

一、乒乓球运动概述

乒乓球运动起源于英国。它是由网球派生而来的,因此也叫"Table Tennis"(桌上网球)。

> **趣闻 >>>**
>
> 1890年,几位驻守印度的英国海军军官偶然发觉,在一张不大的台子上玩网球颇为刺激。后来他们改用空心小皮球代替弹性不大的实心球,并用木板代替了网球拍,在桌子上进行这种新颖的"网球赛",这就是Table Tennis得名的由来。
>
> Table Tennis出现不久,便成为一种风靡一时的热门运动。20世纪初,美国开始成套地生产乒乓球的比赛用具。最初,Table Tennis有其他的名称,如In-door Tennis。后来,一位美国制造商以乒乓球撞击时所发出的声音创造出Ping-pong这个新词,作为其制造的"乒乓球"的专利注册商标。Ping-pong后来成了Table Tennis的另一个正式名称。当它传到中国后,因其打击时发出"ping pang"的声音而得名。

1926年12月6日至12月11日,在英国伦敦举行了第一届欧洲乒乓球锦标赛。比赛期间,召开了一次国际"乒联"全体代表大会。会议通过了正式成立国际乒乓球联合会的决议和国际"乒联"的章程,讨论了乒乓球的比赛规则,推选了英国乒协的负责人蒙塔古为国际"乒联"第一任主席。

世界乒乓球的发展经历了以下五个时期:1926—1951年,欧洲乒乓球运动的全盛时期;1952—1959年,日本称雄世界乒坛时期;1961—1969年,中国乒乓球运动的兴起;1971—1978年,欧洲乒乓球运动的复兴与欧亚对抗时期;1980年至今,欧、亚竞争激烈,中国逐步称霸。

二、乒乓球的基本技术

1. 球拍的握法

(1)直拍的握法

①近台快攻型握法。拍前,以食指第二指关节和拇指第一指关节扣拍;拍后,其他三指弯曲贴于拍的1/3上端。简称中钳式,如图10-1所示。

②直拍削球握法。大拇指弯曲,紧贴拍柄的左侧,用力下压,其余四指自然分开托住拍的后面。

(2)横拍的握法

横拍的握法是:虎口贴拍,食指在拍前,拇指在拍后,又称"八字式"。正手攻球时,食指稍向上移动;反手攻球时,拇指稍向上移动。

2. 站位与基本姿势

(1)基本站位

一般站位距球台50~150 cm。进攻型打法的站位稍近些,削攻型打法的站位稍远些;个高的远些,个矮的近些;擅长正手侧身强攻的站位偏右些,擅长打相持球或反手的可站于球台中间略偏反手的位置。

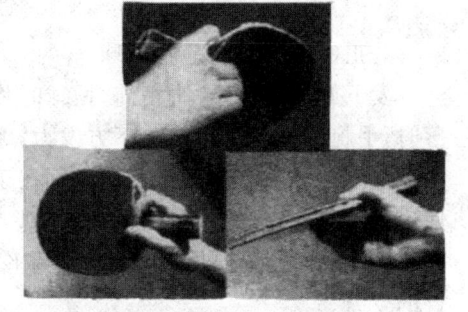

图10-1 近台快攻型握法

(2)姿势

进攻型打法的基本姿势(以下均以右手执拍者为例)为:两脚开立,比肩稍宽,左脚稍前,右脚稍后,前脚掌内侧着地,脚后跟略抬起;两膝自然微屈,重心在两脚之间;含胸收腹,身体略前倾;肩关节放松,执拍手位于身前偏右,拍略高于台面。

3. 发球

(1)发球技术

①平击发球

左手托球置于身体右侧,右手执拍也置于身体右侧。发球开始时执球手将球向上抛起,同时右臂稍向后引拍,在球略低于网时,执拍手从身体右后方向前挥拍,拍面稍前倾,击球的中上部,如图10-2所示。

图 10-2 平击发球

②反手发球

右脚在前,将球置于左掌心,手掌伸平,然后将球抛起,右手执拍从身体左后方向前挥动,拍面稍前倾,击球中上部,如图 10-3 所示。

图 10-3 反手发球

③正(反)手发转与不转球

发下旋短球时,左脚稍前,抛球时将球引至肩高,手腕略向外展,拍面略向后仰,球回落时,手腕和前臂迅速向前下方发力,摩擦球的中下部。

发不转球与转球动作上的区别在于触球的瞬间减小拍面后仰角度,并稍加前推力量,使作用力线接近球心,从而形成不转。

发转球时,触球的刹那拍面稍躺平,从球的中下部向底部摩擦,手腕的发力要大于前臂的发力。

反手发不转球时,触球的刹那拍面稍立起,击球的中下部,手臂迅速向前稍加推力将球发出,以前臂发力为主。

④正手高抛发球

执球手用力将球平稳地往上抛直,同时腰和腿顺势向上稍挺伸,重心在左脚。待球下降在接近腰部偏右处(离身体约 15 cm)时,执拍手臂由腰部右后方向左前方挥拍击球,身体重心顺势移到右脚,在击球瞬间,手臂和身体其他部位集中发力摩擦球,其中手腕的发力是主要的。

(2)发球的练习方法

①徒手做发球前的准备姿势,模仿抛球及发球的动作。
②在台前用多球做发球练习。
③先练习发斜线球,后练习发直线球;先练习发不定点球,后练习发定点球。
④练习发各种旋转性的球。
⑤练习用同一手法发不同旋转和落点的球。

4. 接发球

接发球的方法很多,主要包括点、拨、拉、搓、推、削、摆短、撇等。在比赛中要减少被动甚至变被动为主动,就要比较全面地掌握接发球技术,并加以灵活运用。

(1)接发球技术

①要根据对方发球的位置来决定自己的站位,根据对方发球时摆臂振幅的大小和手腕用力的程度来推断来球落点的远近和旋转的强弱。

②接台内短球时,多用手腕、手指的突然发力,用点、拨、摆短、撇、搓等方法回接。

③接长球、快球时,可多用前臂的力量进行快带、借力挡、发力攻、发力拉的方法回接。

(2)接发球的练习方法

①固定用推挡、搓球、削球或拉球中的一种接单一发球。

②练习接旋转球。

③练习接球后控制落点。

④练习接发球结合防御。

⑤练习拉球或抢攻的接发球。

5. 挡球和推挡球

挡球是初学者首先应学习的一项技术。推挡球站位近,动作小,球速快,在比赛中常利用其速度和落点变化压制对方攻势。

(1)挡球与推挡球技术

①挡球。身体离球台约 50 cm。前臂与台面平行伸向来球。前臂和手腕稍向前移动,借助来球的反弹力将球挡回。在上升期击球的中部,拍面与台面接近垂直。

②减力挡。在触球的刹那,手臂前伸的动作要骤然停止,球拍轻轻后移,以减弱来球的反弹力。

③快推。击球时,前臂开始向外推击,同时手腕旋转,食指压拍,拇指放松使拍面前倾。在上升期击球的中上部,将球快推回去。

④加力推。击球时间比快推稍慢。前臂向后收,使球拍稍微提高些,调整好拍面角度。在上升期击球的中上部,靠前臂向前推压发力。

(2)挡球和推挡球的练习方法

①徒手练习挡球或推挡球的模仿动作,体会动作要点。

②用正(反)手做对墙练习。

③两人在台上对练挡球。不限落点,只要动作正确并能击球过网即可。

④一人逐渐加力推挡,另一人用均匀力量推挡,定时轮换。

⑤一人用均匀力量推挡,另一人在推挡中结合下旋推挡。

⑥先对推斜线,再对推直线。

6. 攻球

乒乓球的攻球技术分为正手攻球、反手攻球和侧身攻球技术。

(1)正手攻球技术

①正手快攻

正手快攻时应近台站位,前臂与地面基本平行,以前臂发力为主,手腕控制拍面与台面呈 80°左右,触球的中上部,将球直接向前、向下击出。

②正手扣杀

正手扣杀的站位远近要视来球的长短而定。挥拍击球时,要用腰腿部带动手臂,以增

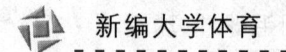

大手臂的力量。用手腕控制球的落点,同时与整个手臂一起直接向前、向下用力,球拍触球的中上部。

③横拍正手攻球

横拍正手攻球如图10-4所示。

图10-4 横拍正手攻球

(2)反手攻球技术

①直拍反手攻球

直拍反手攻球时,两脚分开(初学者可右脚稍前),体略左侧,右髋和腰右侧略向左后侧压转重心,双膝微屈,前臂稍向后摆,举拍稍高。击球时,髋关节略向右转,前臂向右前方用力,肘部内收,左肩稍向后拉,击球的中部稍偏左部位,手腕辅助发力,略微摩擦球,食指掌握好拍面,拍后中指决定发力方向。

②横拍反手攻球

横拍反手攻球在引拍时,腰髋略向左转的同时,带动前臂略向后引拍,手腕略后屈。击球时,在腰髋略向右转的同时,前臂手腕向前右方发力,触球的中部或中上部,前臂和手掌背部的运行方向决定击球的方向,拇指控制拍面和击球弧线。以前臂发力为主,在借力中发力,在球的上升期,反手弹击触球中上部,如图10-5所示。

图10-5 横拍反手攻球

(3)攻球技术的练习方法

①原地徒手练习攻球技术动作,体会挥臂手法、腰部扭转和重心交换并结合步法的练习等要领。

②单个动作练习。一人发球,一人反复练习各种攻球动作。

③对攻练习。练习正手对攻斜线、正手对攻中路、侧身正手对攻斜线等。

④推和攻结合练习。两人练习对推斜线、推中侧身抢攻、推中结合反手攻等。

7. 搓球

(1)慢搓

慢搓击球时,拍面稍后仰,前臂向前用力,配合手腕动作,在球的下降期击球的中下部。

微课:乒乓球基本技术2

(2)快搓

快搓时应近台站位。摆短球时,重心前移,手臂前伸,在球的上升前中期击球;拍面稍后仰,触球的中下部,动作幅度很小,手腕在摩擦球时还有一定的减力动作。劈长球时,在球的上升期后段或高点期,手腕、前臂用力向前下方砍去,发力较集中,动作幅度比摆短大。

(3)搓球的练习方法

①徒手模仿练习。

②自己练习向球台抛球,弹起后将球搓过网。

③练习用搓球接发球。

④对搓练习。

8.削球

削球是一种防御性技术,具有稳健性好、冒险性小的特点,但威胁性不如攻球。

(1)正手削球

正手削球时,右脚稍后,体略右侧,双膝微屈,拍面竖立,引拍至肩高附近。在来球的下降前期,前臂在上臂的带动下,随身体重心的移动向下、向前、向左挥动,触球的中下部,手腕控制好拍面并附带摩擦球的动作。

(2)反手削球

反手削球时,左脚稍后,体略左侧,拍面竖立。前臂在上臂的带动下,随身体重心的移动向下、向前、向右挥动,在来球的下降前期触球的中下部,手腕控制好拍面并附带摩擦球的动作。

(3)削球的练习方法

①徒手模仿练习。

②练习接发球时,用正(反)手将球削回。

③练习正(反)手结合向固定落点削球。

④近削逼角练习。即一人拉球,另一人用正(反)手将球削到对方左(右)角。

9.弧圈球

(1)正手拉加转弧圈球

正手拉加转弧圈球在引拍时,左脚在前,右脚稍后,两膰微屈,身体略向右扭转,腹微收,髋稍向右后下方压转,手腕略向后拉,球拍低于来球;击球时,右脚掌内侧蹬地,稍伸膝,以腰髋的扭转带动手臂由后向前挥动,在击球瞬间,快速收缩前臂,击球的中部或中上部,将其迅速转为向前上方的摩擦球;在球的高点期或下降前期击球,拍面与台面垂直或稍前倾。为提高拉球的旋转和速度,直拍选手的中指应加速手腕在触球瞬间的甩劲,如图10-6所示。

图10-6 正手拉加转弧圈球

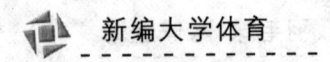

(2)反手拉弧圈球

反手拉弧圈球在引拍时,两脚基本平行,间距略大于肩,双膝自然弯曲,腰髋略向左转,稍收腹,前臂自然弯曲,引拍动作为向左后方画一小弧;击球时,两脚用力蹬地,伸膝、展腹、腰髋略向右转,前臂带动手腕并向右前方发力,击球的中部,使其立即转为摩擦球,用拇指调节击球的弧线。

(3)弧圈球的练习方法

①徒手模仿练习拉弧圈球的动作。

②一个人发中路出台的下旋球,另一个人练习拉弧圈球。

③一人推挡,另一人练习连续拉弧圈球。

④一人削球,另一人练习连续拉弧圈球。

⑤结合其他技术练习拉弧圈球。

10.乒乓球的基本步法

(1)单步

单步即以一只脚为轴,另一只脚向前、后、左、右不同方向移动,重心随之跟上,具有移步简单、灵活和重心平稳的特点。一般在离身体不远的小范围使用。

(2)跨步

跨步即以一只脚蹬地,另一只脚向移动方向跨一大步,蹬地脚随之跟上半步。

(3)并步

并步即以一只脚先向另一只脚移动一小步,落地后另一只脚向同方向移动。

(4)跳步

跳步即以来球同方向脚蹬地为主,双足有瞬间的腾空,离来球远的脚先落地,另一只脚后落地。

(5)交叉步

交叉步即近来球方向的脚尖先转向来球方向,并略移半步;远来球方向的脚向来球方向跨一步,在体前瞬间成交叉状态,身体随之向来球方向转动,另一只脚再跟上一步,身体重心随手臂挥动方向略转。

(6)小碎步

小碎步即较高频率的原位小垫步,或小范围的小跑步。

(7)小跳步

小跳步即两脚掌几乎同时轻跳或垫一下。

三、乒乓球的基本战术

1.近台快攻型打法的基本战术

近台快攻型打法包以下五种打法。其共同特点是:站位近台,以速度为主,打在前面,即先发制人。

(1)发球抢攻

①反手发右侧上(下)旋球,发至对方中路靠右近网处,伺机攻对方左方。

②发追身急球(球速越快越好),使对方不能发挥其正(反)手攻球的威力,然后侧身进攻对方中路或两角。

③发急下旋长球至对方左角,配合近网短球,然后侧身抢攻。

(2)左推右攻

①当推挡略占上风时,或在侧身抢攻获得成功后,对方往往会主动变线到正手,此时应以有力的正手攻球进行回击。

②主动推变直线,引诱对手回斜线,用正手攻直线反击对方空当。

③有时可伴作侧身,诱使对方变线,给自己创造正手回击的机会。

(3)两面攻战术

①反手发右侧上(下)旋球至对方右侧近网处,造成正(反)手抢攻的机会。

②反手发底线急球或急下旋球至对方左侧,然后伺机用正(反)手抢攻。

③正手发左侧上(下)旋或转与不转球,伺机进行抢攻。

(4)反手攻直线

①在连续用反手攻对方的反手后,穿插先调右方(以反手直线球攻对方正手空当),再攻左方。此战术对左推右攻选手比较有效。

②当对方侧身进攻时,用反手攻或推挡变直线反袭对方正手空当,然后正手扣杀。

(5)正(反)手连续进攻

①以正(反)手连续攻打对手较弱的一方,然后伺机重扣。

②以正(反)手连续攻对方左、右两角,伺机扣杀。

2. 弧圈球型打法的基本战术

(1)发球抢拉

①正手(或侧身)发强烈下旋球至对方左侧近网处,迫使对方回搓,然后拉加转弧圈球到对方反手或中路。

②反手发右侧上(下)旋球至对方中路偏右或偏左,然后拉前冲弧圈球至对方两大角。

③反手发急下旋球至对方中路偏右或偏左方大角。当对方回击搓球时,拉前冲弧圈球至对方正手。

(2)接发球抢拉

对方发侧上旋球和不太转的球时,用前冲弧圈球回击;对方发侧下旋或强烈下旋球时,用加转弧圈球回击。

(3)搓中拉弧圈球

①在对方搓短球时,突然加力搓左角长球,然后侧身拉加转弧圈球找机会扣杀。

②多搓对方正手,使其不能逼左大角,伺机抢拉弧圈球到对方反手或中路,再冲两角。

3. 对攻打法的基本战术

(1)在对付两面攻打法时,应充分利用正手拉弧圈球攻其中路,再压其反手或突击正手。

(2)对付左推右攻打法时,可先以弧圈球拉住对方左角,然后转拉中路偏右或正手。

4. 弧圈球结合扣杀

(1)拉加转弧圈球结合扣杀。

(2)拉前冲弧圈球迫使对方远台回击,然后放短球,再扣杀。

(3)拉加转弧圈球与不转弧圈球相结合,伺机扣杀。

5.拉搓结合

拉搓结合应以拉攻为主,配合搓攻。在拉球中利用突然性的搓球,把对手引到近台接球,伺机进行突击。

6.搓攻

(1)搓转与不转球(配合侧旋)迷惑对方,伺机进攻:先加转,再搓不转;先搓不转,突然加转。

(2)用搓球控制落点,调动对方,伺机进攻:交叉搓两角,突击两角或中路;连续搓一角,突击另一角;先搓短球,突然搓底线长球,伺机突击或拉弧圈球。

四、双打

双打是乒乓球运动中,由两个人合作进行比赛的项目。因此,两个人只有团结合作、互相配合、互相鼓励、互相谅解、互相信任,才能取得胜利。

双打比赛一般以同类型打法的搭配为多,以利于发挥特长。

1.双打的竞赛方法

乒乓球台中间有一条线叫"中线",这条线将球台分为左、右两个半区,其中双方的右半区是各自的发球区。发球必须从本方的发球区发入对方的发球区。发球和接发球的次序如下,如图10-7所示。

甲1发球,乙1接发球;乙1发球,甲2接发球;甲2发球,乙2接发球;乙2发球,甲1接发球。依此类推,直到一局比赛结束。

2.双打的练习步骤

(1)以一方发球和发球抢攻为主的练习。

(2)以一方接发球为主的练习。

(3)以发球区为限的近台或远台对攻练习。

(4)用左半球台练习。

(5)一人对两人的练习。

(6)在移动中控制击球路线,使同伴缩小移动范围的练习。

(7)移动中配合与控制回球落点的专门练习。

(8)提高发球抢攻质量的练习。

图10-7 双打

五、乒乓球运动的主要规则

1.球台

(1)球台的上层表面称为比赛台面,应为与水平面平行的长方形,长2.74 m,宽1.525 m,厚3.5 cm,高0.76 m。

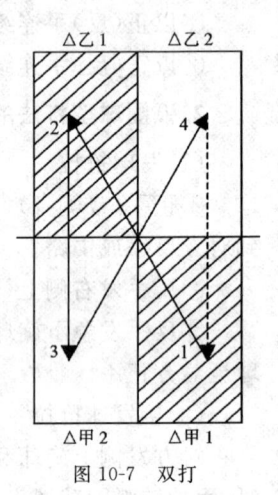

(2)比赛台面应呈均匀的暗色,无光泽,比赛台面边缘有一条2 cm宽的白色线。

(3)双打时,比赛台面上应有一条3 mm宽的白色中线,将比赛台面划分为两个相等的"半区"。中线应视为右半区的一部分。

2. 球网装置

球网应悬挂在一根绳子上,绳子两端系在高15.25 cm的直立网柱上,网柱外缘距边线外缘15.25 cm。

3. 球

球应为圆球体,直径为40 mm,质量为2.7 g。

4. 球拍

球拍的大小、形状和重量不限,拍面应用一层颗粒向外的普通颗粒胶覆盖,连同黏合剂厚度不超过2 mm;或用颗粒向内或向外的海绵胶覆盖,连同黏合剂厚度不超过4 mm。

5. 发球

(1)选择发球与接发球由抽签来决定,中签者可以选择先发球或先接发球。

(2)在每获得2分之后,接发球方即成为发球方,依此类推,直至该局比赛结束;或者直至双方比分都达到10分,然后实行轮换发球法。这时,发球和接发球次序仍然不变,但每人只轮发一分球。

6. 合法发球

(1)发球时,球应放在不执拍手的手掌上,手掌张开并伸平。球应是静止的,在发球方的端线之后和比赛台面的水平面之上。

(2)发球员须用手把球几乎垂直地向上抛起,不得使球旋转,并使球在离开不执拍手的手掌之后上升不少于16 cm。

(3)当球从抛起的最高点下降时,发球员方可击球,使球首先触及本方台区,然后越过或绕过球网装置,再触及接发球员的台区。在双打中,球应先后触及发球员和接发球员的右半区。

(4)从抛球前球静止的最后一瞬间到击球时,球和球拍应在比赛台面的水平面之上。

(5)击球时,球应在发球方的端线之后,但不能超过发球员身体(手臂、头或腿除外)离端线最远的部分。

7. 合法还击

对方发球或还击后,本方运动员必须击球,使球直接越过或绕过球网装置,或触及球网装置后,再触及对方台区。

8. 比赛次序

(1)在单打中,首先由发球员合法发球,再由接发球员合法还击,然后两者交替合法还击。

(2)在双打中,首先由发球员合法发球,再由接发球员合法还击,然后由发球员的同伴合法还击,再由接发球员的同伴合法还击,此后,运动员按此次序轮流合法还击。

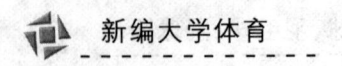

9. 重发球

出现下列情况应判重发球：

(1)发球员发出的球，在越过或绕过球网装置时，触及球网装置，此后成为合法发球或被接发球员或其同伴阻挡。

(2)接发球员或其同伴未准备好时，球已发出，而且接发球员或其同伴均没有试图击球。

(3)由于发生了运动员无法控制的干扰，而使运动员未能合法发球、合法还击或遵守规则。

10. 得分

除被判重发球的回合，下列情况运动员得1分：

(1)对方运动员未能合法发球。

(2)对方运动员未能合法还击。

(3)对方击球后，该球越过本方端线而没有触及本方台区。

(4)对方阻挡。

(5)对方连击。

(6)对方用不符合规定条款的拍面击球。

(7)对方运动员或其穿戴的任何东西使球台移动。

(8)对方运动员或其穿戴的任何东西触及球网装置。

(9)对方运动员不执拍手触及比赛台面。

(10)双打时，对方运动员击球次序错误。

(11)执行轮换发球法时，接发球运动员或其双打同伴，包括接发球一击，完成了13次合法还击。

11. 一局比赛

在一局比赛中，先得11分的一方为胜方，10平后，领先2分的一方为胜方。

12. 一场比赛

(1)一场比赛应采用七局四胜制或五局三胜制。

(2)一场比赛应连续进行。但在局与局之间，任何一名运动员都有权要求不超过2 min 的休息时间。

训练项目二　了解羽毛球运动

一、羽毛球运动概述

现代羽毛球运动大约诞生于1800年的英国，由网球派生而来。1870年，出现了用羽毛、软木做的球和穿弦的球拍。1873年，英国公爵鲍弗特在格拉斯哥郡伯明顿镇的庄园里进行了一次羽毛球表演。从此，羽毛球运动便逐渐开展起来，"伯明顿"即成了羽毛球的名字,英文的写法是"Badminton"。

那时的活动场地是葫芦形的,两头宽中间窄,窄处挂网,直至 1901 年才改成长方形。1877 年,第一次成文的羽毛球规则在英国出版。1934 年,国际羽毛球联合会在英国成立,它是第一个世界性的羽毛球组织。1978 年,世界羽毛球联合会成立。

目前由国际羽毛球联合会组织的世界性比赛有汤姆斯杯赛、尤伯杯赛、苏迪曼杯赛和世界羽毛球锦标赛。

现代羽毛球运动约于 1910 年传入我国。1953 年在天津举行了全国篮球、排球、网球、羽毛球四项球类运动会,羽毛球为表演项目,这是羽毛球首次全国性表演赛,同时规定从 1956 年起,每年举行一次全国性比赛。20 世纪 80 年代的中国羽毛球运动蒸蒸日上,在世界各大比赛的赛场上全面开花,男、女羽毛球队先后成为世界最强者。在 2000 年奥运会上中国羽毛球队夺得了男单、女单、女双、混双四项冠军,并于 2002 年取得了第八次夺得尤伯杯的辉煌战绩。

二、羽毛球的基本技术

1. 握拍(以右手持拍为例)

(1)正手握拍法

正手握拍法在握拍之前,先用左手拿住球拍,使拍面与地面垂直。再张开右手,使手掌下部靠在球拍的握柄底托部位,虎口对着球拍框即对着球拍的侧面,如图 10-8 所示。小指、无名指、中指自然并拢,食指与中指稍分开,自然弯曲并且贴在球拍上。握拍的时候不要过于用力,手部肌肉要放松,只是在击球的刹那,手指突然紧握拍把而发力。

(2)反手握拍法

反手握拍法在正手握拍法的基础上把球拍框往外转,拇指前内侧部位贴在球拍把的窄面部位,食指往中指、无名指和小指方向稍收回,如图 10-9 所示。

图 10-8 正手握拍法　　图 10-9 反手握拍法

2. 发球

发球是羽毛球运动的一项重要的基本技术,主要包括正手发高远球、正手发平射球、正手发网前球、反手发网前球、反手发平射球等。

(1)正手发高远球

正手发高远球时,站在离前发球线 1 m 左右、发球场区中线附近,面对球网,左脚在前,右脚在后,两脚自然分开。身体重心放在右脚上面,身体自然地微微向后仰,右手向右后侧举起,肘部稍弯曲,左手拿球并自然地在胸前弯曲,如图 10-10 所示。发球时,左手把球举在身体靠右前方并放下,使球下落;右手同时由大臂带动小臂,以小臂加速球拍从右后方向前,并往左前方挥动。当球落到击球人腰部稍下的刹那,紧握球拍,手腕向前上方、以向前方为主鞭打击球。

(2) 反手发网前球

反手发网前球时,站位靠近前发球线,左脚或右脚在前均可,身体重心在前脚,上体前倾,后脚脚跟提起。右手反握在拍柄稍前部位,肘部关节部位提起,手腕稍前屈,球拍低于腰部,斜放在小腹前。左手持球在球拍面前方,如图 10-11 所示。发球时,球拍由后向前推送击球,使球的最高弧线略高于网顶,通过拍面的切削动作使球落到对方场区的前发球线附近。

图 10-10 正手发高远球

(3) 反手发平射球

反手发平射球时,球拍的挥动方向与反手发网前球一样,只是在击球刹那,手腕采用弹击方法,拍面以接近垂直角度击球。

3. 击球

羽毛球运动的各种回击球技术,统称为击球法,也称手法。

图 10-11 反手发网前球

(1) 正手击高远球

正手击高远球时,身体侧面对球网,左脚在前,重心在后脚前脚掌上,屈肘将拍举到肩上,拍面对网,当球下落时,引拍至头后,双脚蹬地和腰腹协调用力,大臂带动前臂向上,肘关节上升,前臂向前"甩"出,触球时手臂伸直,"闪"动手腕,如图 10-12(a) 所示,把球击向后方,如图 10-12(b) 所示。

(2) 反手击高远球

反手击高远球时,看准来球,迅速把身体转向左后方,移动到适当的击球位置,背对球网,并用反手握拍法握拍;最后一步右脚跨向左后方,球拍由身前举到左肩附近,以大臂带动前臂转动,击球时前臂由左肩上方往下绕弧形,击球刹那握紧球拍,击球点在右肩上方为好,手腕应往右后上方或者根据还击的需要掌握好球拍的角度,以鞭打方式击球,把球击向后上方,如图 10-13 所示。

图 10-12 正手击高远球   图 10-13 反手击高远球

(3) 击平高球

击平高球与击高远球一样，也可以分别用正手或者是反手技术。其击球前的准备动作与用正手头顶或者是反手击高远球的准备动作相似，只是在击球的刹那，手腕是向前用力而不是向前上方用力。

(4) 正手击直线高球和对角高球

正手击直线高球和对角高球时，在右后场区的击球位置，左脚在前，右脚在后，稍屈膝，侧身对网，重心在右脚前脚掌，左手自然上举，抬头注视来球，右手持拍于身体右侧。击球前，重心下降准备起跳。起跳的同时右臂后引、胸舒展。当球落至额前上方击球点时，上臂往右上方抬起，肘部领先，前臂自然后摆，手腕尽量后伸，前臂急速内旋向前上方挥动，手腕向前鞭打发力击球托的后部，球即朝直线方向飞行；若手腕控制拍面击球托的右侧下部，球则向对角方向飞行。

(5) 拦吊（拦截吊）

拦吊通常是把对方击来的平高球拦截回去（落点一般离网较近），击球时拍面正对来球，当拍面和球接触时，只要轻轻拦切或点击，球即以较平的弧线、较慢的速度越过球网垂直下落。

(6) 轻吊

轻吊击球前的动作和击高球相似（落点离网较近）。击球时，拍面正对来球，在接触球的刹那，突然减速轻点或轻切来球，使球刚一过网就下落。

(7) 反手接杀挑后场高球

反手接杀挑后场高球前，前臂内旋，手腕外展，引拍至左前侧。击球时，上臂支撑，前臂急速往右前方挥摆，手腕由外展至后伸闪动，握紧球拍，加上拇指的顶力，全速挥拍击球，使球向直线方向飞行。若向对角线方向挥拍，则球向对角方向飞行。

(8) 正手接杀挑直线后场高球

当对方杀右边线球时，右脚向右侧跨一大步到位。随步法移动往右侧引拍，右臂在稍向右后摆的同时稍带有外旋，手腕后伸到最大限度，使球拍迅速后摆，紧跟着右臂急速向前挥动并略有外旋，手腕从后伸到伸直闪动。这时，肘起着"支点"作用，拍面对准来球，击球托的中下部，使球向直线高远方向飞行。

(9) 头顶扣杀直线球

头顶扣杀直线球的准备姿势同头顶击高球，不同之处是挥拍击球时，靠腰腹带动大臂、前臂、手腕做鞭打动作，全力直线向下方击球，拍面和击球用力方向水平面的夹角小于90°。

4. 步法

羽毛球比赛时，运动员在场上为了跑到适当的位置击球常采用蹬步、垫步、交叉步、跨步等快速、准确的移动方法，称为步法。

(1) 蹬步

当判断来球是网前球时，两脚轻跳将重心调至左脚，同时左脚用力蹬地，右脚向来球方向大步跨出，使身体迅速向来球方向移动，击完球后，右脚先着地，左脚紧跟着着地，并迅速移动，返回球场中心位置（也可以根据具体情况调整身体的位置），准备下一次击球。

(2) 垫步

当判断来球是网前球时，两脚轻轻上跳将重心调至左脚，右脚迅速向来球方向迈出一步，左脚迅速跟上，右脚用力蹬地使右脚向前迈出一大步。脚后跟、脚掌外侧先着地，然后全脚着地缓冲，右腿成弓箭步，控制住身体，保持正确的击球姿势。

(3) 交叉步

当判断来球是后场球时，两脚向上轻跳将重心调至右脚，紧接着右脚蹬地，身体右转，右脚向来球方向迈出一步；随着右脚的着地，左脚经体后交叉移至右脚外侧；然后右脚迅速向后再移动一步，当右脚着地时，迅速向上蹬，使击球点增高，同时左脚向身后伸出。当击球完成时，左脚以前脚掌先着地，然后右脚着地，左脚着地时要缓冲、制动、回蹬连接紧凑，使身体迅速返回球场中心位置。

(4) 跨步

当判断来球是网前球时，两脚向上轻跳将重心调至右脚，左脚迅速蹬地向前迈出一步，当左脚刚着地时，右脚加速蹬地向前跨出，左腿用力使右脚向前大跨一步，着地时，按右脚脚后跟、脚掌外侧的顺序着地。上体前倾，右腿成弓箭步，前腿用力缓冲，控制住身体，保持正确的击球姿势。

三、羽毛球基本战术

战术与打法的关系是很密切的。在实战中，战术是根据双方的打法和场上的具体情况而定的。"以己之长，攻彼之短"是基本原则，现简单介绍一些常用的战术。

1. 发球抢攻战术

发球抢攻战术即从发球的第一拍起，争取控制对方，以攻杀得分。这种战术多用于发网前低球结合平快球、平高球，争取第三拍的主动进攻。用这种战术对付应变能力较差的对手，或实施于比赛的关键时刻，效果往往很好。实施这一战术时，应有高质量的发球予以保证，否则很难成功。

2. 攻后场战术

攻后场战术是指通过击高球、重复压对方的底线两角，造成对方的被动，然后寻找机会进攻。用它来对付初学者，或后场还击能力较差，或后退步法较慢以及急于上网的对手是很有效的。

3. 攻前场战术

对网前技术较差的对手，可运用攻前场战术，先将其吸引到网前，然后再攻击其后场。采用此战术，自己首先要有较好的网前击球技术。

4. 打四方球战术

若对手步法较慢，体力较差，技术不全面，则可以通过快速准确地控制落点攻击对方场区的四个角落，寻找机会向空当进攻。此战术的主要目的是通过打落点，逼迫对方前后奔跑、被动应付，并在其回球质量下降或露出破绽时乘虚攻之。

5. 杀、吊上网战术

对于对手打来的后场高球，本方先以杀球配合吊球把球下压，落点应选在场区的两条边线附近,迫使对手被动回球。当对手回网前球时,本方应迅速上网搓球、勾对角球或平推球,创造在中场大力扣杀的机会。这种战术必须能很好地控制杀、吊球的落点,在迫使对方被动回球时,才能主动迅速上网。

6. 打对角线战术

对付身体灵活性差、转体较慢的对手,不论是进攻还是防守,均应以打对角线球为主。这样,对方会因移动困难而被动,为本方创造进攻机会。

7. 防守反击战术

在对方主动进攻、本方被动防守时,本方可高质量地接杀挡网,或抓住对方攻杀力量减弱,或落点不好的机会,以平抽底线球还击对方后场,扭转被动局面,进行反击。

8. 攻人战术

双打比赛中,应集中攻击对方有明显弱点的人,并伺机攻击另一人因疏忽而露出的空当,或对此人偷袭。双打比赛中的配对选手的技术,一般总有一人稍好些,另一人稍差些。即便两人水平相差不多,若能集中力量攻击其中一人,也可给其造成很大的心理压力,从而迫使其出现失误。

9. 后攻前封战术

双打比赛中,当本方处于主动进攻前后站位时,站在后场的队员见高球就杀或吊网前球,迫使对方接球挡网前,从而为本方前场队员创造封网扣杀机会。前场队员要积极封锁网前,迫使对方被动挑高球。一旦对手挑高球达不到后场,就为本方创造了再次进攻的机会。

10. 攻中路战术

双打比赛中,当对方分边半场站位防守时,将球攻击到对方两人的中间位置;当对方前后站位时,可将球下压或平推半场两边。这样可使对方因互抢或互让而出现失误。

四、羽毛球运动的主要规则

1. 球场

(1)羽毛球球场应是一个长方形,长为 13.4 m,单打场地宽为 5.18 m,双打场地宽为 6.1 m,用宽为 20 mm 的线画出,如图 10-14 所示。

(2)场地线的颜色最好是白色、黄色或其他容易辨别的颜色。

2. 网柱

(1)从球场地面算起,网柱高 1.55 m,用铁质材料制成。标准的网柱由柱杆及柱底盘两部分组成:靠近柱杆中部设有滑轮装置,用于扣紧拉挂球网的绳索。柱底盘由有一定质量的铅块构成,同柱杆下端连接在一起,以保持网柱重心的平衡。

(2)不论进行的是单打还是双打比赛,网柱或代表网柱的条状物,均应置于双打边线上。

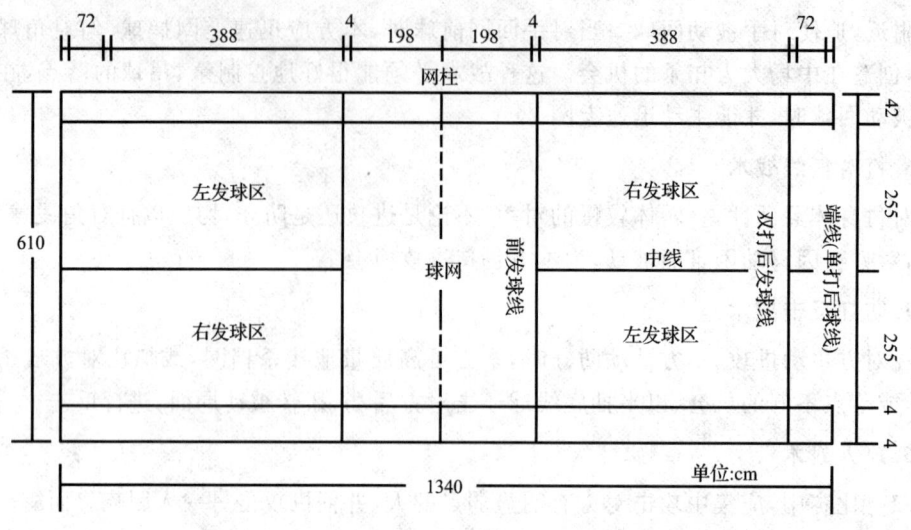

图 10-14 羽毛球场

3. 球网

(1)羽毛球球网全长 610 cm,宽 76 cm,球网的最上端以 75 mm 的白布对折缝合,用细钢丝绳从中穿过并悬挂在两端的网柱上。

(2)球网中心距离地面 1.524 m,在网柱上的两端距离地面 1.55 m。

(3)球网一般用深绿色或深褐色的优质细绳织成。网孔为方形,各边长均为 15~20 mm。

4. 羽毛球

羽毛球可由天然材料、人造材料或用二者混合制成,只要球的飞翔性能与用天然羽毛和包裹羊皮的软木球托制成的球的性能相似即可。

(1)羽毛球应有 16 根羽毛固定在球托部。

(2)羽毛长 64~70 mm。但每一个球的羽毛从托面到羽毛尖的长度应一致。

(3)羽毛顶端围成圆形,直径为 58~68 mm。

(4)球托直径 25~28 mm,底部为圆形。

(5)羽毛球质量为 4.74~5.50 g。

5. 球拍

(1)羽毛球球拍多用铝合金或碳素纤维制成。球拍由拍柄、拍弦面、拍头、拍杆、连接喉组成整个框架。

(2)球拍总长度不超过 68 cm,宽不超过 23 cm。其中拍柄与拍杆长度不超过 40 cm,拍框长度不超过 28 cm。

(3)球拍面用特制的球弦编织而成,呈椭圆形。

6. 挑选场地或发球权

任何一场正式比赛开始之前,参赛双方首先要做的事是在裁判员的主持下,通过由裁判员抛掷挑边器确定首先发球的一方。由挑边器确定的胜者具有挑选发球权或场地的优先权。挑边器是一种类似于硬钱币的物体,两面由不同图案组成,也可用硬币代替。

7. 局数和分数

(1)每场正式比赛以三局二胜制决定胜负。

(2)21分制,任何一方只要将球打"死"在对方的有效位置,或者因为对方出现违例或失误,均可得分。

(3)每局双方打到20平后,一方领先2分即算该局获胜;若双方打成29平后,一方领先1分,即算该局取胜。

8. 交换场地

(1)下一局比赛开始时,均由上一局的胜方先发球。

(2)第一局比赛结束,双方应交换场地进行第二局的比赛。当前两局双方战成1∶1时,双方也应交换场地进行决胜局的比赛。在比赛中,如选手未按规则规定,按时、正确地交换场地,则一经发现,应立即交换,已得分数有效,并继续进行比赛。

9. 发球和接发球

有发球权的一方称为发球方,对方则称为接发球方。

(1)发球

①发球时脚不得踩发球区的任何界线。

②一旦双方选手站好位置,发球员的球拍一开始挥动即为发球开始,发球员的球拍必须连续向前挥动直到将球发出。必须注意的是,一旦发球员开始挥动球拍发球,而未击中球,则应视为发球违例。发球时,任何一方都不允许有非法延误发球的行为。

③在发球过程中,即从发球员的球拍开始挥动直至球拍的拍面将球击出为止,发球员的双脚均不得离开地面或移动。

④发球时发球员的球拍必须首先击中球托,同时发球员在击球的瞬间,球与球拍的接触点及整个球体均要低于发球员的腰部,整个拍框必须明显低于发球员握拍的手。

⑤发球员必须站在本方主发球区向位于自己相对应的斜对角一端的发球区发球。球体须经球网的上方飞过,落入对方场地的发球区域内才有效。单打有效发球区域的范围是(以右区为例):前发球线、中线、单打后发球线和单打边线之间,左区反之。

(2)合法的接发球

①接发球员必须等对方发球员按相应的规定将球发出后,即球托触及球拍的拍面而飞离球拍后,才能移动双脚,并开始接发球,否则违例。

②接发球时,接发球员的脚不能踏踩在接发球区域四周的任何线上或线外,否则违例。

③在双打和混合双打中,只有合法的接发球员才能去接发球,如果同伴接发球或被球触及,都属于违例,发球方得一分。

10. 发球和接发球的顺序

(1)单打

发球方的分数为零或偶数时,发球方和接发球方均站在右发球区发球和接发球;分数为奇数时,双方都站在左发球区发球和接发球。

(2)双打(含混合双打)

①每局首先开始发球的选手(第一发球员)和接发球的选手(第一接发球员),当该局本方分数为零或偶数时,都必须在右发球区发球或接发球;分数为奇数时,则应在左发球区发球或接发球,其各自的同伴则反之。

②任何一局比赛开始时,都由获得发球权一方的第一发球员站在右场区开始发球,得分者方有发球权。如果本方得奇数分,从左边发球;得偶数分,从右边发球。如果失误则失去发球权。在交换发球权后,由对方站在右发球区的原接发球员行使发球权直至失分,以此类推。

③当出现"加赛"情况时,比分虽从0:0起算,但第一发球员和对方的第一接发球员都应在各自的左发球区发球或接发球;发球方得分为奇数时,则在右发球区发球或接发球。

11. 重新发球

在下列情况发生时应重新发球:

(1)除发球以外,球过网后挂在网上或停在网顶。

(2)发球时,发球员和接发球员同时违例。

(3)在接发球员尚未做好准备之前,发球员即发球。

(4)在比赛进行中,球托与球的其他部分完全分离,即球完全破损。

(5)在比赛中,发生不可预见的意外情况。

12. 违例

(1)比赛中,球拍未击中球。

(2)发球时,球过网后挂在网上或停在网顶。

(3)比赛中,球从网下或网孔中穿过或不过网。

(4)比赛中,球碰房顶及场地以外的人或物体。

(5)比赛中,球碰到运动员的身体或衣物。

(6)比赛中,击球者的球拍与球的击球点不在自己球网一方,即过网击球。

(7)比赛中,选手的球拍、身体或衣物碰网或网柱;选手的脚或球拍由网下侵入对方场区。

(8)击球时,球夹在或停滞在球拍上,紧接着又被拖带。

(9)一名球员两次挥拍,连续两次击中球,或同一方的两名选手连续各击中球一次。

> **趣闻** >>>
>
> 裁判工作是很讲求团队互动协作的。在专业比赛中,球速相当快,判罚经常会有争议。司线的压力很大,主裁需要参考司线每次做出的手势来判罚,并且往往对司线的手势做出微笑、点头、疑问、凝视等神态,以此与司线进行互动,这会给司线减轻很多压力。
>
> 在一次国际比赛中,一名新裁判比较紧张,第一次右手指斜下方示意出错,喊道"出界out"!主裁看了她一眼,她以为判错了,赶紧两手张开五指并拢表示出界,主裁皱着眉头盯着她,最后这名边裁下意识地双手分开捂眼,表示没看清。主裁叹了一口气,只好以自己的目测为主进行判断了。这名新裁判犯了2个错误:国际比赛不论是不是在中国举办,只要说英语"out"就可以了,国内比赛只要说"出界";如果边裁看不清是否出界,应该双手交叉遮住双眼,表示没看清,由主裁自行裁决。

(10) 球触及球员的球拍后继续飞行并落在界外。
(11) 阻碍对方紧靠球网的合法击球。
(12) 比赛时故意扰乱、影响对方进行正常比赛的任何举动。

训练项目三　了解网球运动

一、网球运动概述

古代网球起源于波斯湾及古希腊一带。

现代网球起源于19世纪。1873年,英国人温菲尔德少校制定了网球运动最早的规则。1881年,英国草地网球协会成立,并制定了一系列的规定,使网球成为一项正式的比赛项目。

1877年在英国温布尔顿举行了第一届草地网球锦标赛,温布尔顿网球赛是历史最悠久的世界网球比赛。目前世界上最有影响的赛事有:英国温布尔顿网球赛、美国公开赛、法国公开赛、澳大利亚公开赛、戴维斯杯男子团体赛、联合会杯女子团体赛以及年终的大满贯网球赛。

1885年前后,网球运动传入中国。1898年,上海圣约翰书院举办了中国最早的校内网球比赛。中华人民共和国成立后,在20世纪80年代首次举办了"万宝路广州网球精英赛"。自20世纪90年代起,中央电视台增加了国际网球大赛实况(录像)的播放,各地相继修建了高质量的网球场,并成立了许多群众性网球组织,网球活动越来越得到普及。

> **趣闻 >>>**
>
> 美国时间2017年4月19日,将于下周重返世界第一的球后小威廉姆斯向世界投下了一枚重磅炸弹:怀孕!根据她自己在snapchat上的描述,她怀孕已经20周。网友细心推测,她去年12月就已经怀孕,在如此境况下,小威还征战了奥克兰精英赛和澳网,并在澳网拿下了生涯第23个大满贯,一举追平传奇格拉芙。
>
> 虽然小威无缘向着考特的24个大满贯纪录迈进,不过这已经无碍她的历史地位。在她赢下今年澳网之后,关于她是否是历史上最伟大运动员(不分男女)的猜想就已经被提出,这算是世界体坛变相对小威的一种肯定。

二、网球的基本技术

1. 握拍的方法(以右手为例)

网球拍握持部位名称如图10-15所示。

(1) 东方式握拍法

① 东方式正手握拍法。大拇指与食指形成"V"字形虎口,对准拍柄右上斜面,拇指环绕球拍柄与中指接触,手掌与食指下关节压住拍柄右垂

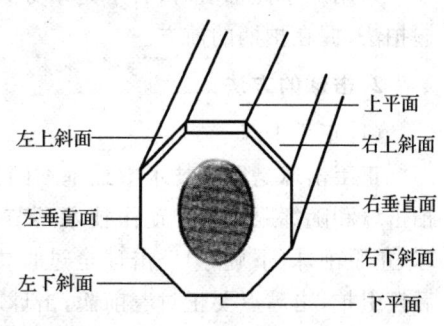

图 10-15　网球拍握持部位名称

直面,食指稍离中指,拍柄底部与手掌根部并齐,如图10-16所示。

②东方式反手握拍法。在正手握拍法的基础上向左转动1/4,使"V"字形虎口对准拍柄左上斜面,拇指末节贴住左下斜面,食指下关节压在右上斜面上,如图10-17所示。

(2)大陆式握拍法

采用大陆式握拍法时,"V"字形虎口对准拍柄上平面与左上斜面的交界线上,手掌根部贴住上平面,拇指直伸围住拍柄,食指下关节紧贴在右上斜面上,如图10-18所示。

(3)西方式握拍法

采用西方式握拍法时,将"V"字形虎口对准拍柄的上平面和左上斜面之间,正、反手用同一拍面击球,如图10-19、图10-20所示。

图10-16　东方式正手握拍法 　　图10-17　东方式反手握拍法　　图10-18　大陆式握拍法

图10-19　西方式握拍法(1) 　　图10-20　西方式握拍法(2)

(4)双手握拍法

采用双手握拍法时,右手是东方式反手握拍法,握在拍柄的后方,左手是东方式正手握拍法,握在拍柄的前方。

2. 击球的方法

(1)正手击球

正手击球是网球技术中最基本的击球方法,由准备姿势、后摆引拍、挥拍击球和随挥跟进四个动作技术环节组成,可分为正手上旋球、正手平击球、正手削球(下旋球)。击球全过程中,眼睛要始终盯住球,尽早、尽快地后摆引拍;击球点要正对着前髋;击球时,握紧球拍,绷紧手腕,球拍随球送出,充分随挥至左前上方,如图10-21所示。

微课:网球击球的方法

图 10-21　正手击球

(2) 反手击球

反手击球是网球基本技术中最常见的击球方法,由准备姿势、后摆引拍、挥拍击球和随挥跟进四个动作技术环节组成,可分为反手上旋球、反手平击球、反手削球(下旋球)。击球前迅速转体、转肩,球拍及早后摆;眼睛自始至终盯住球;握紧球拍,绷紧手腕,向上挥拍,球拍随球送出(反拍下旋球是向下、向前挥拍);随挥动作在身侧的高处结束,如图10-22所示。

图 10-22　反手击球

(3) 双手握拍反手击球

双手握拍反手击球时,眼睛要盯住球,迅速移动到击球位置,并正确地做好后摆;击球时,前臂保持伸直,绷紧手腕;在身体另一侧的高处结束随挥动作,如图10-23 所示。

图 10-23　双手握拍反手击球

(4) 发球

发球包括握拍、准备姿势、抛球与后摆、前挥击球和随挥跟进,主要的发球技术包括平击发球、切削发球和旋转发球三种。使用大陆式或东方式反手握拍法发球时,用指尖轻轻地拿住球,抛球到位;球拍正确地置于背后并抬起肘关节;保持抬头看球;击球时,在身体前击球,做扣腕动作,并使重心跟进;球拍横挥至身体的另一侧,完成随挥动作,如图10-24所示。

图 10-24　发球

(5)接发球

接发球由握拍、准备姿势、站位击球和随挥跟进等四个环节组成。从球离开发球员手的刹那起,眼睛始终不能离开球;站位要正确,两脚要提起脚后跟;发球越快,接发球的后摆动作幅度越小;握紧球拍,绷紧手腕,做好充分的随挥动作;如果对方发球不上网,接发球就应打得尽量深,如对方发球上网,就将球打到其脚下,如图10-25、图10-26所示。

图 10-25　接发球(1)

图 10-26　接发球(2)

(6)截击球

截击球由握拍、准备姿势和击球动作组成。击球动作可分为正手截击球、反手截击球、截击高球、截击低球、截击近身球、中场截击球等。截击球时眼睛始终盯住球;握紧球拍,绷紧手腕;在身体前面击球;保持拍头向上;用较短的撞或推击动作击球。

(7)高压球

高压球是指在头上用扣压动作完成击球的一种技术,可分为落地高压球和凌空高压球。高压球时眼睛自始至终盯住球;当对方挑高球时,立即后退侧身对网;调整好步法,跟进重心,在身体前面击球,要用力扣腕,充分完成随挥动作。

(8)挑高球

挑高球分为防守性挑高球和进攻性挑高球,其握拍法同打落地球的一样,即正手挑高球可使用正手握拍法,反手挑高球可用反手握拍法。防守性挑高球时眼睛盯住球,边移动,边向后引拍;击球时,手腕固定,加长击球时间;跟着击球方向,向高处做随挥动作。进攻性挑高球时眼睛盯住球,击球前拍头低于来球;击球时抖动手腕,产生摩擦力,使球剧烈向前旋转。

(9)放小球

放小球是指把球轻轻击到对方网前的打法。放小球时眼睛始终盯住球,准备动作要尽量隐蔽;球拍轻触球,使球速下降;随挥动作较小。

(10)反弹球

反弹球是指在来球落地后刚刚弹起的刹那进行击球的技术。反弹球时眼睛盯住球,后摆引拍幅度小;降低身体重心击球;击球时,绷紧手腕,拍面靠近地面并稍向前倾;随挥动作适度。

3. 基本步法

(1)关闭式步法

使用关闭式步法时,向前迈一步,成左侧身或右侧身站位,准备击球时重心移至前支撑腿上,可运用于正、反拍技术上。

(2)开放式步法

采用开放式步法时,右脚向右迈出一步,重心在右脚掌前部,上体侧身后与下身成十字,击球时,重心在蹬地时向前移。

(3)其他辅助性步法

其他辅助性步法主要包括并步、滑步、交叉步、跑步、后退步、左右前上步、跨步、垫步等。

4. 网球基本技术的练习方法

(1)正反手击球的练习方法

①持球拍做原地或移动中模仿挥拍动作练习。

②持球拍颠球,高低球结合。熟练后,让球尽快停在球拍上,然后再向上颠球,再停下,反复练习。

③面对墙或护栏网自抛自击球练习。

④一人抛球,另一人练习正、反手击球。

(2)发球的练习方法

①抛球挥拍不击球,模仿抛球及发球的完整动作的练习。

②对墙或护栏网反复练习完整发球。

③在场地端线处用多球进行抛球与持拍击球相结合的练习。

④发定点球的练习。

(3)接发球的练习方法

①持拍模仿各种接发球的动作练习。

②与发球员配合的接发球练习。

③在场地内互相对抗,练习提高接发球的能力。

(4)截击球的练习方法

①持拍模仿截击球挥拍练习。

②一人抛球,另一人做截击球练习。

③在网前中场进行截击球练习。

④在近网底线处进行截击球练习。

(5)高压球的练习方法

①持拍做模仿练习。

②结合后脚跳起步法做挥拍练习。

③对墙或护栏网做高压球的练习。

④一人或两人在网前做高压球的专门练习。

(6)挑高球的练习方法

①持拍做模仿练习。

②自抛球做挑高球的练习。

③一人抛球,另一人在底线练习挑高球。

④利用多球进行专门的挑高球练习,先定点练习,然后再进行移动中的不定点练习。

(7)放小球的练习方法

①持拍做放小球动作的练习。

②二人在网前 2 m 处练习。

③用多球进行练习。先定点练习,然后在移动中练习。

④在底线正、反手击球对练中,练习突然放小球。

(8)反弹球的练习方法

①持拍做反弹球动作的模仿练习。

②两人在场地上做前后场反弹球练习。

③用多球做反弹球练习。

三、网球运动主要规则

1. 网球比赛场地

网球场地包括草地、土地、硬地和塑胶四种,是一个长为 23.77 m、宽为 8.23 m(双打场地宽为 10.97 m)的长方形,如图 10-27 所示。

2. 网球比赛的方法

网球比赛分为单打和双打,正式比赛项目分为七项:男子团体、女子团体、男子单打、女子单打、男子双打、女子双打和男女混合双打。每场比赛一般都采用三盘两胜制。

微课:网球简明规则

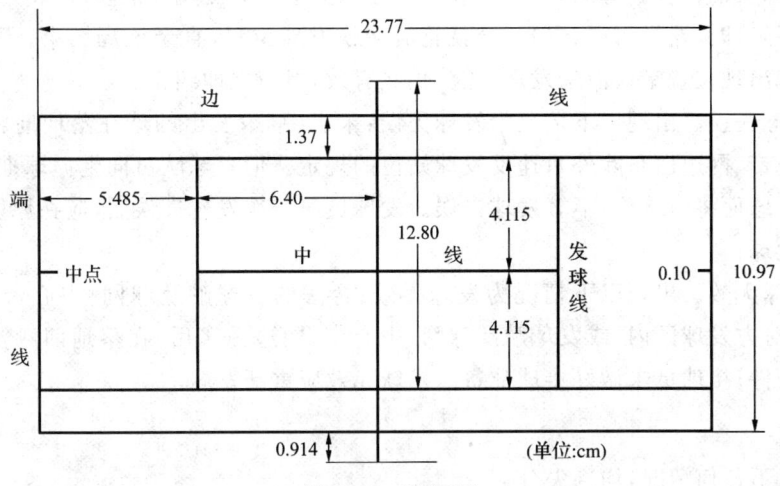

图 10-27　网球场地

3. 计分

网球比赛有其独特的计分方法。

(1) 胜一分：每次有效发球后称为一分。当对方队员碰不到球；或击球前球在地上弹起两次；或击球落入网中；或击球出界时，本方球员胜一分。

(2) 胜一局：首先得四分者胜一局。但遇上双方各胜三分时，则为"平分"。"平分"后，一方先得一分为"接球占先"或"发球占先"。"占先"后再得一分，则胜一局。若一方"占先"后对方又得一分，则仍为"平分"。以此类推，直到一方在"平分"后净胜两分，该局才结局。

双方在每盘奇数局结束时交换场地。

(3) 胜一盘：一方先胜 6 局为胜一盘。但遇上双方各胜 5 局时，有两种计分方法：

①长盘制：需一方净胜 2 局才算胜一盘。

②决胜局计分制：决胜局计分制必须在比赛前宣布才有效。当局数为 6∶6 时，第 13 局为决胜局。决胜局计分制采用先得 7 分者该局为胜。若分数为 6∶6，则比赛延长至一方净胜 2 分为止。

③决胜局中，轮及发球的球员发第 1 分球，然后由对方在左、右发球区分别发第 2、3 分球；再轮到本方发第 4、5 分球，如此交替发球，直至该局结束。双方运动员在决胜局中每累计满 6 分时交换场地。

4. 比赛的发球和场地交换

发球前，发球员应站在端线后、中点和单打边线的假定延长线之间的区域里，发球员站好后，用手将球向空中抛起，在球接触地面以前用球拍击球。

(1) 发球。发球员在整个动作中不得行走或跑动而改变原来的站位；两脚只准许站在规定的位置内，不得触及其他区域。发出的球应从网上越过，落在对角的对方发球区域内或其周围的线上。

（2）发球员的位置。每局开始发球时,发球队员应从右区端线后发球,得(失)一分后,应换到左区发球。这样每得(失)一分就轮流交换发球位置,直至该局结束。下局换由对方发球。如出现位置错误而未发现,比分仍然有效,但应立即纠正。

（3）发球失误。出现以下情况为发球失误:未击中球;发出的球在落地前触及固定物(球网、中心带、网边白布除外);违反发球站位的规定。但发球队员向上抛球准备发球时,又决定不击球而将球接住,不算发球失误。发球员第一次发球失误后,应在原发球位置进行第二次发球。

（4）发球无效。出现以下情况为发球无效:合法的发球触及球网、中心带、网边白布后,仍落到对方发球区内,或发球触及球网、中心带、网边白布后,在落地前触及队员身体或其穿戴物件;接球员未做好接球准备。发球无效应重新发球。

5. 失分

发生以下任何情况,均判失分:

(1)在球第二次着地前未能还击过网。

(2)还击的球触及对方场区界线以外的地面、固定物或其他物体。

(3)还击球时失误。

(4)故意用球拍拖带或接住球,或故意用球拍触球超过一次。

(5)"活球"期运动员的身体、球拍或穿戴的其他物件触及球网、网柱、单打支柱、绳或铜丝绳、中心带、网边白布或对方场区以内的地面。

(6)过网击球,即来球尚未过网就在空中还击。

(7)抛拍击球。

6. 压线球

落在线上的球称为压线球,为有效击球。

7. "活球"期

自球发出时起(除失误或重发外),至该分胜负判定时止,为"活球"期。

8. 双打发球次序

每盘第一局开始时,由发球方决定由何人首先发球,对方则同样在第二局开始时决定任何一人首先发球。第三局由第一局发球方的另一个球员发球。第四局由第二局发球方的另一个球员发球。以后各局以此类推。

9. 双打接球次序

先接球的一方,应在第一局开始时,决定何人先接发球,并在该盘的奇数局继续先接发球;对方同样应在第二局开始时,决定何人先接发球,并在这盘双数局继续先接发球。先接发球者与其同伴应在每局中轮流接发球。

10. 双打还击

接发球后,双方应轮流由其中任何一名队员还击。如果运动员在其同队队员击球后,再以球拍触球,则判对方得分。

思考题

1. 自己怎样进行乒乓球基本技术练习？
2. 乒乓球双打比赛中同伴位置怎样轮转？
3. 正手击高远球的动作方法是什么？
4. 羽毛球单、双打比赛怎样发球？
5. 羽毛球比赛怎样得1分？多少分为1局？1场比赛为几局胜制？
6. 自己怎样进行网球基本技术练习？
7. 网球单、双打比赛怎样发球？
8. 网球每局怎样报分？多少分为1局？1盘比赛为几局胜制？

模块十一

游泳运动

学习目标

- 了解游泳在日常生活中的意义
- 熟悉水性,初步掌握蛙泳的技术和练习方法
- 发展协调性,培养战胜困难的信心
- 基本掌握自由泳技术和练习方法
- 学会自我保护和救护知识

训练项目一 认识游泳运动

早在五千年以前的原始社会,我们的祖先就依山打猎,傍水捕鱼,在与大自然的斗争中学会了游泳。到了奴隶社会,游泳作为军事技能发展起来。

18 世纪末,在欧洲军队中成立了游泳学校。19 世纪中期,英国伦敦成立了第一个游泳协会。1877 年在英国举行了第一次游泳冠军赛。当时的游泳姿势主要是蛙泳、仰泳和大爬式。1896 年在希腊举行的第一届奥林匹克运动会上设有 100 m、500 m、1200 m 三个男子游泳项目。从 1912 年第五届奥运会开始,增加了女子游泳项目。

我国近代游泳,自 19 世纪末在香港、广东、福建、上海、青岛、大连等沿海地区兴起。1887 年在广州沙面修建了 25 m 室内游泳池。在 1915 年第二届远东运动会上,我国游泳选手获总分第一名。在 1934 年第十届远东运动会上,我国女子游泳队获表演赛冠军。新中国成立后,随着群众性游泳活动的开展,我国游泳技术水平迅速提高。1953 年我国游泳运动员吴传玉在第四届世界青年联欢节游泳比赛中获 100 m 仰泳冠军。从 1957 年到 1960 年我国运动员戚烈云、穆祥雄、莫国雄等人先后 5 次打破 100 m 蛙泳世界纪录。1991 年 1 月 3 日,在澳大利亚举行的第六届世界游泳锦标赛上,中国运动员林莉、钱红、庄泳等夺得女子 200 m、400 m 混合泳、100 m 蝶泳和 50 m 自由泳 4 枚金牌,"中国旋风"轰动了世界泳坛。它预示着中国游泳运动已进入一个新的历史阶段。20 世纪末,中国游泳运动员在国际大赛上多次打破世界纪录,夺取冠军。目前,中国游泳运动在亚洲处于领先水平,位居世界游泳强国之列。

趣闻 >>>

孙杨是历史上第一位包揽男子200米、400米、1500米自由泳奥运金牌和世锦赛男子800米自由泳三连冠的游泳运动员。

2003年,孙杨进入浙江省游泳队。2006年,以"代训"身份进入国家队。2012年,获得伦敦奥运会男子1500米自由泳冠军。2016年,获得里约奥运会男子200米自由泳冠军。2017年4月11日,在2017年全国游泳冠军赛中,孙杨以1分46秒11的成绩名列男子200米自由泳半决赛第一,该成绩位居2017年世界第一。

截至2017年7月26日,中国男子游泳队在世界大赛上共获得14枚金牌,孙杨独揽11枚。北京时间2017年7月23日,孙杨以3分41秒38的成绩获得2017年国际泳联游泳世锦赛男子400米自由泳决赛冠军,实现三连冠,追平了澳洲名将索普的纪录。

北京时间7月25日,孙杨在2017年国际泳联游泳世锦赛200米自由泳决赛中获得冠军,这是孙杨首次获得这个项目的世锦赛冠军。

训练项目二　熟悉水性

熟悉水性是学习游泳的重要环节。其目的是使初学者了解和体验水的特点,克服怕水的心理,掌握水感,如浮力感、阻力感和压力感等。重点抓住呼吸与滑行两个环节,逐步适应水的环境。

一、水中行走练习

(1)手扶池壁向前、向两侧慢步行走。
(2)离开池壁用手维持平衡向前、向后、向两侧慢步行走。
(3)分组手拉手向前走或圆圈行走,水中快步行走、跑动、跳跃、戏水。

二、呼吸练习

1. 吐气练习

手扶池槽或手握同伴的手,深呼吸后闭气,然后慢慢下蹲把头部全部浸入水中,停留片刻,在水中用嘴慢慢吐气,直到吐完。然后起立,在水面上吸气后再重复做几次,如图11-1所示。

2. 吸气练习

方法同上,要求吸气后头浸入水中,稍闭气后即在水中用嘴呼气,继而抬头。在嘴将出水面前,用力把气呼完。嘴一露出水面,随即用嘴迅速吸气,吸气后头部又立即浸入水中。如此反复练习,做到吸、闭、呼气有节奏地进行。

(a)　　　　　　　　(b)

图 11-1　吐气练习

三、浮体与站立练习

1. 抱膝浮体站立练习

原地站立,深吸气后下蹲低头抱膝,双膝尽量靠近胸部,前脚掌蹬离池底,成抱膝团身低头姿势,自然漂浮于水中。欲站立时,两臂前伸,向下压水并抬头。同时两腿伸直,以脚触池底站立,两臂自然放于体侧,如图 11-2 所示。

图 11-2　抱膝浮体站立练习

2. 展体浮体练习

吸足气,身体前倒入水,闭气,团身低头。等背部浮出水面后,伸直臂和腿,成俯卧姿势漂浮水中。站立时,收腹,收腿,两臂向下压水。然后抬头,两腿伸直,两脚触池底站立,如图 11-3 所示。

图 11-3　展体浮体练习

3. 滑行练习

蹬池壁滑行练习,如图 11-4 所示。

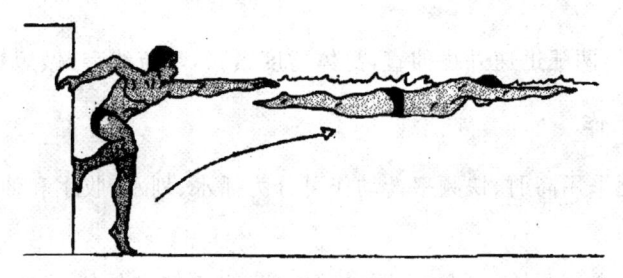

图 11-4 滑行练习

训练项目三 学习蛙泳

一、身体姿势

蛙泳时，身体不是固定在一个位置上，而是随着手、腿动作的变化而不断变化的。当蹬腿结束时，两臂并拢前伸，两腿伸直。这时身体处于较好的流线型滑行状态，身体较平，头略抬起，水浸于前额处，胸部一部分、腹部和腿部处在水平姿势。这时身体纵轴与水平面呈 5°～10°，如图 11-5 所示。

二、腿部动作

蛙泳时腿的技术动作可分为收腿、翻脚、蹬夹腿、滑行四个阶段。

1. 收腿

开始收腿时，两腿随着吸气的动作，自然向下，同时两膝自然分开，小腿向前回收。回收时，两脚放松，脚踵向臀部靠拢，边收边分。收腿时力量要小，两脚和小腿收回时，要收在大腿的投影截面内。收腿结束时大腿与躯干呈 130°～140°，两膝内侧与髋关节同宽。

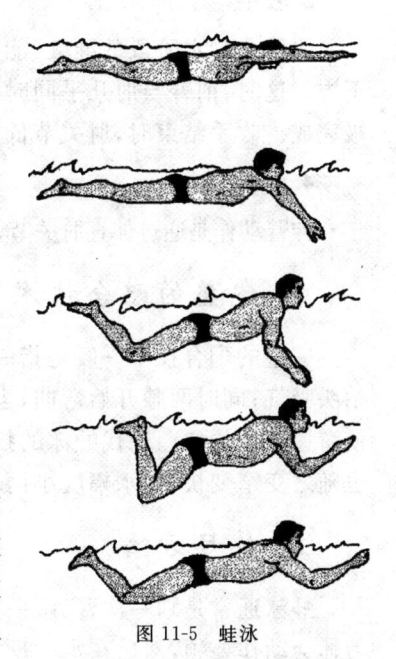

图 11-5 蛙泳

2. 翻脚

收腿将结束时，脚仍向臀部靠近，这时膝关节向里扣，同时两脚向外侧翻开，勾足尖，使脚和小腿内侧对准蹬水方向。

3. 蹬夹腿

翻脚后，立即以腰腹和大腿同时发力向后蹬水。先伸髋，再伸膝，以大腿、小腿内侧和脚掌向后做急速而有力的蹬夹动作。在蹬夹腿过程中，当两腿并拢时略向下压，以形成前后鞭打动作。

163

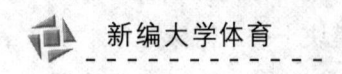

4. 滑行

蹬夹腿结束后,两腿迅速并拢伸直,身体适度紧张,呈流线型,做短暂滑行。

三、臂部动作

现代蛙泳广泛采用高肘、快频率。动作可分为抓水、划水、收手和伸臂四个阶段。

1. 抓水

从两臂前伸的滑行开始,前臂、上臂立即内旋,掌心转向外斜下方,并稍勾手腕,两手分开向侧斜下方压水。当手掌和前臂感到有压力时,便开始划水。

2. 划水

当两手做好抓水动作、两臂分至呈 40°~45°时,手腕开始逐渐弯曲。这时两臂、两手逐渐积极地向侧下后方屈臂划水。划水时肘的最大屈角约为 90°,划水应用力,使上体上升到较高位置,为收手、伸臂做好充分准备。

3. 收手

收手是划水阶段的继续,能产生较大的前进力和升力。收手时手臂向里、向上收到前下方。这时,前臂与肘几乎同时做动作。收手时不应降低划水速度,而应以更快的速度积极完成。收手结束时,肘关节低于手,上臂、前臂成锐角。

4. 伸臂

伸臂动作是通过伸直肘关节、肩关节来完成的,掌心由朝上逐渐转向下方,同时向前伸出。

四、完整的配合技术

完整的配合技术一般是指一个动作周期呼吸一次的"晚吸气"配合。当划水结束时,抬头吸气;同时两膝开始弯曲;当收手并开始前伸臂时迅速收腿。整个动作要协调连贯,使游速更加均匀。现代蛙泳的技术特点是,头部起伏大且位置较高,高肘划水,蹬腿技术也随之变窄变快,划水幅度小而快,整个动作频率快。

五、练习方法

蛙泳通常是划一次臂、蹬一次腿、呼吸一次。腿的动作是基础,可先通过陆上模仿练习体会动作要领,然后在水中反复练习。呼吸是关键,呼吸动作要与划臂动作密切配合。根据不同的情况,抓住主要矛盾进行练习。学会蛙泳后,应进行长距离锻炼,以增强体力,提高技术。

1. 腿的练习

(1)收腿。边收边放慢收腿,大腿带动小腿屈膝前收。收腿结束时,两膝接近髋下,约与肩同宽。

(2)翻脚。向外翻脚,脚后跟靠近臀部,脚尖向外。

(3)蹬夹腿。用力向后蹬夹腿,大腿用力,向后做弧形蹬夹腿,蹬夹动作不要分开。

(4)仰坐练习。模仿腿的动作,按收腿、翻脚、蹬夹腿的要领练习。练习时上体要保持不动。

(5)水中腿的练习。收腿要慢,蹬夹腿要快、要有力,两腿并拢后向前滑行(也可扶板进行练习)。

(6)滑行蹬腿。低头伸臂平卧水中,细心体会蹬腿要领。

2.臂和呼吸练习

(1)划臂练习。两臂伸直,向斜后方边划边屈臂。当臂划至肩的侧下方时,收手夹肘伸向前。

(2)臂和呼吸配合。主要包括:

①抬头划臂张口吸,即先抬头,两臂同时向斜后方划水时吸气。抬头不要太高、太猛。

②用力划臂吸足气,提肘屈臂向后加速划水时,迅速吸气。

③收手夹肘闭住气,臂划至肩的侧下方时收手夹肘,将手收至颏下,脸逐渐浸入水中闭气。

④两臂前伸慢呼气,臂前伸时,两手自然并拢,掌心逐渐转向下方,同时呼气。

(3)臂、腿配合练习。为了掌握臂、腿的动作要领,可先做闭气、划臂、蹬腿的配合练习,熟练后逐渐过渡到划臂蹬腿数次、呼吸一次,最后到完整配合练习。

3.连续动作

(1)开始划臂腿不动(准备吸气),两手分开向斜后方划水,两腿自然伸直,准备收拢,开始抬头。

(2)用力划臂腿前收(吸气),臂划近肩下时,两腿自然分开,屈膝前收,抬头吸气。

(3)收手夹肘收好腿(闭气),臂划至肩的侧下方时,收手夹肘,将手收至颏下,同时完成收腿动作。头逐渐浸入水中闭气。

(4)伸臂翻脚再蹬腿(呼气),两臂前伸,同时向外翻脚,立即用力向后做弧形夹水。

(5)身体向前滑一会儿(呼气),蹬腿结束后,臂、腿收拢,脸浸入水中,向前滑行,然后重复下一个连贯动作。

训练项目四 学习自由泳

自由泳(爬泳)是速度最快的一种游泳姿势。自由泳的划臂动作是前进的动力,为了加大划水力量和加长划水路线,两臂要随前划臂动作自由转动,屈臂加速向后划水。两腿配合臂的动作向后下方连续打水。配合动作一般是两臂轮流划水 1 次,两腿打水 6 次,向侧面呼吸 1 次。

一、身体姿势

身体要保持水平姿势,呈较好的流线型,身体纵轴与水平面呈 3°~5°。头部应自然后屈,两眼注视前下方,头的 1/3 露出水面,水平面接近发际。为了优化动作效果,允许双腿暂下沉。游进中身体可以围绕身体纵轴有节奏地转动,转动幅度一般为 35°~45°,如图 11-6 所示。

图 11-6 身体姿势

二、腿部动作

自由泳的打腿主要是起维持身体平衡的作用,使下肢抬高,身体保持较好的流线型,并及时协调配合两臂有力的划水动作。打水时脚可内转,踝关节自然放松,以膝关节为支点,从髋关节开始,大腿发力带动小腿,力量依次通过大腿、膝、小腿,最后到达足部,形成鞭打打水动作,两腿分开的距离为 30～40 cm,膝关节弯曲约 160°。

三、臂的动作

1. 入水

臂划水是自由泳前进的主要动力。臂的一个循环动作可分为入水、抱水、划水、出水、空中移臂五个阶段。

臂入水时,肘关节略屈并高于手,手指并拢伸直,向斜下方插入水中,或掌心展向外侧切入水中,动作要自然放松,入水位置在身体中线与延长线之间。臂的入水顺序为手—前臂—肘—上臂,如图 11-7 所示。

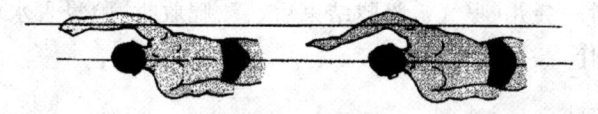

图 11-7 入水

2. 抱水

臂入水后,积极插向前下方至有利于抱水部位。此时前臂和上臂应积极外旋,并屈腕、屈肘。在形成抱水动作的过程中,臂开始是直的。当手臂滑下至与水平面呈 15°～20°时,应逐渐屈肘,使肘高于手。上臂划至与水平面约成 30°时,手和前臂已经接近垂直于水面,肘关节屈至 150°左右,手和前臂以较大的截面积对准划水面,整个手臂像抱着一个大圆球似的为划水做准备,如图 11-8 所示。

图 11-8 抱水

3. 划水

划水是指手臂自从前与水平面呈 40°时起，向后划至与水平面呈 150°~200°时止的动作过程，是产生推进力的主要阶段。这个阶段又分为两个部分，从整个臂部划至肩下方与水平面垂直之前称为拉水，过垂直面后称为推水。

拉水是从直臂到屈臂的过程。抱水结束时，屈肘为 150°左右。拉水时，前臂的速度快于上臂，继续屈肘。当臂划至肩下方时，手在体下靠近身体中线，屈肘 90°~120°。整个推力过程应保持高肘姿势，使手和前臂能更好地向后划水。推水是手臂屈与伸的过程，推水时肘关节向上，向体侧靠近。手在拉水结束后即从肩下中线处向后侧划动至大腿旁。推水时，手掌应始终与水平面保持垂直。这有利于推水时产生反作用力而向前行进。

在整个划水阶段，手的轨迹始于肩前，继而到腋下，最后到大腿旁，呈 S 形，如图 11-9 所示。

图 11-9 划水阶段手的轨迹

4. 出水

在划水结束后，臂由于惯性动作而很快地靠近水面。出水时，小指向上，手臂放松，微屈肘，肘部向上方提起，带动前臂出水面，掌心转向上方。手臂出水动作必须迅速、柔和、放松而不停顿，如图 11-10 所示。

图 11-10 出水

5. 空中移臂

空中移臂是出水的继续。开始时，手掌几乎完全向后提肘向上，手腕放松，手落后于肘关节。当手前摆过肩时，应与肘成一直线。这时手和前臂逐渐向前伸出，掌心也从后上方转向前下方，准备入水，如图 11-11 所示。

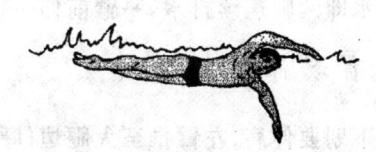

图 11-11 空中移臂

四、两臂配合技术

划水时，依照两臂所处的位置不同，两臂配合技术可分为前交叉、中交叉和后交叉配合。

1. 前交叉配合

前交叉配合中，当一臂入水时，另一臂处于肩前方，与水平面约呈 30°。

2. 中交叉配合

中交叉配合中，当一臂入水时，另一臂处于肩下垂直部位，与水平面约呈 90°。

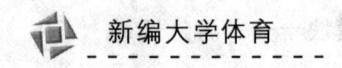

3. 后交叉配合

后交叉配合中,当一臂入水时,另一臂划水至腹部下方,与水平面约呈 150°。初学者应采用前交叉配合,它有利于掌握自由泳动作和呼吸动作。

五、臂、腿与呼吸配合的完整动作

自由泳采用转头呼气的方法。以向右呼气为例,右手入水后,嘴慢慢呼气。右臂划水至肩下时,头向右侧转,呼气量增大。右臂推水快结束时,用力呼气,直至嘴出水面。右臂出水时吸气,移臂至与肩平齐时吸气结束。随着手臂继续向前移动,转头还原闭气。自由泳的呼吸与臂、腿的配合是:呼吸 1 次,划臂 2 次,打腿 6 次(1∶2∶6);也有 1∶2∶4 或 1∶2∶2 的配合。

六、练习方法

1. 扶池打水

扶池打水即大腿带动小腿,交替向后下方打水。向上提时放松,向下打水要用力。可结合呼吸练习。

2. 滑行打水

滑行打水要求向上提腿时膝关节稍屈,向下打水时脚面绷直,脚尖稍向内转。打水幅度为 30～40 cm。

3. 臂和呼吸配合

(1)划臂呼气。以右臂为例,右臂在肩前进入水后,逐渐屈臂向后划水,同时呼气。划臂要超过身体中线。

(2)推水吸气。右臂向后推水时转头吸气,在提肘出水的同时完成吸气动作。抬头不要太高、太猛。

(3)移臂闭气。右臂从体侧向前移臂时,头逐渐转入水里闭气。

4. 单臂划水

单臂划水即两腿连续打水,一臂前伸一臂划。两臂交替进行,逐渐过渡到连贯动作。

七、连贯动作

1. 右臂下划要伸肩,左臂推至大腿边(呼气)

伸肩是指右臂下划时,尽量向前下方拉开肩带肌肉,掌心向下。

2. 右臂肩前抱水,左臂提肘出水面(呼气)

抱水是指右臂向外提肘屈臂,使手掌和手臂向后对准水。

3. 臂肩下屈划水,左臂前伸插入水(呼气)

划水是指右臂划至肩下时,上臂、前臂约呈 120°,加速向前划水。

4. 至大腿边推水,左臂下滑要伸肩(转头吸气)

推水是指右上臂靠近体侧,前臂用力向后推水。吸气要深、要快。

5. 右臂提肘出水面，左臂肩前抱水（完成吸气）

出水是指右臂利用推水速度的惯性，在腿侧提肘出水向前移臂。肌肉放松。

6. 右臂、手插入水，在肩下屈臂划水（闭气）

入水是指右臂、手自然合拢，肘高于手，在肩前部插入水。

口诀：划至肩下慢吐气，推水提肘转头吸。

两手划水各一下，二四六腿任选打。

打二打四或打六，或左或右吸一次。

训练项目五　掌握游泳运动的主要规则

一、比赛中的一般规则

出发时，当发令员发出"各就位"的口令时，运动员应立即站到出发台前做好出发准备，仰泳运动员在水中做好出发准备（在出发信号发出前，不允许身体的任何部分做任何移动）。当所有运动员都处于稳定、静止时，发令员再发出出发信号（鸣枪、电动音响、鸣哨或口令）。运动员听到出发信号后才能做出发动作。如有人抢跳，发令员应召回全体运动员重新出发，但第二次抢跳（不论该运动员第几次抢跳）应立即取消抢跳者的比赛资格。

> **趣闻 >>>**
>
> 谢曼·查伏尔是世界泳坛的著名教练，曾两次担任美国奥林匹克游泳代表队的总教练。他的弟子在奥运会上战功赫赫，曾打破60项世界纪录，创造了80项美国纪录，获得16枚奥运会金牌；他的弟子还包括7枚金牌获得者施皮茨，3枚金牌获得者迈耶。但令人意想不到的是，这名游泳教练竟然不会游泳！这是常人很难想象的事情，他不会游泳怎样去指导他的弟子训练？或许他只会纸上谈兵，但是为什么他的弟子能够取得如此好的成绩？谢曼·查伏尔肯定有着深厚的理论基础。
>
> 他带领游泳队比赛发生了这么一件有趣的事情：当他的弟子在一次比赛中获胜时，游泳队兴高采烈地庆祝，队员们纷纷把教练抬了起来，举得很高很高。队员们和教练做了一个恶作剧，把教练扔到了水里。只见谢曼·查伏尔在水里挣扎，弟子们恍然大悟，原来他们的教练不会游泳，队员们连忙进行抢救，才把教练救了起来。这听起来像笑话，但确确实实发生在现实生活中。

转身或到达终点时，运动员应以单手或双手触及池壁（自由泳可用身体的任何部分触及池壁）。转身时要用双足从池壁蹬出。

比赛中，运动员必须在本泳道内行进，不得在池底跨越或走步（自由泳可在池底站立），否则犯规。

接力比赛时,前一名队员未触及池壁,后一名队员不得离台出发,如该运动员重新返回并以身体任何部分触及池壁再行游出时,不做犯规论。

二、各项泳式的比赛规定

自由泳比赛中,可采用任何泳式。转身和到达终点时,可用身体任何部分触及池壁。

蛙泳,出发和每次转身后,从第一次手臂动作开始,身体应保持俯卧,两肩须与水面平行,两臂和两腿的所有动作应始终并同时在同一水平面上进行,不得有交替动作,两手应同时在水面上或水面下,由胸前伸出或向后划水。除出发和每次转身后,允许做一次长划臂外,两臂向后划水不得超过臀线,两脚在向后蹬水时,必须做外翻动作,不允许做上下打水或类似海豚腿的动作,两脚可露出水面。每次转身和到达终点时,两手应在水面上或水面下同时触壁,两肩应保持水平位置,除了出发和每次转身后,允许做一次手和一次腿的潜泳动作外,在整个完整的动作周期(包括一次划臂和一次蹬腿的动作)内,运动员头部的一部分应露出水面。

蝶泳,两臂要同时并对称地向后划水和提出水面经空中向前摆,从出发和每次转身后的第一次臂的动作开始,身体应俯卧,两肩须与水面平行,两腿动作必须同时,允许做垂直上下打水,两脚或两腿可以不在同一水平面上,但不允许有先后动作;每次转身和到达终点时,两手应在水面上或水面下同时触壁,两肩应保持水平位置,在出发和每次转身后,允许两腿在水下做一次或多次打水动作和两臂的一次划水动作,但该次划水动作结束后必须使身体升到水面。

仰泳,在出发入水、转身后和整个过程中,身体必须保持正常的仰卧姿势,在转身和到达终点时,头、肩或较前的一只手或臂触及池壁前,如身体改变正常的仰卧姿势,即算犯规;正常仰卧姿势是指身体与水平面不超过 90°,头部姿势不受此限;运动员转身时,身体最前的部分触及池壁后,允许身体翻转超过垂直面,但在双足蹬离池壁前,必须恢复仰卧姿势,否则即算犯规;运动员在出发和转身后允许仰泳潜泳 15 m。超过此限,即为犯规。

个人混合泳比赛的顺序是:蝶泳→仰泳→蛙泳→自由泳(蝶泳、仰泳、蛙泳以外的任何泳式)。

混合泳接力比赛的顺序是:仰泳→蛙泳→蝶泳→自由泳(仰泳、蛙泳、蝶泳以外的任何泳式)。

训练项目六 了解水上救护与安全常识

一、水上救护

水上救护可分为间接救护和直接救护。间接救护是指用救生圈、竹竿、木板等器材进行救护;直接救护是救护者徒手对溺水者进行救护。当发现溺水者时,救护者要沉着冷静。入水前应观察周围环境,辨别水流方向、水面宽窄,选择入水地点。对熟悉的水域或游泳池可起跳入水,对不熟悉的水域应脚先入水,然后以最快速度接近溺水者。不论采用自由泳或蛙泳,头必须露出水面,以便观察溺水者的情况。当游到距溺水者 2～3 m 时,要深吸气潜入水中游近溺水者,两手扶住其肩部,将其移至背向自己,然后进行抬高。另一种办法是正面接近溺水者后,用左(右)手握住其右(左)手,用力向左(右)边一拉,借助于惯性使溺水者的身体转至背向自己,然后进行拖运。如溺水者背向自己,可直接游近溺水者,用手拖其腋下,使其口鼻露出水面后再进行拖运。拖运一般采用侧泳或仰泳进行。

1. 侧泳拖带法

侧泳拖带法是指一手托住溺水者后脑(或一手通过溺水者前胸,托住腋窝并用髋部上顶溺水者背部),另一手于体侧划水,两腿做侧泳蹬夹水前进。

2. 反蛙泳拖带法

反蛙泳拖带法是指救护者仰卧水中,用两手托住溺水者两颊(或两腋),两腿做蛙泳蹬水游进。拖带时,须让溺水者的口与鼻露出水面并注意不使其气管受压,以免引起溺水者呼吸受困。

二、解脱

解脱是指救生员在水中援救溺水者的过程中,被溺水者抱(或抓)住时所采取的应急技术。根据不同情况用不同方法:

(1)当前臂被抓住时,两臂应用力顺对方虎口处向外、向下扭转,顺势握住对方手臂;如一只手臂被抓住,可用另一手掰开对方拇指,同时扭住被抓住的手臂。

(2)当颈部被对方从前面(或背面)抱住时,用右(左)手用力推对方左(右)肘关节,另一手握住对方的手腕,同时向下压,头向下挣脱。

(3)当腰部被对方从前面抱住时,一只手按对方的后枕骨部,另一只手托对方的下颌,两手同时向左(或向右)用力,扭转其头部并迫使其松手。

(4)当腰部被对方从后面抱住时,用力左右拉开。

(5)当两臂和上体被对方从前方(或背面)抱住时,可先弓身,然后猛然用两臂左右撑开并突然下潜,以求解脱。

各种解脱技术力求反应快,动作利落,在尚未被抱(抓)紧时加以解脱。

三、抢救

将溺水者救上岸后,应立即进行抢救。其过程如下:

1. 检查与准备

检查与准备包括:及时确诊溺水者有无心跳、呼吸,以便采取相应的急救措施,并及时清除其口腔内的杂物及义齿,松开游泳衣裤等。

2. 施救

当溺水者有心跳无呼吸时,可采取肺部复苏术。一般用"口对口"人工呼吸方法,其操作方法是:使溺水者仰卧,救护者在其身旁,一手捏住溺水者的鼻子,另一手托住其下颌,深吸一口气,用嘴对紧溺水者的嘴将气吹入,吹完一口气后,离开溺水者的嘴。同时,松开捏鼻子的手,并用手压一下溺水者的胸部,帮助他呼气。如此有规律地反复进行,呼吸的节律保持16~18次/min(儿童为20次/min)。若有供氧设备(如氧气袋等),可用气管插入溺水者鼻孔,同时抓住其双臂在胸前反复进行展开、交叉动作,使其胸廓活动,促其恢复呼吸,节律与"口对口"人工呼吸一样。如溺水者的心跳停止,应立即同时施行心、肺复苏术,帮助其恢复自主心跳和自主呼吸。方法是:在施行肺部复苏术的同时,进行胸部心脏按压,救生员两手掌重叠,掌跟放于溺水者胸骨左下端,垂直用力向下压,每次下压 3～4 cm 深即复原,反复进行,保持 60～80 次/min。施救儿童时,下压力量不宜过大,节律 100 次/min。要求分秒必争,沉着冷静,忙而不乱。同时与附近医院及时联系,争取专业医护人员携带急救设备及早赶到,保证施救成功。

四、自我救护

在游泳时,经常发生抽筋的部位有小腿和大腿,而手指、脚趾甚至胃部也会发生抽筋。其原因是准备活动不充分,身体过于疲劳或突然遇到寒冷的刺激;或过分紧张、动作不协调等。发生抽筋时应保持镇静,既可呼救,也可自救。自救的办法有以下几种:

1. 手指抽筋

手指抽筋时,手握拳,然后用力张开。这样迅速地反复做几次,直到抽筋消除为止。

2. 小腿或脚趾抽筋

小腿或脚趾抽筋时,先吸一口气并仰浮水上,用抽筋肢体对侧的手握住抽筋肢体的脚趾,并用力向身体方向拉。同时用同侧的手掌压在抽筋肢体的膝盖上,帮助抽筋腿伸直。

3. 大腿抽筋

大腿抽筋时,仰浮水面,弯曲抽筋的大腿,两手用力抱小腿,贴近大腿,反复按压以解脱抽筋。

4. 被漩涡吸住

被漩涡吸住时,可平卧水面,并从漩涡外沿用自由泳全速游出。

5. 被长藤、水草等植物缠住

被长藤、水草等植物缠住时,可用仰卧姿势用手帮助脱困,再从原路游出。

游泳时,遇有突发危急情况,必须沉着冷静,针对实际问题进行解脱和自救。

五、安全知识

游泳前,首先应了解水域的情况。应选择水底平坦,无淤泥、碎石、水草、桩柱、急流、漩涡和水质污染的水域。应结伴而行,防止意外事故发生。

空腹或饭后 1 小时以内不宜游泳,以免对身体健康带来不良影响,如发生呕吐、食物呛进呼吸道甚至溺水等事故。

下水前应做好充分的准备活动。

若游泳时遇到雷雨,则应迅速上岸进入室内,切不可在大树底下躲避或更衣。

出现抽筋现象,切不可慌张,应设法自救和向他人求救。

➡ 思考题

1. 游泳下水前应注意哪些事项?
2. 自己怎样练习游泳?
3. 游泳在人们现实生活中有哪些意义?

模块十二

武术运动

学习目标

- 了解开展武术运动的真正意义
- 掌握健体养生和自我防卫的基本方法
- 加强协调性、灵敏性、柔韧性的锻炼
- 弘扬民族文化

训练项目一　掌握二十四式太极拳

一、动作名称（表12-1）

表 12-1　　　　　二十四式太极拳动作名称

组别	动作序号	动作名称	组别	动作序号	动作名称
第一组	1	起势	第五组	13	右蹬脚
	2	左右野马分鬃		14	双峰贯耳
	3	白鹤亮翅		15	转身左蹬脚
第二组	4	左右搂膝拗步	第六组	16	左下势独立
	5	手挥琵琶		17	右下势独立
	6	左右倒卷肱		18	左右穿梭
第三组	7	左揽雀尾	第七组	19	海底针
	8	右揽雀尾		20	闪通臂
第四组	9	单鞭	第八组	21	转身搬拦捶
	10	云手		22	如封似闭
	11	单鞭		23	十字手
第五组	12	高探马		24	收势

二、动作介绍

1. 第一组

(1) 起势

身体自然站立,两脚分开,与肩同宽,脚尖向前,两臂自然下垂。两手放在大腿外侧,目视前方,两臂慢慢向前平举,同肩宽,掌心向下,两腿屈膝下蹲,同时两掌轻轻下按,两肘下垂与两膝相对,目视前方,如图12-1所示。

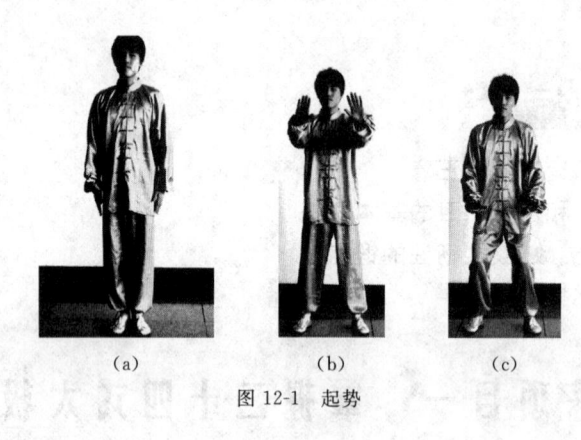

图12-1 起势

(2) 左右野马分鬃

①上体微向右转,重心移至右腿;同时右臂上提收至胸前平屈,手心向下,左手经体前向右下划弧至右手下,手心向上,两手心相对成抱球状,左脚随即收到右脚内侧。脚尖点地,眼看右手。上体微向左转,左脚向左前方迈出,右脚脚后跟后蹬,右腿自然伸直,成左弓步,同时上体继续左转,左、右手随转体慢慢分别向左上、右下分开,左手高与眼平(手心斜向上),肘微屈,右手落在右胯旁,肘也微屈,手心向下,指尖向前,目视左手。如图12-2(a)~图12-2(c)所示。

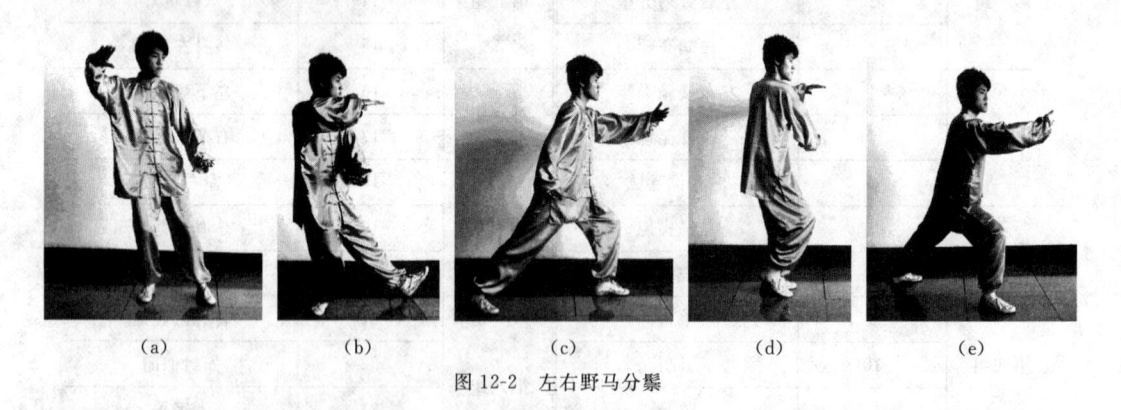

图12-2 左右野马分鬃

②上体后坐,重心移至右腿,左脚尖翘起,微向外撇(约45°),脚掌慢慢踏实,左腿慢慢前弓,身体左转,重心移至左腿,同时左手翻转向下,左手臂内旋收至胸前平屈,右手向左上划弧至左手下,两手心相对成抱球状,右脚随即收到左脚内侧,脚尖点地,目视左手。

右腿向右前方迈出，左腿自然伸直，成右弓步，同时上体右转，左、右手随转体分别慢慢向左下、右上分开，右手高与眼平（手心斜向上），肘微屈，左手落在左胯旁，肘也微屈，手心向下，指尖向前，目视右手，如图 12-2(d)和图 12-2(e)所示。

（3）白鹤亮翅

上体微向左转，左手翻掌向下，左臂平屈胸前，右手向左上划弧，手心转向上，与左手成抱球状，目视左手。右脚跟进半步，上体后坐，重心移至右腿，上体先向右转，面向右前方，眼看右手，然后左脚稍向前移，脚尖点地，成左虚步，同时上体再微向左转，面向前方，两手随转体慢慢向右上、左下分开，右手上提停于右额前，手心向左后方，左手落于左胯前，掌心向下，指尖向前，目视前方，如图 12-3 所示。

图 12-3　白鹤亮翅

2. 第二组

（4）左右搂膝拗步

①右手体前下落，由下向后上方划弧至右肩外侧，肘微屈，手与耳同高，手心斜向上，左手由左下向上、向右下方划弧至右胸前，手心斜向下，同时上体先微向左再向右转，左脚收至右脚内侧。脚尖点地，目视右手。上体左转，左脚向前（偏左）迈出成左弓步；同时左手屈回由耳侧向前推出，高与鼻尖平，左手向下由左膝前搂过落于左胯旁，指尖向前，目视右手，如图 12-4 所示。

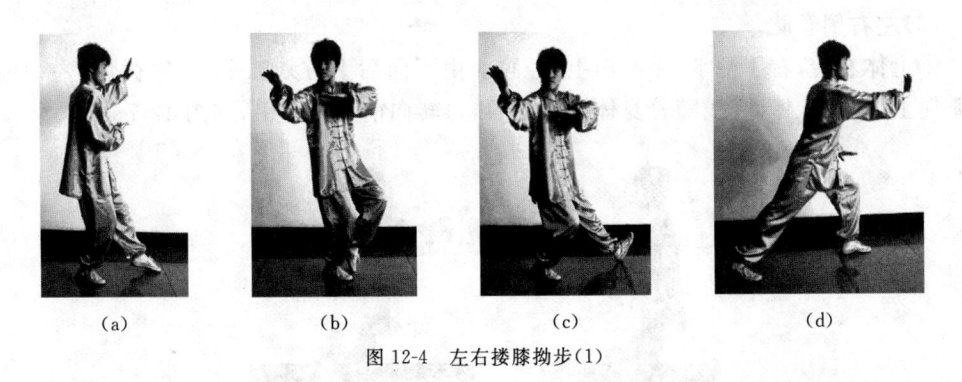

图 12-4　左右搂膝拗步(1)

②右腿慢慢屈膝，上体后坐，重心移至右腿，左脚尖翘起微向外转，随后脚掌慢慢踏实，左腿前弓，身体左转，重心移至左腿，右脚收至左脚内侧，脚尖点地，同时左手向外翻掌，由左后向上划弧至左肩外侧，手与耳同高，手心斜向上，右手随转体向上、向左下划弧

落于左胸前,手心斜向下,目视左手,如图12-5(a)~图12-5(c)所示。

③上体右转,右脚向前(偏左)迈出成右弓步,同时右手屈回由耳侧向前推出,高与鼻尖平,右手向下,由右膝前搂过,落于右胯旁,指尖向前,目视左手,如图12-5(d)所示。

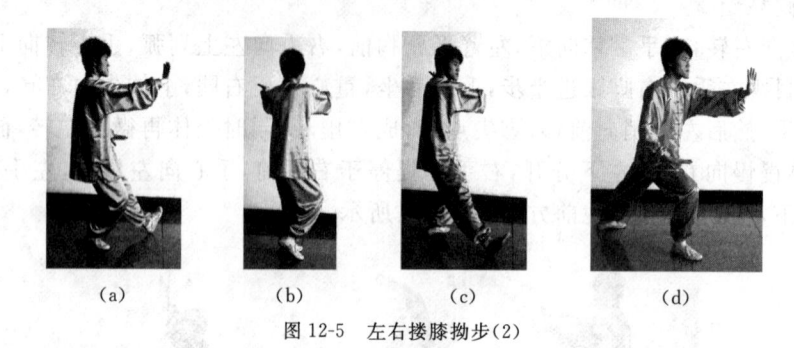

(a) (b) (c) (d)

图12-5 左右搂膝拗步(2)

(5)手挥琵琶

右脚跟进半步,上体后坐,身体重心转至右腿,上体半面向右转,左脚略提起稍向前移,变成左虚步,脚后跟着地,脚尖翘起,右膝微屈,同时左手由左下向上挑举,高与鼻尖平,掌心向右,臂微屈,右手收回放在左肘里侧,掌心向左,眼看左手食指,如图12-6所示。

(a) (b) (c)

图12-16 手挥琵琶

(6)左右倒卷肱

①上体右转,右手翻掌(手心向上)经腹前由下向后上方划弧平举,臂微屈,左手随即翻掌向上,向右转体,视线随着身体先向右看,再转向前方看左手,如图12-7所示。

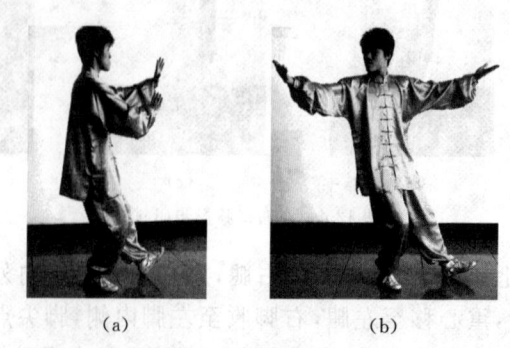

(a) (b)

图12-7 左右倒卷肱(1)

②右臂屈肘折向前，右手由耳侧向前推出，手心向前，左臂屈肘后撤，手心向上，撤至左肋外侧，同时左腿轻轻提起向后(偏左)退一步，脚掌先着地，然后全脚慢慢踏实，身体重心移到左腿上，成右虚步，右脚随转体以脚掌为轴扭正，目视右手，如图12-8所示。

图12-8　左右倒卷肱(2)

③上体微向左转，同时左手随转体向后上方划弧平举，手心向上，右手随即翻掌，掌心向上，跟随转体先向左看，再转向前方看右手，如图12-9所示。

④左臂屈肘折向前，左手由耳侧向前推出，手心向前，右臂屈肘后撤，手心向上，撤至右肋外侧，同时右腿轻轻提起向后(偏右)退一步，脚掌先着地，然后全脚慢慢踏实，身体重心移至右腿上，成左虚步，左脚随转体以脚掌为轴扭正，目视左手，如图12-10所示。

图12-9　左右倒卷肱(3)　　　图12-10　左右倒卷肱(4)

⑤上体微向右转，同时右手随转体向后上方划弧平举，手心向上，左手随即翻掌，掌心向上，眼随转体先向右看，再转向前方看左手。

⑥与②动作相同。

⑦与③动作相同。

3. 第三组

(7)左揽雀尾

①上体微向右转，同时右手随转体向后上方划弧平举，手心向上，左手放松，手心向下，目视左手。身体继续向右转，左手自然下落逐渐翻掌经腹前划弧至右肋前，手心向上，右臂屈肘，手心转向下，收至右胸前，两手相对

微课：二十四式太极拳——第三、四组

成抱球状,同时身体重心落在右腿上,左脚收到右脚内侧,脚尖点地,目视右手。上体微向左转,左脚向左前方迈出,上体继续向左转,右腿自然蹬直,左腿屈膝,成左弓步,同时左臂向左前方掤出(左臂平屈成弓形,用前臂外侧和手背向前方掤出),高与肩平,手心向后,右手向右下落于右胯旁,手心向下,指尖向前,目视前臂,如图12-11所示。

图 12-11　左揽雀尾(1)

②身体微向左转,左手随即前伸,翻掌向下,右手翻掌向上,经腹前向上、向前伸至左前臂下方,然后两手下捋,即上体向右转,两手经腹前向右后上方划弧,直至右手手心向上,高与肩齐,左臂平屈于胸前,手心向后,同时身体重心移至右腿,目视右手。上体微向左转,右臂屈肘折回,右手附于左手腕里侧(相距约 5 cm)。上体继续向左转,双手同时向前慢慢挤出,左手心向右,右手心向前,左前臂保持半圆,同时身体重心逐渐前移变成左弓步,目视左手腕部。左手翻掌,手心向下,右手经左腕上方向前、向右伸出,高与左手齐,手心向下,两手左右分开,与肩同宽,然后右腿屈膝,上体慢慢后坐,身体重心移至右腿上,左脚尖翘起,同时两手臂屈肘收至腹前,手心均向前下方,目视前下方,上势不停,身体重心慢慢前移。同时两手向前、向上推出,掌心向前,左腿前弓成左弓步,如图12-12所示。

图 12-12　左揽雀尾(2)

(8)右揽雀尾

上体后坐并向右转,身体重心移至右腿,左脚尖里扣,右手向右平行划弧至右侧,然后由右下经腹前向左上划弧至左肋前,手心向上;左臂平屈胸前,左掌心向下与右手成抱球状,同时身体重心再移至左腿,右脚收至左脚内侧,脚尖点地,接下来的动作与左揽雀尾相同,但方向相反,如图12-13所示。

(a)　　　　　　(b)　　　　　　(c)　　　　　　(d)

图 12-13　右揽雀尾

4. 第四组

(9) 单鞭

上体后坐,身体重心逐渐移至左腿上,右脚尖里扣。同时上体左转,两手(左高右低)向左弧形运转,直至左臂平举,伸于身体左侧,手心向左,右手经腹前运至左肋前,手心向后上方,目视左手。身体重心再渐渐移至右腿,上体右转,左脚向右脚靠拢,脚尖点地,同时右手向右上方划弧(手心由里转向外),至右侧时变勾手,臂与肩平,左手经腹前向右上划弧停于右肩前,手心向里,目视左手。上体微向左转,左脚向左前侧迈出,右脚脚后跟后蹬,成左弓步,在身体重心移向左腿的同时,左掌随上体的继续左转慢慢翻转向前推出,手心向前,手指与眼齐平,臂微屈,目视左手,如图 12-14 所示。

(a)　　　　　　(b)　　　　　　(c)　　　　　　(d)

图 12-14　单鞭(1)

(10) 云手

身体重心移至右腿,身体渐向右转,左脚尖里扣。左手经腹前向右上划弧至右肩前,手心斜向后,同时右手变掌,手心向右前,目视左手。上体慢慢左转,身体重心随之逐渐左移,左手由脸前向左侧运转。手心渐渐转向左方,右手由右下经腹前向左上划弧至左肩前,手心斜向后,同时右脚靠近左脚,成小开立步(两脚距离 10～20 cm),目视右手。上体再向右转,同时左手经腹前向右上划弧至右肩前,手心斜向后,右手向右侧运转,手心翻转向右,随之左腿向左横跨一步,目视左手,如图 12-15 所示。

(11) 单鞭

上体向右转,右手随之向右运转至右侧时变成勾手,左手经腹前向右上划弧至右肩前,手心向内,身体重心落在右腿上,左脚尖点地,目视左手。上体微向左转,左脚向左前

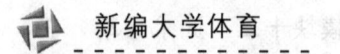

侧迈出，右脚跟后蹬，成左弓步，在身体重心移向左腿的同时，上体继续左转，左掌慢慢翻转向前推出，如图 12-16 所示。

(a) (b) (c) (d)

(e) (f) (g) (h)

图 12-15 云手

(a) (b) (c) (d)

图 12-16 单鞭(2)

5. 第五组

(12) 高探马

右脚脚后跟进半步，身体重心逐渐后移至右腿，右手变掌，两手心翻转向上，两肘微屈，同时身体微向右转，左脚脚后跟渐渐离地，眼看左前方，上体微向左转，面向前方，右掌经右耳旁向前推出，手心向前，手指与眼同高，左手收至左侧腰前，手心向上，同时左脚微向前移，脚尖点地，成左虚步，目视右手，如图 12-17 所示。

(13) 右蹬脚

左手手心向上伸至右腕背面，两手相互交叉，随即向两侧分开并向下划弧，手心斜向

微课：二十四式太极拳——第五、六组

下,同时右脚提起向左前侧进步(脚尖略外撇),身体重心前移。右腿自然蹬直,成左弓步,目视前方。两手由外围向里划弧,交叉合抱于腹前,右手在外,两手心均向后,同时右脚向左脚靠拢,脚尖点地,目平视右前方。两臂左右划弧分开平举,肘部微屈,手心均向外,同时右腿屈膝提起,右脚向右前方慢慢蹬出,目视右手,如图 12-18 所示。

(a) (b)

图 12-17　高探马

(a) (b) (c) (d)

图 12-18　右蹬脚

(14)双峰贯耳

右腿收回,屈膝平举,左手由后向上、向前下落至体前,两手心均翻转向上,两手同时向下划弧分落于右膝两侧,目视前方。右脚向右前方下落,身体重心渐渐前移,成右弓步,面向右前方,同时两手下落,慢慢变拳,分别从两侧向上、向前划弧至面部前方,两拳相对,高与耳齐,拳眼都斜向内下(两拳间距为 10~20 cm),目视右拳,如图 12-19 所示。

(a) (b)

图 12-19　双峰贯耳

(15)转身左蹬脚

左腿屈膝,后坐,身体重心移至左腿,上体左转,脚尖里扣,同时两拳变掌,由上向左右划弧分开平举,手心向前,目视左手,身体重心再移至右腿,左脚收到右脚内侧,脚尖点地,同时两手由外圈向里圈划弧,合抱于胸前,左手在外,两手心均向后,目视左前方,两臂左右划弧分开平举,肘部微屈,手心均向外,同时左腿屈膝提起,左脚向左前方慢慢蹬出,目视左手,如图12-20所示。

图12-20 转身左蹬脚

6. 第六组

(16)左下势独立

左小腿收回平举,上体右转,右掌变成勾手,左掌向上、向右划弧下落,立于右肩前,掌心斜向后,目视右手。右腿慢慢屈膝下蹲,左腿由内向左侧(偏后)伸出,成左仆步,左手下落(掌心向外)向左下顺左腿内侧向前穿出,目视左手。身体重心前移,以左脚脚后跟为轴,脚尖外撇,左腿前弓,右腿后蹬,右脚尖里扣,上体微向左转并向前起身,同时左手臂向前立掌伸出,掌心向右,右手勾手下落,勾尖向后,目视左手,右腿向前屈膝提起,成左独立式,同时右手变掌,由右后下方顺右腿外侧向前弧形挑起,屈臂立于右腿上方,肘与膝相对,手心向左,左手落于左胯旁,手心向下,指尖向前,目视右手,如图12-21所示。

图12-21 左下势独立

(17)右下势独立

右腿下落于左脚前,脚掌着地,然后以左脚前掌为轴,脚后跟内转,上体随之左转,同时左手向后平举变成勾手,右掌随着转体向左侧划弧,立于左肩前,掌心斜向后,目视左手,与"左下势独立"动作相同,只是左右方向相反,如图12-22所示。

(a) (b) (c) (d)

图 12-22　右下势独立

7. 第七组

(18)左右穿梭

身体微向左转,左脚向前落地,脚尖外撇,右脚脚后跟离地,两腿屈膝成半坐盘式,同时两手在左胸前成抱球状(左上右下),然后右脚收到左脚内侧,脚尖点地,目视左手。身体右转,右脚向右方迈出,屈膝弓腿,成右弓步,同时右手由脸前向上举起,内旋翻掌停在右额前,手心斜向上,左手先向左下再经体前推出,高与鼻尖平,手心向前,目视左手,身体重心略向后移,右脚尖稍向外撇,随即重心再移至右腿,左腿跟进,停于右脚内侧,脚尖点地,同时两手在右胸前成抱球状(右上左下),目视右手,如图12-23所示。

微课:二十四式太极拳——第七、八组

(a) (b) (c) (d) (e)

图 12-23　左右穿梭

(19)海底针

右脚向前跟进半步,重心移至右腿,左脚稍向前移,脚尖点地,成左虚步,同时身体稍向右转,右手下落经体前向后、向上提至肩上耳旁,再随身体左转,由右耳旁斜向前下方插出,掌心向左,指尖斜向下,同时左手向前、向下划弧落于左胯旁,手心向下,指尖向前,目视前下方,如图12-24所示。

(20)闪通臂

上体稍向右转,左脚向前迈出,屈膝弓腿成左弓步,同时右手由体前上提,屈臂上举,

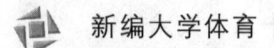

停于右额前上方,掌心翻转斜向上,拇指朝下,左手上起经胸前向前推出,高与鼻尖平,手心向前,目视左手,如图 12-25 所示。

(a)　　　(b)

图 12-24　海底针

(a)　　　(b)

图 12-25　闪通臂

8. 第八组

(21)转身搬拦捶

上体后坐,重心移至右腿,右脚尖里扣,身体向右后转,然后身体重心再移至左腿上;与此同时,右手随转体向右、向下(变拳)经腹前划弧至左肋旁,拳心向下,左掌上悬于头前,掌心斜向上。目视前方,向右转体,右拳经胸前向前翻转撇出,拳心向上,左手落于左胯旁,掌心向下,指尖向前,同时右脚收回后再向前迈出,脚后跟着地,脚尖外撇,目视右拳,重心移至右腿,左脚向前迈一步,同时左手上起经左侧向前划弧拦出,掌心向前下方,右拳内旋向右划弧收到右腰旁,拳心向上,目视左手。左腿前弓成左弓步,同时右拳向前顶出,拳眼向上,高与胸平,左手附于右前臂内侧,目视右拳,如图 12-26 所示。

(a)　　(b)　　(c)　　(d)　　(e)

图 12-26　转身搬拦捶

(22)如封似闭

左手由右腕下向前伸出,右拳变掌,两手手心逐渐翻转向上并慢慢分开回收,同时身体后坐,左脚尖翘起,重心移至右腿,目视前方,两手在胸前翻掌,向下经腹前再向上、向前推出,腕部与肩平,手心向前,同时左腿前弓成左弓步,目视前方,如图 12-27 所示。

(23)十字手

屈膝后坐,重心移至右腿,左脚尖里扣,向右转体,右手随着转体动作向右平摆划弧,与左手成两臂侧平举,掌心向前,肘部微屈,同时右脚尖随着转体稍向外撇,成右侧弓步。

目视右手,重心慢慢移至左腿,右脚尖里扣,随即向左收回,两脚距离与肩同宽;两腿逐渐蹬直,成开立步,同时两手向下经腹前向上划弧交叉合抱于胸前,两臂撑圆,腕高与肩平,右手在外,成十字手,手心均向后,目视前方,如图 12-28 所示。

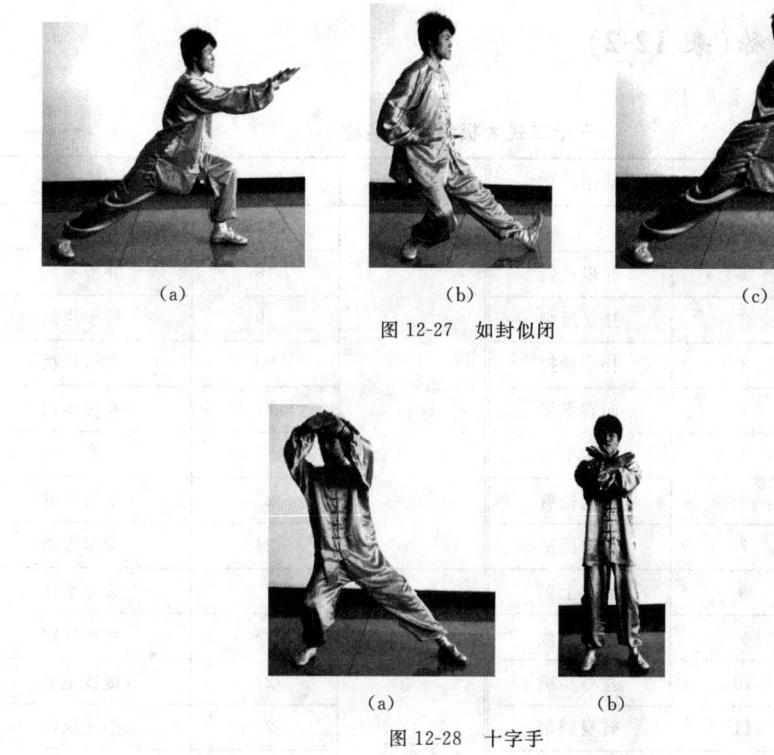

图 12-27 如封似闭

图 12-28 十字手

(24)收势

两手向外翻掌,手心向下,两臂慢慢下落,停于身体两侧,目视前方,如图 12-29 所示。

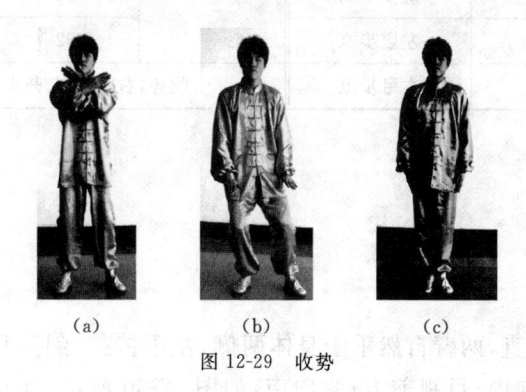

图 12-29 收势

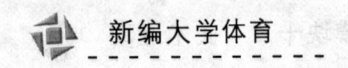

训练项目二　掌握三十二式太极剑

一、动作名称(表12-2)

表12-2　　　　　　　　　三十二式太极剑动作名称

组别	动作序号	动作名称	组别	动作序号	动作名称
第一组	起始动作:预备势、起势			17	转身回抽
	1	并步点剑	第三组	18	并步平刺
	2	独立反刺		19	弓步拦剑
	3	仆步横扫		20	右弓步拦
	4	向右平带		21	左弓步拦
	5	向左平带		22	进步反刺
	6	独立抢劈		23	反身回劈
	7	退步回抽		24	虚步点剑
第二组	8	独立上刺	第四组	25	独立平托
	9	虚步下截		26	弓步挂劈
	10	左弓步刺		27	虚步抢劈
	11	转身斜带		28	撤步反击
	12	缩身斜带		29	进步平刺
	13	提膝捧剑		30	丁步回抽
	14	跳步平刺		31	旋转平抹
	15	左虚步撩		32	弓步直刺
	16	右弓步撩	收势:右转接剑、开步收势、并步直立		

二、套路技术

1. 起始动作

(1)预备势

两脚并立,身体正直,两臂自然垂于身体两侧,左手持剑,剑身竖直贴靠小臂,剑尖向上;右手成剑指,手心向内;目视前方;胸向南,如图12-30所示。(此套动作图中,人物朝向默设为南)。

(a)　　　　　　(b)　　　　　　(c)

图 12-30　预备势

(2)起势

①两脚开立、两臂前举

身体重心右移,左脚向左开半步,脚尖朝前,与肩同宽,身体重心落于两脚之间,两臂慢慢提起成前平举,与肩齐平,两手心均向下;目视前方。

②转身摆臂、弓步前指

上体微向右转,身体重心移至右腿,屈膝下蹲;然后身体左转,左腿顺势提起向左侧前方迈出,成左弓步;同时左手持剑经体前向右划弧至右前上方后,随即经体前向左下方搂出,停于左胯旁,剑立于左臂后,剑尖向上;右手剑指向下、向右、向上划弧,曲肘上举,经右耳侧随转体方向向前指出,高与肩平;目视右剑指,胸向东,如图12-31(a)、图12-31(b)所示。

③上步坐盘、穿柄展臂

身体重心移于左腿,右腿提起向前横落,脚尖外撇,两腿交叉,两膝弯曲,重心移至两腿中间偏前,左脚脚后跟离地,身体右转稍下坐,成半坐盘式;同时左手持剑屈肘上提至胸前,手心向下从右手上方穿出;右手剑指翻成手心向上,慢慢下落经腹前撤至右后方,手心仍朝上,两臂前后展开,与肩同高;身体同时右转,目视右剑指,如图12-31(c)所示。

(a)　　　　　(b)　　　　　(c)　　　　　(d)

图 12-31　起势

④上步左弓、右手接剑

左脚向前上一步成左弓步;同时身体左转,左手持剑稍内旋,手心斜向下;右手剑指经头右上方向前落于剑把之上,准备接剑;胸向左后方,目视正前方,如图12-31(d)所示。

学法要点:做动作时应先上步和向左转头,然后再将右臂向前下落。

2. 第一组

(1) 并步点剑

右脚上步与左脚并齐靠拢,脚尖朝前,两膝稍屈;同时左手食指向中指一侧靠拢,右手松开剑指,虎口对着剑柄护手握住剑柄,将剑换接,随即以腕关节为轴绕环,使剑在身体左侧划一立圆后,剑尖向前下点,剑尖略下垂,力达剑尖;左手握成剑指,附于右腕部位;胸向前,目视剑尖,如图 12-32 所示。

(2) 独立反刺

①撤步抽剑

右脚向右后方撤一步,随即身体右后转,两膝稍屈;同时,右手持剑沉腕向下带于右腹前,随即经体前下方剑尖划弧撤至右后方,使剑身与肩齐平;左剑指附于右腕部,随右臂划摆至右后肋时停于右腕旁;目视剑尖,如图 12-33 所示。

②丁步挑剑

身体继续右转,右腿屈膝支撑身体重心,左脚收至右脚内侧,脚尖虚点地面;同时右臂外旋翻腕,剑尖上挑成立剑,剑尖斜向上高于头;左手剑指随剑回撤,停于右肩前,手心朝右下方,手指向上;目视剑身,如图 12-34 所示。

③独立反刺

上体左转,左腿屈膝提起,脚尖下垂,成独立式;同时右手持剑上举,使剑经头部前上方向左前方刺出,虎口一侧向下,剑尖略低;左手剑指经下颌随转体向左前方指出,与眉齐平;目视剑指,胸向南,如图 12-35 所示。

图 12-32 并步点剑 　　图 12-33 撤步抽剑 　　图 12-34 丁步挑剑 　　图 12-35 独立反刺

(3) 仆步横扫

①弓步劈剑

上体右后转,重心下降,右腿屈膝前弓,左腿向左后方横落撤步;同时,右手持剑随转体向右后方劈下;左手剑指落于右腕部,手心向下;目视剑尖,如图 12-36 所示。

图 12-36 弓步劈剑(1)

②仆步扫剑

身体左转,右腿弯膝成半仆步;随身体重心左移,右脚尖内扣,右腿蹬直,左脚尖外撇,左腿屈膝成左弓步;同时左手剑指经体前顺左肋反插,向后、向左上方划弧举于左额前上方,手心斜向上;右手持剑翻掌,臂外旋,使剑向下、向左上方平扫,力达剑刃中部。剑高与

胸平,手心朝上;目视剑尖,胸向东偏北,如图12-37所示。

图12-37 仆步扫剑

(4)向右平带

身体重心移至左腿,右腿提起,经左腿内侧弧形向前方跨出一步,成右弓步;同时右手持剑稍向内收,随即向左前引伸后翻转手心向下;再将剑向右斜方回带至右肋前方,屈肘,力达剑刃前部,剑尖略高于手;左手剑指下落附于右手腕部;目视剑尖,如图12-38所示。

(5)向左平带

身体重心移于右腿,左脚提起,经右腿内侧向左前方弧形迈出一步,成左弓步,身体重心落于中间偏左;同时右手持剑,先稍向内收,随即向右前引伸后翻转手心向上,将剑向左回带至左肋前方,屈肘,力达左剑刃;左手剑指经体前、左肋向左上方划弧上举于左额上方,手心斜向上;目视剑尖,胸向东北,如图12-39所示。

(6)独立抡劈

①跟步收剑

右脚跟步到左脚内侧,脚尖点地,两腿屈膝;右手持剑稍内收;左手剑指自左额上方下落至右腕部,手心向下;目视剑尖,如图12-40所示。

图12-38 向右平带　　图12-39 向左平带　　图12-40 跟步收剑

②转身抡剑

上体左转,右手持剑自前向下、向后划弧,使剑斜置于身体左下方,手心斜向上,剑尖斜向下,与膝齐高;左手剑指摆至右肩前;目视剑尖,如图12-41所示。

③独立劈剑

上身动作不停,右脚向前上一步;右腿直立支撑身体,左腿屈膝提起成独立步;同时上体右转，右手持剑向上、向前下方立剑劈下，力达剑前部，虎口向上，剑尖稍高于膝；左手剑指随转体自身体左侧向下、向后摆转至左额上方，手心向上；目视剑尖，胸向东南，如图12-42所示。

(7) 退步回抽

左脚向后落步，屈膝，右脚随后撤回半步，脚尖点地成右虚步；同时，右手持剑屈肘回抽，剑柄靠近左肋旁，手心向内，剑尖斜向上；左手剑指下落附于剑把上；目视剑尖，胸向东北，如图12-43所示。

(8) 独立上刺

身体微右转，右脚向前垫半步直立支撑身体重心，左腿屈膝提起成独立步；同时，右手持剑向上方刺击，剑尖斜向上，高与头平，手心向上；左手仍附于右手腕部，手心向下；目视剑尖，胸向东，如图12-44所示。

图12-41 转身抡剑 　　图12-42 独立劈剑 　　图12-43 退步回抽 　　图12-44 独立上刺

3. 第二组

(9) 虚步下截

左脚向左后方落步，右脚随即稍向后撤，脚尖点地成右虚步；同时右手持剑先随身体左转，再随身体右转，经体前向右、向下按截，力达剑刃，剑尖稍下垂与膝齐平，手心向内；左手剑指向左后方绕行抡摆，架举于左额上方，手心斜向上；目视右前方，胸向东偏北，如图12-45所示。

(10) 左弓步刺

① 右转领剑

右脚向右后方回撤一步，屈膝成右弓步；上体稍右转，右手持剑随身体右转先向前、向上举，随即内旋回抽，手心向外，剑尖向左前方，剑横于肩颈前；左手剑指经头前向右、向下划摆落至右手腕部，手心向下；目视剑尖，如图12-46所示。

② 左弓平刺

上身动作不停，左脚收至右腿内侧后再向左前方迈出，成左弓步，身体左转，面向左前方；同时，右手持剑随身体转动扣腕向下抽卷，经右腰侧向左前方刺击，手心向上，力达剑尖；左手剑指向右、向下落，经体前再向左、向上划弧绕行至左额上方成架剑指，手心向上；目视剑尖，胸向东北，如图12-47所示。

图12-45 虚步下截　　图12-46 右转领剑　　图12-47 左弓平刺

(11)转身斜带

①转体收剑

身体重心后移,左脚尖里扣,上体右转;随后身体重心再移至左脚,右腿提起,贴在左小腿内侧;同时,右手持剑收回横置胸前,手心向上;左手剑指下落至右手腕部,手心向下;目视左方,如图12-48所示。

②右弓右带

上身动作不停,身体向右后转体,右脚向右侧迈击,成右弓步;同时,右手持剑随转体翻腕,臂内旋,使手心向下,向身体右侧外带,剑尖稍高,力达剑刃外侧;左手剑指仍附于右手腕部,手心向下;目视剑尖,胸向西偏北,如图12-49所示。

(12)缩身斜带

左腿提起后再落回原位置,身体重心自右腿移至左腿,右脚撤至左脚内侧,脚尖点地;同时,右手持剑臂外旋翻掌使手心向上并向左侧回带剑,剑尖稍高,力达剑刃外侧;左手剑指随即自体前向下顺肋反插,再向后、向上划弧绕行重又落至右手腕部,手心向下;目视剑尖,胸向西南,如图12-50所示。

图12-48 转体收剑　　图12-49 右弓右带　　图12-50 缩身斜带

(13)提膝捧剑

①虚步分剑

右脚后退一步,左脚随即也稍向后撤,脚尖着地成左虚步;同时,两手向前再向两侧平行分开,手心均向下;剑身斜置于身体右侧,剑尖向前,稍高于腰;左手剑指置于身体左侧,指尖向前;目视前方,如图12-51所示。

②提膝捧剑

左脚稍向前垫步,右腿屈膝提起成独立步;同时,右手持剑翻掌手心向上捧送至体前,

191

左手剑指变掌自左侧向前上划弧捧至右手背相合于胸前,两臂稍屈,两手心均向上,剑在胸前,剑身直向前方,剑尖略高;目视前方,胸向西,如图12-52所示。

(14)跳步平刺

①跃步捧分

右脚向前落下,身体重心前移,左脚提起;随即右脚前掌用力蹬地,左脚前进一步踏实;右脚迅速向左脚靠拢,居中不落地;同时,两手捧剑先稍向回收,随即向前伸刺;落地时两手分开收至身体两侧,两手心均向下;目视前方,如图12-53所示。

图12-51　虚步分剑(1)　　图12-52　提膝捧剑　　图12-53　跃步捧分

②弓步平刺

上身动作不停,右脚向前上一步,成右弓步;同时,右手持剑向前平刺,手心向上,力达剑尖;左手剑指自身体左侧向上划弧摆举至左额上方,手心斜向上;目视剑尖,胸向南偏西,如图12-54所示。

(15)左虚步撩

①收脚绕剑

身体重心移至左腿,上体稍左转,右脚回收一小步停于左脚前。脚尖虚点地面,两膝稍屈;同时,右手持剑随转体臂外旋,自前向上、向后划弧至左腰侧,剑尖向上,与头平;左手剑指自左额上方下落至右手腕部,手心向下;目视剑尖,如图12-55所示。

图12-54　弓步平刺

②虚步左撩

上身动作不停,右脚上步,脚尖外撇;左脚前进一步,脚尖着地成左虚步,上体随之右转;同时右手持剑随转体向后、向下、向前、向上撩击,前臂内旋,手心向外,剑柄停于头前,剑尖向前稍低,力达剑刃前部;左手剑指附于右手腕部,手心向外;目视前方,胸向北,如图12-56所示。

(16)右弓步撩

①转体绕剑

身体先右转,同时,右手持剑自上向后抡绕,剑绕至右后方,剑尖向后与胸齐平,手心向外;左手剑指随抡绕附于右臂内侧,手心向下;目视剑尖,如图12-57所示。

②弓步右撩

上身动作不停,身体左转,左脚向前垫步,右脚随之前进一步,成右弓步;同时右手持剑随着右脚上步自下向前立剑撩击,臂外旋,手心向外,剑尖向前,稍低于剑把,力达剑刃前部;左手剑指自下向上绕行至左额上方,手心斜向上;目视前方,胸向南偏西,如图12-58所示。

图12-55 收脚绕剑 　　图12-56 虚步左撩 　　图12-57 转体绕剑(1) 　　图12-58 弓步右撩

4. 第三组

(17)转身回抽

①转身收剑

身体左转,重心后移,右脚尖内扣,左脚尖稍外撇,右腿蹬直成侧弓步;同时,右手持剑屈肘收引剑柄于胸前,剑身平直,剑尖向右手方,手心向内;左手剑指自左额上方下落至右手腕部,手心向下;目视剑尖。

②侧弓劈剑

上身动作不停,身体继续左转,左脚尖外撇,左腿屈膝成左弓步;同时,右手持剑向左前方劈下,剑身与肩平,立刃,力达剑刃,剑尖向左前方;左手剑指仍附于右手腕部,手心向下;目视剑尖,如图12-59所示。

③虚步抽剑

身体重心后移至右腿,右膝稍屈,左脚回撤半步,脚尖点地成左虚步;同时,右手持剑回抽至身体右侧,剑尖略低;左手剑指收回再经胸前、下颏向前指击,与眼齐平,手心向前下方;目视剑指,胸向东南,如图12-60所示。

(18)并步平刺

左脚稍左移,右脚向左脚靠拢成并步,面向前方,身体直立;同时,右手持剑臂翻转外旋,经右腰侧向前平直刺击;左手剑指向右下方划弧,反转变掌捧托在右手下,随右手持剑平刺,两手心均向上;剑尖向前,与胸平高,力达剑尖;目视前方,胸向东,如图12-61所示。

(19)弓步拦剑

①转体绕剑

上体右转,右脚尖外撇,两膝稍屈;右手持剑臂内旋,随身体转动翻腕后抽绕转,手心翻转向外,剑尖斜向左上,与肩齐高;左手剑指附于右手腕部,手心向下;目视前方,如图12-62所示。

②弓步拦剑

左脚向左前方进一步,身体重心前移,左腿屈膝成左弓步;上体左转,同时右手持剑经右后方向下、向左前方托起拦出,手心斜向里,剑身与头平,剑尖稍低于剑把,力达剑刃;左手剑指自右向下、向左、向上摆绕架举于左额上方,手心斜向上,眼先随剑走,然后目视前方,胸向东北,如图12-63所示。

(20)右弓步拦

身体重心稍后移,左脚尖外撇;身体先左转,再向右转,转体同时,右脚经左脚内侧向右前方进一步,成右弓步;右手持剑自左后方划一整圆,向右前方托起拦出,右臂内旋,手心向外,剑身稍高于头,剑尖略低,力达剑刃;左手剑指附于右手腕部,手心向外;目视前方,胸向东南,如图12-64所示。

图12-59 侧弓劈剑   图12-60 虚步抽剑   图12-61 并步平刺

图12-62 转体绕剑(2)   图12-63 弓步拦剑   图12-64 右弓步拦

(21)左弓步拦

身体重心稍后移,右脚尖外撇,其余动作及要点与"右弓步拦"相同,唯方向相反。右手持剑拦击时,臂外旋,手心斜向内,如图12-65所示。

(22)进步反刺

①盖步后刺

身体右转,右脚向左横落盖步,脚尖外撇;重心前移,左脚脚后跟提起,两腿屈膝成半坐盘式;同时,右手持剑,剑尖下落,经腰腹侧向后方立剑刺出,手心向前,剑身与臂成一直线,与肩齐平;左手剑指下落至右手腕部,然后向前指出,手心向下,剑指向前;目视剑尖,如图12-66所示。

②弓步反刺

身体左转,左脚前进一步,左腿屈膝成左弓步;同时,右手持剑,右前臂向上弯曲回收,使剑尖向上挑挂,继而经头侧上方向前反手刺出,臂内旋,手心向外,力达剑尖;左手剑指屈指附于右手腕部;目视剑尖,胸向东南,如图12-67所示。

图 12-65　左弓步拦　　　　　　图 12-66　盖步后刺　　　　　　图 12-67　弓步反刺

(23)反身回劈

身体重心先移至右腿,左脚尖内扣,重心再移至左腿;右脚提起回收,身体向右转,右脚随即向前迈出,右腿屈膝成右弓步,面向中线右前方;同时,右手持剑随转体自上向右后方劈下,力达剑刃,剑身与臂成一条直线;左手剑指自体前经左下方转至左额上方,手心斜向上,目视剑尖,胸向南偏西,如图 12-68 所示。

(24)虚步点剑

身体重心前移,左脚提起,上体左转,左脚随左转向起势方向垫步,脚尖外撇;随即右脚提起,经左脚内侧向前落至左脚前,脚尖点地成右虚步;同时,右手持剑随转体划弧上举向前下方点击,右腕上提,剑尖下垂,力达剑尖;左手剑指自面前下落,经身体右侧向上划绕,在体前与右手相合,附于右手腕部,手心向下;目视剑尖,胸向南,如图 12-69 所示。

5. 第四组

(25)独立平托

右脚提起,向左腿左后方倒插步,两膝稍屈,重心下降;两脚以前脚掌为轴向右碾转,随即左腿屈膝提起成右独立步;同时,右手持剑随转体自体前先向左、向下划绕,然后向右上方托起,手心向外,剑身横平立刃,稍高于头,力达剑刃上侧;左手剑指仍附于右手腕部;目视前方,胸向西北,如图 12-70 所示。

图 12-68　反身回劈　　　　　　图 12-69　虚步点剑　　　　　　图 12-70　独立平托

(26)弓步挂劈

①坐盘挂剑

左脚向前横落步,脚尖外撇,上体右转,两腿交叉成半坐盘式,右脚脚后跟离地;同时,右手持剑向身体左后方穿挂,手心向内,剑尖向后;左手剑指仍附于右手腕部,手心向下;目视剑尖,如图 12-71 所示。

②弓步劈剑

上身动作不停,右脚经左腿内侧前进一步,右腿屈膝成右弓步;右手持剑自左侧翻腕向上再向前劈下,剑身与肩齐平,力达剑刃;左手剑指经左后方上绕至左额上方,手心斜向上;目视剑尖,胸向南,如图12-72所示。

(27)虚步抡劈

①右转抡剑

身体重心稍后移,体右转,右脚尖外撇,左脚脚后跟离地成交叉步;同时,右手持剑自右侧下方向后反手抡平,右臂内旋,虎口一侧向下,剑尖向后;左手剑指自左额上方下落至右肩前,手心向下;目视剑尖,如图12-73所示。

②虚步劈剑

上身动作不停,左脚向前垫步,脚尖外撇,身体左转;随即右脚前进一步,脚尖点地成右虚步;同时,右手持剑自右后方外旋翻臂上举再向前劈下,剑尖向前下方与膝齐高,手心向内,力达剑刃;左手剑指自右肩前下落,经体前向左上方划圆再落于右前臂内侧,手心向下;目视前下方,胸向西南,如图12-74所示。

图12-71 坐盘挂剑 　　图12-72 弓步劈剑(2) 　　图12-73 右转抡剑 　　图12-74 虚步劈剑

(28)撤步反击

上体右转,右脚提起向右后方撤一大步,左脚脚后跟外转,左腿蹬直成右侧弓步;同时,右手持剑向右后上方斜削击出,力达剑刃前端,手心斜向上,剑尖斜向上与头齐平;左手剑指向左下方分开平展,剑指稍低于肩,手心向下;目视剑尖,胸向东北,如图12-75所示。

(29)进步平刺

①提脚领剑

上体稍右后转,左脚脚后跟提起,贴靠于右腿内侧;同时,右手持剑,臂内旋,翻掌向下,剑身收回至右肩前,剑尖斜向左前方;左手剑指向上摆绕落在右肩前,手心向下;目视前方,如图12-76所示。

②进步平刺

上身动作不停,身体左后转,左脚向前落步,脚尖外撇,随即右脚前进一步,右腿屈膝成右弓步;同时,右手持剑随转体向下旋裹,经腰侧向前方刺出,手心向上,力达剑尖;左手剑指自右肩前经体前顺左肋反插,先向后、再向上摆绕至左额上方,手心斜向上;目视剑尖,胸向西南,如图12-77所示。

(30)丁步回抽

身体重心后移,右脚撤至左脚内侧,脚尖点地成右丁步;同时,右手持剑屈肘回抽,手心向内,剑把置于左肋部,剑身斜立,剑尖斜向上,剑面与身体平行;左手剑指下落至剑把上,手心向下;目视剑尖,胸向南,如图12-78所示。

图12-75 撤步反击 　　图12-76 提脚领剑 　　图12-77 进步平刺 　　图12-78 丁步回抽

(31)旋转平抹

①摆步横剑

右脚稍提起向前落步,脚尖外撇,上体稍右转;同时右手持剑,臂内旋,翻掌向下,使剑身横置胸前;左手剑指仍附于右手腕部,手心向下;目视剑尖,如图12-79所示。

②旋转抹剑

上身动作不停,身体重心移至右腿,上体继续右转,左脚随即向右脚前扣步,两脚尖斜相对成内"八"字形;同时,右手持剑随转体自左向右平抹,力达剑刃外侧,剑身置于胸前;左手剑指仍附于右手腕部,手心向下;目视剑身,如图12-80所示。

③虚步分剑

上身动作不停,以左脚掌为轴向右后转身,右脚随转体向中线侧方后撤一步,左脚随之稍后收,脚尖点地成左虚步;同时,右手持剑随转体由左向右平抹,力达剑刃外侧;在变成虚步时,两手左、右分开,置于两胯旁,手心均向下,剑身斜置于身体右侧,剑尖位于体前,身体面向起势的方向;目视前方,胸向南,如图12-81所示。

(32)弓步直刺

左脚前进半步,成左弓步;同时,右手持剑,立剑直向前刺,手心向左,剑尖向前,力达剑尖,与胸齐高;左手剑指向前附于右手腕部,手心向下;目视前方,胸向南,如图12-82所示。

图12-79 摆步横剑 　　图12-80 旋转抹剑 　　图12-81 虚步分剑(2) 　　图12-82 弓步直刺

5. 收势

(1)右转接剑

身体重心后移,体右转;右腿屈膝,左腿伸直;同时,右手持剑向右后回抽,手心向内,剑尖向前与胸齐平;左手剑指变掌屈肘回收,接握剑的护手;目视剑身,如图12-83所示。

(2)开步收势

上身动作不停,身体左转,身体重心移至左腿,右脚向前跟进半步,与左脚成开立步,与肩同宽,脚尖向前;同时,左手反握接剑,经体前下落垂于身体左侧,手心向后,剑身竖直贴靠于小臂,剑尖向上;右手变成剑指向下、向右后方划弧上举,再向前、向下落于身体右侧;全身放松,目视前方,胸向正南,如图12-84所示。

(3)并步直立

左脚向右脚并拢,直立,全身放松,目视前方,如图12-85所示。

学法要点:换手握剑动作要自然;右手剑指划弧下落与右脚跟进半步要协调一致。

图12-83 右转接剑　　图12-84 开步收势　　图12-85 并步直立

训练项目三　了解跆拳道

一、跆拳道运动的特点

1. 以腿为主,手足并用

跆拳道技术方法中占主导地位的是腿法,腿法技术在整体运用中约占3/4,因为腿的长度和力量是人体中最长、最大的,其次则是手法。腿的技法有很多种形式:可高可低、可近可远、可左可右、可直可屈、可转可旋,威力极大,是比赛时得分和实用制敌的有效方法。手臂的灵活性很好,可以自如地控制完成防守和进攻动作,同时也可以变化为拳、掌、肘、肩等多种用法,进行实战。在竞赛规则以外的跆拳道实战中,人体的一些主要关节部位亦可作为进攻武器或防守盾牌,如手、肘、膝、脚等是跆拳道实战中最常用、最有效的击打武器。

2. 方法简练,刚直硬打

不论是在比赛时,还是在实战中,跆拳道的进攻方法都是十分简捷而实效的。对抗时双方都是直接接触,以刚制刚,用简练硬朗的方法直接击打对方,或拳或腿,速度快,变化多;防守的动作也以直接的格挡为主,随即是连续的反击动作。防守时很少使用躲闪防守法,追求刚来刚往,硬拼硬打,尽可能保持或缩短双方间的距离,以增加击打的有效性,在近距离拼斗中争取比赛或实战的胜利。

3. 内外兼修,功法独特

跆拳道理论认为,经过专门训练,人的关节部位能产生不可思议的威力,特别是拳、肘、膝和脚四个部位,尤以脚和手为甚。长期专门练习跆拳道,可以使人达到内外合一的程度,即内功和外力达到统一的巅峰。由于无法确定人体关节部位武器化的威力和潜力到底有多大,所以只有通过对木板、砖瓦等物体的击打来检验练习者的功力水平。

4. 以击破为测试功力的手段

跆拳道在推广时,大多以击破方式向人们展示其威猛无比的功夫,即用拳、掌或脚分别击碎木板、砖瓦,以此检验和测试练习者的功力。这种独特的方法现已成为跆拳道训练、晋级、表演、比赛的主要内容,它能体现跆拳道独特的功法和特点。

5. 强调气势,发声扬威

无论是平时训练,还是竞技,跆拳道都要求在气势上给人以威严,多以发出洪亮并带有威慑力的声音来显示自己的能力。尤其是在竞技跆拳道比赛中,练习双方都会以规则允许的发声来提高自己的斗志,借此在气势上压倒对手,甚至在出击时配合击打效果以获得裁判的认可,争取在心理上战胜对手。因此,跆拳道练习者都要进行专门的发声练习。

6. 礼始礼终,培养良好的道德品质

跆拳道给人们留下的较深印象是,跆拳道练习者在各种场合都行礼鞠躬。这是因为跆拳道练习者始终把"礼"作为训练内容,强调"礼始礼终",即练习活动都要从礼开始,以礼结束,并注重爱国主义教育,要求跆拳道练习者在练习技术的同时,在道德修养方面也要不断提高自己。通过向长辈、教练、队友鞠躬施礼,使跆拳道练习者养成发自内心的行礼习惯,以养成恭敬谦虚、友好忍让的态度和互相学习的作风,并培养其坚忍不拔的意志品质。

二、跆拳道运动的礼仪

跆拳道练习虽然是以双方格斗的形式进行,但是不管它怎样激烈,由于双方都是以提高技艺和磨炼意志品质为目的,所以在双方各自内心深处都必须抱有向对方表示敬意和学习的心理。因此,在练习或比赛前后都一定要向对方敬礼,跆拳道是练习者精神和身体的综合修炼,可使练习者在艰苦的磨炼中培养出理想的人格和体魄,并能够真正掌握防身自卫的本领。礼仪是跆拳道运动必不可少而且十分重要的组成部分。

1. 练习时的礼仪

(1)练习者进入场地时,首先向教练敬礼。

(2)练习前双方应相互敬礼,练习后再次相互敬礼。

2. 比赛开始前的礼仪

(1)运动员依照主裁判"立正""敬礼"的口令,立正向陪审席行标准礼:鞠躬的自然姿势,腰部前倾15°,头部下倾45°,两手握拳贴于双腿两侧。

(2)运动员依主裁判"向左向右转"的口令,内转相对,立正站好,再依"敬礼"口令,相互敬礼。

3. 比赛结束后的礼仪

(1)比赛结束时,运动员在各自的位置相对站立。
(2)运动员依主裁判"立正""敬礼"的口令,相互敬礼。
(3)运动员依主裁判"向左向右转"及"敬礼"的口令转向监督官,向监督官行标准礼。

三、跆拳道运动的入门技术

1. 步形

(1)实战姿势

跆拳道的实战姿势是进攻的起点和终点,左脚在前称为左势实战姿势,右脚在前称为右势实战姿势。

动作要领:两脚前后分开与肩同宽,左脚尖内扣约 45°,斜向前方;右脚略偏右,脚后跟抬起,重心落于两脚之间;双手握拳,左拳高与肩平,右拳置于胸前;肘关节自然下垂,如图 12-86 所示。

(2)开立步

动作要领:两脚左右开立,与肩同宽;两脚尖正对前方,双脚成平行线,两臂自然下垂,双手握拳置于大腿两侧,如图 12-87 所示。

(3)马步

动作要领:两脚左右分开约为脚长的 3 倍,脚尖正对前方,屈膝半蹲,大腿接近平行于地面,膝关节投影垂直线落于脚尖,如图 12-88 所示。

图 12-86　实战姿势　　图 12-87　开立步　　图 12-88　马步

(4)前弓步

动作要领:两脚前后开立,相距约一步半,前腿屈膝半蹲,大腿接近水平;后腿蹬直,后脚斜向前 45°;身体正对前方,挺胸塌腰。左脚在前称为左前弓步,右脚在前称为右前弓步,如图 12-89 所示。

(5)前行步

动作要领:又称高前屈立。两脚前后开立,距离同正常行走步幅,膝部基本伸直,如图 12-90 所示。

图 12-89　前弓步 　　图 12-90　前行步

2. 手形

(1) 正拳

动作要领：拇指以外的四指并拢、内收握拳，拇指紧压于中指与食指上。可用拳心向下的冲拳或拳心向内的勾拳攻击对方，如图 12-91 所示。

(2) 冲拳

动作要领（以右手冲拳为例）：站好马步，双手握拳抱于腰间，拳心朝上，目视前方；右臂由屈到伸，臂内旋，以右手正拳向前平冲，如图 12-92 所示。

(3) 手刀

动作要领：四指并拢伸直，中指稍弯和无名指指端平齐，拇指弯曲，贴于食指跟节之下，手刀的使用部位是小指侧的掌外沿，如图 12-93 所示。

图 12-91　正拳 　　图 12-92　冲拳 　　图 12-93　手刀

3. 跆拳道运动的基本技术

跆拳道以腿法的攻击为主，被称为"踢的艺术"。大学生要想学好跆拳道，必须要学好、练好跆拳道的基本技术。

(1) 基本进攻技术练习

①拳攻

以左势实战姿势开始，右脚蹬地，向左转腰，右手拳从胸前向前击出；击打目标后，右臂回收至原位，仍成左势实战姿势，如图 12-94 所示。

动作要领：

★ 出拳时要充分利用蹬地、转髋转腰、顺肩和旋腕的合力，力达拳面。

图 12-94　拳攻

★ 在击打的瞬间,肩、肘、腕、指各关节紧张用力,聚力而发。

★ 击打目标后迅速放松,将拳收回原位。

②推踢

以左势实战姿势开始,右脚蹬地屈膝提起,左脚以脚掌为轴外旋约 90°,重心往前压,同时右脚迅速向前方直线推踢,力达脚掌;推踢后屈膝收腿,成左势实战姿势,如图 12-95 所示。

动作要领:

★ 提膝时尽量收紧大、小腿。

★ 身体重心往前移,加大前推时的力度。

★ 推踢时右腿往前上方伸展,髋向右上侧送。

★ 推踢时的用力方向为水平向前。

(a)　　(b)

图 12-95　推踢

③前踢

以右势实战姿势开始,左脚蹬地屈膝提起,右脚以脚掌为轴外旋约 90°,同时左腿伸膝、送髋、顶髋,小腿快速向前踢出,力达脚背;踢击目标后迅速收回,成右势实战姿势,如图 12-96 所示。

动作要领:

★ 膝关节上提时大腿折叠,膝关节夹紧,小腿和踝关节放松。

★ 踢击时顺势往前送髋;高踢时往上送髋。

★ 小腿回收要与踢出一样快。

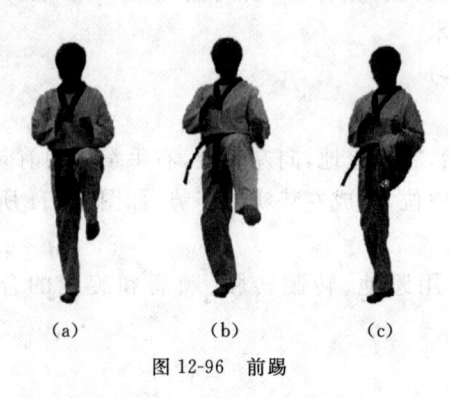

(a)　　(b)　　(c)

图 12-96　前踢

④ 横踢

以左势实战姿势开始,右脚蹬地夹紧,向前、向上提膝,左脚以脚掌为轴,脚后跟内旋,右膝关节抬至水平状态,小腿迅速向前踢出,击打目标后迅速收小腿,重心落下,成左势实战姿势,如图 12-97 所示。

动作要领:

★ 膝关节夹紧向前提膝,尽量走直线。

★ 支撑脚外展 180°,使身体转向另一侧。

★ 髋关节往前上方送,上体与右腿成直线,在同一个平面内。

★ 腰部发力,髋关节展开,大腿带动小腿,踝关节放松。

(a) (b) (c)

图 12-97 横踢

⑤ 后踢

以左势实战姿势开始,左脚以脚掌为轴内旋成脚后跟正对对手,上身旋转,右膝向腹部靠近,大、小腿折叠,右腿用力向攻击目标直线踢出,重心前移落下,成左势实战姿势,如图 12-98 所示。

动作要领:

★ 起腿后上体和大、小腿收紧。

★ 脚向后上方踢出后,力量随动作延伸,通过脚后跟沿出腿方向直线击出。

★ 转身、提腿、出腿、发力等动作连贯、快速,不能停顿。

(a) (b) (c)

图 12-98 后踢

⑥侧踢

以左势实战姿势开始,右脚蹬地起腿,屈膝上提,左脚以脚掌为轴外旋180°,脚后跟正对前方,右脚快速向右前上方直线踢出,力达脚后跟,放松收腿,成左势实战姿势,如图12-99所示。

图12-99 侧踢

动作要领:
★ 起腿时,大、小腿及膝关节夹紧,直线向上提起。
★ 提膝、转体、踢击要协调连贯;踢击时要转体、展髋,上体略侧倾。
★ 踢击目标的瞬间,头、肩、腰、髋、膝、腿、踝在同一平面内。

⑦下劈

以左势实战姿势开始,右脚蹬地,重心前移,右脚上举至头部上方时,迅速向前下方劈落,用脚后跟或脚掌击打目标后,放松落地,成右势实战姿势,如图12-100所示。

动作要领:
★ 腿尽量往高、往后举,身体重心往高提。
★ 起腿要快速、果断。支撑脚脚后跟离地,尽量向前上方送髋。
★ 踝关节放松,脚向前下劈落。
★ 落地要有控制,放松。

图12-100 下劈

⑧后旋踢

以左势实战姿势开始,左脚以前脚掌为轴外旋90°,上身旋转,重心前移,屈膝收腿,右腿向右后方最高点伸出并用力向左屈膝击打,重心在原地旋转,身体继续转动,脚落于原位,恢复成左势实战姿势,如图12-101所示。

动作要领:
★ 转身、旋转、踢腿动作连贯。
★ 击打点在正前方,呈水平弧线。
★ 屈膝起腿的旋转速度要快。
★ 蹬地、转腰、转上体、摆腿依次发力。

(a) (b) (c)

图 12-101　后旋踢

⑨双飞踢

两人从实战姿势开始,攻方居右,先用右横踢攻击对方左肋部,随即左脚蹬地起跳,身体腾空右转,用左横踢迅速踢击对方胸部或腹部,左横踢目标后迅速前落,成左势实战姿势,如图 12-102 所示。

动作要领:

★ 右横踢目标的同时左脚蹬地起跳。
★ 左脚起跳后迅速随身体右转,并用左脚横踢目标。
★ 两腿在空中完成交换动作后,右脚先落地。

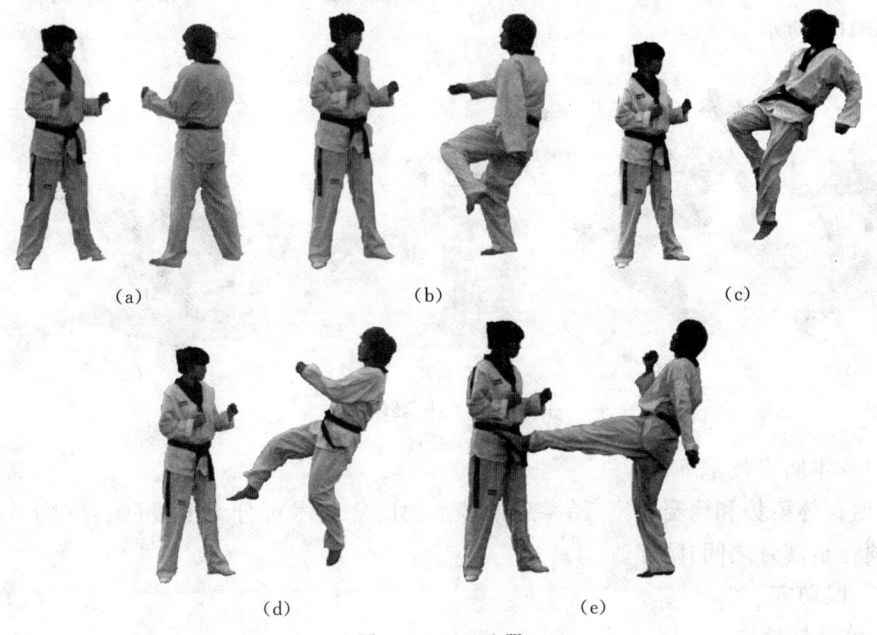

(a) (b) (c)
(d) (e)

图 12-102　双飞踢

⑩360°转体旋踢

以左势实战姿势开始,以左脚掌为轴,脚后跟向前转动一周,右脚屈膝上提,随身体转至正对前方时,左脚蹬地跳起左横踢,右、左脚依次落地,如图 12-103 所示。

动作要领：
★ 转体动作要迅速果断，左脚外旋时脚后跟正对前方。
★ 右腿随身体右转向右后侧摆起时不要过高，以能带动身体旋转起跳为宜。
★ 左脚蹬地起跳，身体略腾空，不过膝，目的是快速旋转出腿。
★ 左腿横踢时，右腿向下落地，要快落站稳，即横踢目标的同时右脚落地。

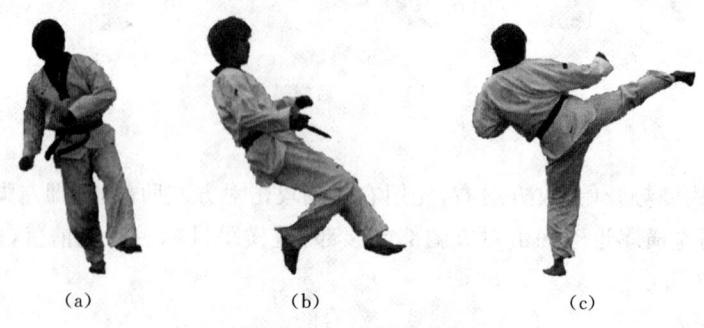

(a)　　　　　(b)　　　　　(c)

图 12-103　360°转体旋踢

⑪540°转体旋踢

以左势实战姿势开始，后撤左腿，同时转体，左脚点地，右脚蹬地向上跃起，左腿向后摆踢，同时身体腾空左转，右脚摆踢，身体后转一周，左腿后摆旋踢，落地成右势实战姿势，如图 12-104 所示。

(a)　　　(b)　　　(c)　　　(d)

图 12-104　540°转体旋踢

(2) 基本防守技术练习

根据身体姿势和比赛规则，跆拳道最基本的防守技术可分为上段（锁骨以上）防守和中段（锁骨至髋骨之间）防守。

①上段防守

★ 单臂格挡法

动作要领：当对方的拳或脚攻向自己的头部时，可用左（右）手向内或向外做格挡动作，将来拳或来脚挡在前臂外，如图 12-105 所示。

★ 双臂格挡法

动作要领：当对方连续攻击自己的头颈两侧时，可同时用左、右两臂上举格挡对方的双侧进攻，如图 12-106 所示。

②中段防守

★ 单臂格挡法

动作要领：当对方的拳或脚攻向自己的中段部位时，用左臂向内或向外格挡对方的来拳或来脚，如图12-107所示。

图12-105 单臂格挡法(1)　　图12-106 双臂格挡法(1)　　图12-107 单臂格挡法(2)

★ 双臂格挡法

动作要领：从实战姿势开始，左脚前迈，同时两臂屈肘交叉置于胸前，拳心向内；随左弓步落地，两臂迅速由胸前向左、右两侧分开阻挡来拳或来腿，如图12-108所示。

(a)　　(b)
图12-108 双臂格挡法(2)

训练项目四　了解女子防身术

本教材主要介绍常用的防身方法，掌握之后，可有备无患。当遇到坏人挑衅时，要沉着冷静，观察对方行动，掌握时机，出其不意，攻其不备，以快速勇猛的动作，稳、准、狠地予以回击。

一、击鼻

男左手抓握女右手时，女右小臂向左平屈，身体左转，右拳向左侧摆举，用右拳背猛击男鼻子，如图12-109所示。

动作要领：女右臂平屈和反击要快而有力。

(a) (b) (c) (d)

图 12-109 击鼻

二、抓头发撅指

男左手抓女头发，女双手抓握男左手腕，撤右脚，体前屈，用额骨压男左手手指，如图 12-110 所示。

动作要领：女两手抓握男左手不要离开头部，用额骨下压要猛。

(a) (b) (c)

图 12-110 抓头发撅指

三、压肘

男左手抓女胸部，女左手抓握男左手，右手抓握男左手手腕，身体左转，右肘猛压男左臂，如图 12-111 所示。

动作要领：女双手抓握要紧，压肘要猛。

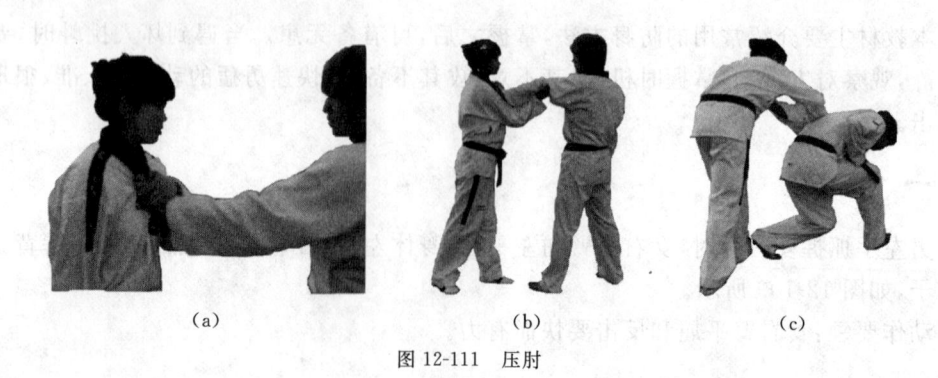

(a) (b) (c)

图 12-111 压肘

四、撅指

男左手推女胸部,女撤左脚,双手抓握男左手指,再撤右脚,两手向下撅男左手指,如图 12-112 所示。

动作要领:女两手抓紧,撤步和撅指要同时进行。

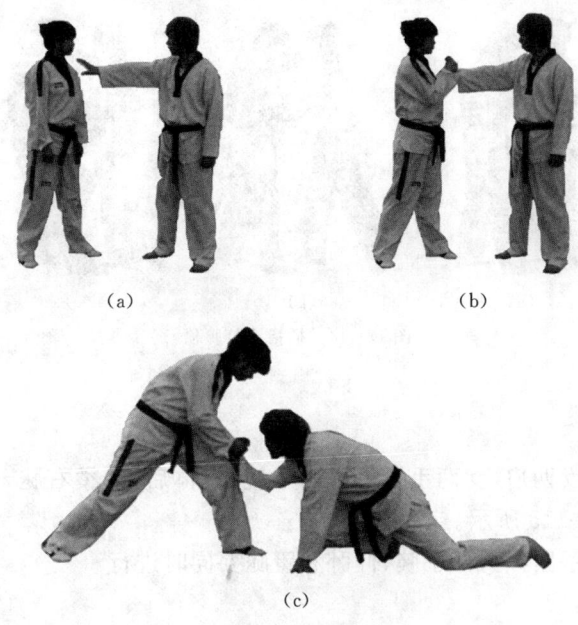

(a)　　　(b)

(c)

图 12-112　撅指

五、顶肘击面

男从女身体左侧拥抱女,女两腿弯曲,左肘顶撞男腹部,两腿伸直,重心偏向左腿,用左拳背击打男鼻子,如图 12-113 所示。

动作要领:顶撞要快,击打要猛。

(a)　　　(b)　　　(c)

图 12-113　顶肘击面

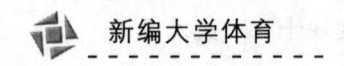

六、插指头打膝顶

男从女身体正面抱女,女用手指插男两肋,再用右膝顶撞男生殖器,如图 12-114 所示。

动作要领:插指、头打、膝顶要连续进行。

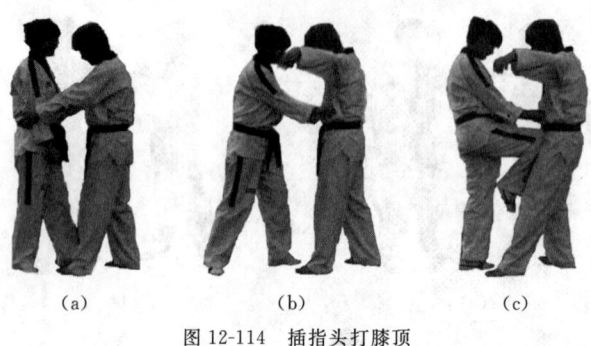

(a)　　　　　(b)　　　　　(c)

图 12-114　插指头打膝顶

七、坐卧蹬腿

女坐,男两手抓女两肩,女两手抓握男两手腕,身体后仰,举右腿,仰卧并以右腿向上猛蹬男腹部,如图 12-115 所示。

动作要领:女两手紧握男两手腕,仰卧和蹬腿要同时进行。

(a)　　　　　(b)　　　　　(c)

图 12-115　坐卧蹬腿

八、仰卧蹬腹

女仰卧,男用双手按女两肩,女两手抓握男两手腕,两腿收屈,两腿抵住男小腹,用两脚猛蹬男腹部,如图 12-116 所示。

动作要领:女收腿要快,两脚用力蹬出。

九、横肘

男右手抓女胸部,女右手抓握男右手,向右翻男右臂,同时左小臂横击男右肘,如图 12-117 所示。

动作要领:女右手抓握要紧,左肘横击要猛。

(a) (b)

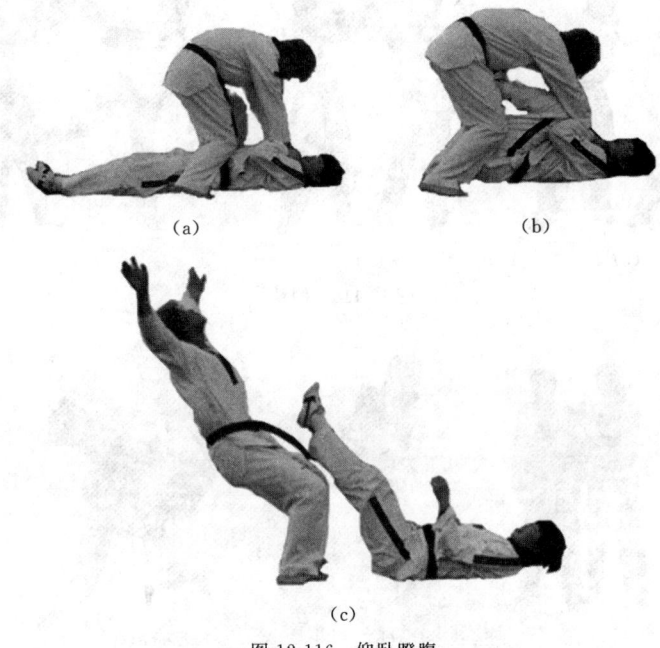

(c)

图 12-116　仰卧蹬腹

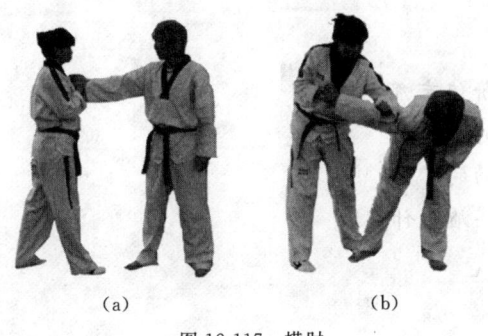

(a)　　　(b)

图 12-117　横肘

十、侧踹

男从女身体左侧拥抱女,女用左臂架开男双手,右腿支撑,左腿抬起,用力踹男左膝,如图 12-118 所示。

动作要领:女架臂要快,踹腿要猛。

十一、抱腰摔

男从女身体右侧抱女,女左手抓握男右手,右臂抱住男后腰,右脚向男两腿之间上步,用右臀抵住男左腹,女体前屈,左、右手臂向左下摆动,如图 12-119 所示。

动作要领:女抱男腰要紧,体前屈和两手臂向左下用力要协调一致。

(a) (b) (c)

图 12-118　侧踹

(a) (b) (c)

图 12-119　抱腰摔

思考题

1. 太极运动的养生价值有哪些?
2. 简述跆拳道运动的起源。
3. 简述对跆拳道运动的了解。
4. 武术运动精神的实质是什么?

模块十三

形体健身运动

学习目标

- 了解形体健身运动的锻炼价值
- 通过形体健身运动塑造矫健、匀称、健壮的体格
- 掌握1~2种练习方法，养成终身锻炼的习惯

训练项目一　熟悉健美运动

　　健美运动最早始于古希腊和古罗马。在古希腊，人们将最矫健、最匀称的人体视为最优美的形体，并用雕刻艺术塑造了大量裸体运动员塑像，以表现他们的审美理念。健美运动起源于欧洲，19世纪德国体育家欧琴·山道是健美运动的创始人。他10岁时随着父亲到意大利的罗马，在参观佛罗伦萨美术展览馆时，看到那些古代角力士塑像的健美体魄，受到很大启发，从那天开始他每天锻炼身体。上大学后他学习了运动解剖学，更懂得科学锻炼的重要性，并从实践中逐步摸索出一套发达肌肉的锻炼方法，练出了一副令人羡慕的健美体格。他还到各地进行健美表演，受到了人们的欢迎。1946年加拿大人本·威德和乔·威德兄弟俩，创建了国际健美、健身联合会（IFBB），制定了健美比赛的国际规则。1965年举办了首届"奥林匹克先生"健美大赛。19世纪70年代，国际健美、健身联合会加入了"国际体育总会"，并于1971年开始正式举办一年一度的"国际业余健美锦标赛"。女子健美运动起步较晚，大约在1975年才开始，但很快就传遍全世界，成为20世纪80年代发展最快的体育项目之一。1977年10月，在美国俄亥俄州举行了世界首届女子健美比赛。1980年，国际健美联合会成立了妇女委员会，当年就举办了女子"奥林匹克小姐"健美比赛，1995年又增加了世界健美小姐比赛。

　　我国健美运动是20世纪30年代中期从美国引进的，"开山人"是赵竹光先生，他译著了《肌肉发展法》《力之秘诀》等书籍，并创办了《健力美》杂志。1946年我国在上海八仙桥举办了首次男子健美比赛。

　　中华人民共和国成立后，健美运动得到了迅速发展，健身院、健美中心、各种形式的训练班，如雨后春笋般纷纷开办。中国体育报业总社专门出版了《健与美》杂志。每年举办一次健美锦标赛，为了与国际竞赛接轨，设立了"中国健美先生""中国健美小姐"大赛。

健美是争取在较短时间内获得合乎健美标准体格的一种身体活动过程。健美运动可分成健身健美和竞技健美两部分。健身健美是指大众性的，为增进健康、塑造形体而进行的各种锻炼。它以身体练习为基本手段，不受场地、器材限制，时间可长可短，而且适合于不同性别和年龄的人；竞技健美是指以竞赛为目的所进行的专门训练，通过系统、科学的训练来较大限度地发达肌肉，对运动员的各方面都有较高的要求，比赛也有较严格的规则和评分标准。

趣闻 >>>

印度人埃迪亚的身高只有84厘米，是世界上体型最小的健美运动员，体重只有9公斤左右。由于体型小巧，埃迪亚被当地人称为"罗密欧"，但是埃迪亚的力气却非常大，他能轻松举起1.5公斤重的哑铃。与其他侏儒不同的是，埃迪亚虽然个头矮小，但是他身体各个部位却长得非常成比例——他的头围38.1厘米，胸围50.8厘米。

埃迪亚说："我是在2年前开始从事健身训练的，通过这两年的锻炼，我相信我是世界上最强壮的'矮个子'。自从我开始锻炼的时候，我就感到我非常喜欢健身这项运动，由于我的力气大，我在当地出了名。""我从来不会因为身体小而感到自卑。平时我经常使用哑铃帮助我进行训练，并且我经常做有氧运动以及跳舞。人们都非常愿意看到我并感到快乐。我也经常被电视台邀请参加一些节目的录制并且向观众展现我的舞姿。"

训练项目二　了解健美的标准

1. 健美的体围

健美的体围标准见表13-1和表13-2。

表13-1　　　　　　　　　　男子健美体围标准

身高/cm	体重/kg	胸围/cm	扩展胸围/cm	上臂围/cm	大腿围/cm	腰围/cm
153~155	50	94	97	32	48	65
155~157	52	94	98	32	49	65
157~160	54	95	99	33	51	66
160~163	56	95	101	33	51	66
163~166	59	98	102	34	52	68
166~169	61	99	103	34	53	69
169~171	63	100	104	35	53	69

(续表)

身高/cm	体重/kg	胸围/cm	扩展胸围/cm	上臂围/cm	大腿围/cm	腰围/cm
171~174	65	100	105	35	54	70
174~177	67	102	107	36	55	71
177~180	70	103	108	36	55	72
180~183	72	103	109	37	56	73

表 13-2　　　　　　　　　　女子健美体围标准

身高/cm	体重/kg	扩展胸围/cm	臀围/cm	腰围/cm
152~154	44.5	88	88	58
154~158	48.5	88	88	58
158~161	50	89	89	59
161~163	51.5	89	89	60
163~166	53	90	90	61
166~169	54.5	90	90	61
169~171	56	92	92	61
171~174	58	92	92	62
174~176	60	94	94	64
176~178	62.5	98	96	66

训练项目三　掌握女子健美的锻炼方法

一、丰胸、塑胸、健胸的健美方法

胸部丰满坚实,既是女性健美的标志,也是身体发育良好的重要特征。因此,要保护胸部的健美线条,应坚持参加健美锻炼。

1. 含胸和挺胸

(1)直立,含胸,还原;挺胸,还原。每组 8~16 次。

(2)含胸,低头,挺胸,抬头。重复 8~16 次。

2. 拉胸

离墙 50 cm 左右,面对墙站立,两脚略分开,两臂上举,抬头挺胸,体前屈,两手扶墙。弹性下压,塌腰直膝,使胸部贴墙。每组 8~16 次。最后保持胸部贴墙姿势数秒。

3. 扩胸

直立,两臂胸前平屈,两手半握拳,拳心向下,扩胸;两臂经胸前向两侧扩胸。每组 8~16 次。可双手持重物练习。

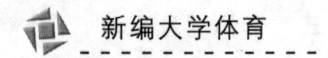

4. 躯干波浪

跪坐,两手前撑。胸部贴近地面向后做躯干波浪,还原。每组 8～16 次,如图 13-1 所示。

5. 双手对抗

跪坐,两臂胸前屈肘,紧握对侧手臂。两手相互猛力推动,胸肌紧收。每组 8～16 次,如图 13-2 所示。

图 13-1 躯干波浪　　图 13-2 双手对抗

6. 俯卧撑

两手分开与肩同宽俯撑,身体保持平直,稍含胸收腹。屈臂,胸部贴近地面,再快速发力推起使肘关节伸直,每组 10～20 次。

7. 仰卧飞鸟

仰卧在长凳上,两手握哑铃,两臂由前举(拳心向上)向两侧打开至侧平举,拳心向上。每组 25 次,如图 13-3 所示。

8. 握推

仰卧在长凳上,两手握杠铃,两臂上举,拳心相对,两手间距离与肩同宽,然后两臂向外侧屈肘,与身体呈 90°,每组 25 次,如图 13-4 所示。

图 13-3 仰卧飞鸟　　图 13-4 握推

9. 体前屈飞鸟

两脚开立,体前屈,两手持哑铃。然后侧摆至水平位。每组 25 次,如图 13-5 所示。

10. 单臂提拉

两脚开立,上体前屈 45°,一臂持哑铃体侧下垂,一臂支撑在凳子上,做单臂提拉,两臂交替做。每臂做 25 次,如图 13-6 所示。

图 13-5　体前屈飞鸟　　　　　图 13-6　单臂提拉

二、腰腹部的健美方法

腰腹部处在身体中间，是特别引人注目的部位。从人体健美角度出发，真正健美的腹部应由细而有力的腰和线条明显的腹肌构成。

1. 仰卧直臂起坐

仰卧，屈膝分腿，双手向前伸直，上体抬起 30°，如图 13-7 所示。上体在 30°～40°稍停，如图 13-8 所示，还原成预备姿势。每组 20～40 次。

图 13-7　仰卧直臂起坐(1)　　　　　图 13-8　仰卧直臂起坐(2)

2. 俯卧挺身

俯卧，并腿，双手自然放在头两侧。尽量向上抬起上体，如图 13-9 所示，还原成预备姿势。每组 20～30 次。

3. 仰卧转腰臀

仰卧，并腿屈膝抬起，两臂侧伸，掌心向下。双腿向左侧倒下至膝触地，同时上体尽量向右转，如图 13-10 所示，还原成预备姿势，再反方向做。每组 20～30 次。

图 13-9　俯卧挺身　　　　　图 13-10　仰卧转腰臀

4. 仰卧转体肘触膝

仰卧,双手轻触耳垂处。上体抬起30°～40°,并向右转体,左肘关节触前屈的右膝,左腿向前伸直,脚后跟离地面10 cm,如图13-11所示,然后再反方向做,每组30次以上。

5. 仰卧收腹举腿

仰卧,双腿并拢屈膝,脚后跟离地面10 cm。数1、2拍时,小腹用力使腿部举起,臀部离地,如图13-12所示;数3、4拍时,还原成预备姿势;5～8拍同1～4拍。反复做5～10个8拍。

6. 仰卧屈腿起坐

仰卧,屈膝分腿,双手抱住大腿后侧,上体抬起30°。1拍时,上体由30°抬至40°,如图13-13所示;2拍时还原成预备姿势,反复5～10个8拍。

图13-11　仰卧转体肘触膝　　图13-12　仰卧收腹举腿　　图13-13　仰卧屈腿起坐

三、臀部的健美方法

臀部是连接上肢和下肢的枢纽,主要由臀大肌、臀中肌、臀小肌组成。它不仅具有维持人体直立的作用,还是体现女性形体美的重要部位。

1. 仰卧挺髋

仰卧,屈膝分腿,两腿分开比肩稍宽。髋部用力向上挺起,臀肌收缩,如图13-14所示,后背及腰部不要离开地面,还原成预备姿势。每组5～10次。两腿伸直,后背离地,身体成反弓形,用力向上挺髋,如图13-15所示,静止用力10 s;两膝内收夹紧,两脚间距不变,如图13-16所示,静止用力10 s。

图13-14　仰卧挺髋(1)　　图13-15　仰卧挺髋(2)　　图13-16　仰卧挺髋(3)

2. 俯卧后抬腿

俯卧,腿伸直并拢,肘支撑,上体抬起45°。左腿伸直后抬,如图13-17所示,再还原成预备姿势,每组 5～10 次。然后换成右腿重复一组,两侧动作完成后,上体趴下,腿伸直勾脚并用力上抬,静止 10 s,如图 13-18 所示。

图 13-17 俯卧后抬腿(1)   图 13-18 俯卧后抬腿(2)

3. 侧卧举腿

身体侧卧,一只手撑地,另一只手撑头部,一条腿直腿上举,每组 15～20 次,如图 13-19 所示。交替进行。

4. 跪撑后摆腿

双腿并拢,跪撑地面,一条腿伸直后摆,每组 15～20 次,如图 13-20 所示,交替进行。

图 13-19 侧卧举腿   图 13-20 跪撑后摆腿

四、腿部的健美方法

1. 侧卧抬腿

右侧卧,右肘及左手掌支撑起上体,右小腿弯曲,左腿伸直触地,如图 13-21 所示。左腿向上抬起,超过头部高度。还原成预备姿势,每组 15～20 个,然后左腿抬起静止用力 10 s。换左侧卧,再做一遍。

2. 俯卧屈小腿

俯卧,双腿伸直并拢,双肘支撑,上体抬起 45°,两小腿向上弯举,勾脚,脚后跟尽量接近后臀部,充分收缩股二头肌,如图 13-22 所示。还原成预备姿势,每组 15～20 个。

3. 仰卧屈腿内收

仰卧,双手放于体侧,双腿弯曲,并拢上抬,与躯体成 90°,腿侧分,幅度尽量大,如图 13-23 所示。还原成预备姿势,每组 5～10 个。

4. 坐姿抬腿

坐姿,双手体后支撑,双腿伸直并拢。左腿伸直,尽量上抬。还原成预备姿势。每组

10次,换右腿做。

图 13-21　侧卧抬腿　　　　图 13-22　俯卧屈小腿　　　　图 13-23　仰卧屈腿内收

5. 坐姿勾脚

坐姿,双手体后支撑,双腿并拢伸直,两脚用力勾起再用力绷直。每组5~10个。

训练项目四　掌握男子健美的锻炼方法

一、颈部肌肉

1. 头后伸

先戴好头套,低头,然后头用力后伸,将悬吊在地面的重物拉离地面。若在综合力量架上练习,则应将架上头套固定在头部,然后用力后伸;若无器械,则可采用臂颈对抗法。

2. 侧向颈屈伸

在综合力量架上练习,将架上头套固定在头部,然后头颈向前侧倾,稍后锻炼另一侧颈部肌群。

二、胸部肌群

发达的胸大肌不仅有助于上肢力量的增强,提高运动技能,而且能扩展胸部,使胸部变得厚实健美。胸大肌训练是形体健美训练的第一步,主要使用杠铃、哑铃和综合力量架进行。

1. 双杠臂屈伸

两臂伸直顶杠,同时屈肘,再伸直,可负重。

2. 卧推

仰卧在卧推凳上,两手可采用不同握距(中、宽、窄),握住横杠,两脚平踏地面,将杠铃(或综合力量架)自头部拿到胸上方后,两臂用力控制住杠铃,缓缓地将横杠放在胸部,然后用力将杠铃向垂直上方推起至两臂伸直。

3. 仰卧飞鸟

两手握哑铃并置于胸前(拳心相对),然后仰卧在长凳上,两臂伸直与身体垂直,两膝分开。然后,两臂缓缓向侧下分开(肘微屈),直至肘部低于体侧,要求胸部高高挺起,腰部离凳,仅肩背部和臀部着凳,然后胸大肌用力收缩,将微屈而分开的两臂内收,至胸上伸直。稍息,重复该动作。

三、背部肌群

1. 发展斜方肌的练习

(1)提铃耸肩

两脚开立,挺胸塌腰,臂伸直正握杠铃,握距稍比肩宽,略向前扣肩,着力点始终放在斜方肌上,连续向上做耸肩动作。

(2)直臂扩胸(哑铃)

两臂由前平举向体侧做平举扩胸,然后复原再做。

2. 背括肌的练习

(1)宽握单杠引体向上

宽距正握单杠,由身体悬垂姿势开始,做向上引体动作,尽量拉到可做成颈后引体向上动作位置,为加大强度可在腰间或双脚处负重。

(2)屈体划船

上体前倾约与地面平行,然后用背括肌收缩之力以及向上提肘之力将横杠提拉到胸腹部,如图 13-24 所示。

四、三角肌

图 13-24 屈体划船

1. 前平举

两脚开立,身体呈直立状,虎口相对正握哑铃,肘关节稍屈,由臂部贴近体侧开始,主要用三角肌的力量带动手臂做交替上举动作。

2. 持哑铃侧平举

两脚开立,两手在体侧虎口向前,肘关节稍屈于腹前部位,用三角肌的力量带动手臂向两侧上方举起哑铃,稍停复位。

3. 宽握颈后推举

坐姿,两脚开立,宽距正握横杠并提举至颈后将杠铃推起,臂部伸直后稍停复位,如图 13-25 所示。

(a)　　　(b)

图 13-25 宽握颈后推举

五、肱二头肌

1. 杠铃弯举

两脚开立,两手握横杠并提至小腹部,呈上体略前倾的直立姿势,上臂部紧贴体侧,屈肘将杠铃举至胸部,着力点始终在肱二头肌,如图13-26所示。

2. 俯坐弯举

正握哑铃,以肘关节为轴,弯起上臂成最佳收缩角度,还原成准备姿势,如图13-27所示。

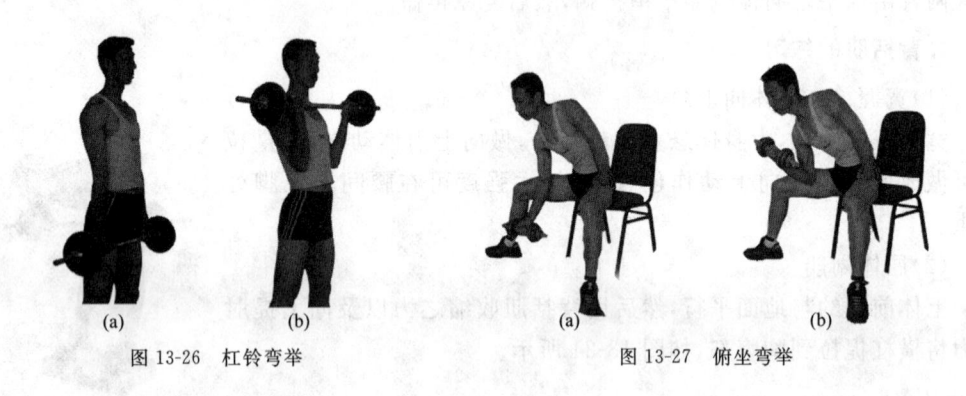

(a)　(b)　　　　　　(a)　(b)

图13-26　杠铃弯举　　　　图13-27　俯坐弯举

3. 反握引体向上

反握单杠悬垂,用屈臂之力将身体向上拉引,反复做。

六、肱三头肌

1. 颈后臂屈伸

正坐凳上,双手正握小杠铃或U形铃(或铃片)等,肋高抬,上臂固定于耳侧,然后做臂屈伸动作:将杠铃等重物向后举起,直至两臂在头上伸直,如图13-28所示。

2. 拉力器肩部平伸

两手正握拉力器(掌心向外),拉力器置于胸前或肩上,然后两臂同时向外伸直,使弹簧拉长,如图13-29所示。

(a)　(b)　　　　　　(a)　(b)

图13-28　颈后臂屈伸　　　图13-29　拉力器肩部平伸

222

3. 弹簧拉力器颈后屈伸

两手分别正、反握住拉力器的两端并置于身后，一臂在体后伸直握住拉力器把手，然后将屈在肩上的手臂伸直，如图 13-30 所示。

图 13-30 弹簧拉力器颈后屈伸

七、前臂肌群

1. 正、反握腕弯举

坐在凳子上，两手正、反握杠铃（或重哑铃），将腕关节垫在膝关节上（或凳子上），肘关节紧贴大腿，然后手腕向上弯曲，同时用力上卷，如图 13-31、图 13-32 所示。

图 13-31 正握腕弯举

图 13-32 反握腕弯举

2. 对握弯举

两手相对，握持哑铃，拳眼向前，两上臂紧贴体侧；上臂动作不变，双手持哑铃向上弯起至极限，再慢慢放下还原。

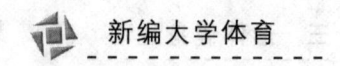

八、腰腹肌群

1. 屈膝或直膝两头起

仰卧,两臂在头后伸直。收腹起坐,同时屈膝(或直膝)上举,两臂前摆手触脚面(或手抱弯曲的膝部)。采用无固定的两头起动作。

2. 仰卧举腿绕环

仰卧,两腿伸直并拢,由左侧经头部绕向右侧,而后再由右侧绕向左侧,如图13-33所示。

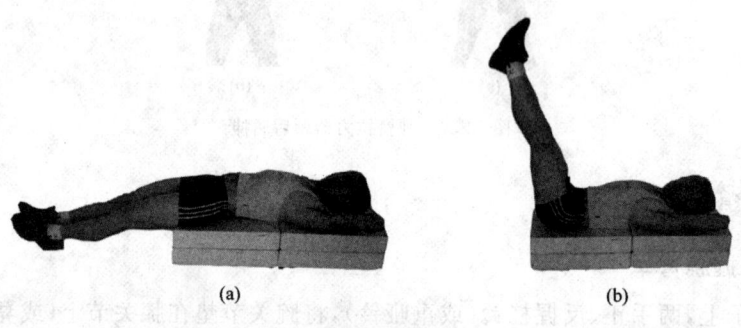

图 13-33 仰卧举腿绕环

九、臀大肌

1. 俯卧直腿上摆

足踝部捆上砂护腿,俯卧在山羊上(或跳箱上),两手抱握住器械两侧,然后伸直两腿,交替用力向上摆起,直至最高位,还原再做。

2. 站立后摆腿

足负重,两手扶墙或小山羊,然后向后摆腿至最高处,复原再做。

十、腿部肌肉

1. 发展股四头肌的练习

颈后深蹲。将杠铃放在颈后,慢慢下蹲而后起立;或负铃下蹲到一定位置(90°或135°)固定不动 6~8 s。

2. 发展股后肌群的练习

(1)腿弯举

足负重物做连续弯举动作(直立或俯卧);也可以俯卧在凳上,双脚勾住身后的橡皮筋拉力器(或综合练习架上的滚筒),双手抓住身前支撑物(如凳沿等),两腿做弯举动作。

(2)双人屈小腿对抗

一人俯卧在长凳上弯曲双腿,另一人站在其身后,两手握其脚踝,用力将其弯曲的两腿拉直,练习者坚持不被拉直。在对抗中练习股二头肌的收缩力量,使之发达。

3.发展小腿三头肌和屈足肌群的练习

(1)肩负提踵

肩负杠铃,足趾下可垫木板或铃片,然后做直膝提踵动作,连续做。练习时注意身体重心不要在做动作前有意前移。

(2)壶铃蹲跳

练习者全蹲后,双手握住重物(大壶铃、铃片),然后伸膝、屈体,最后屈足,使身体垂直向上跳起。

训练项目五　学习健美操

一、健美操概述

现代健美操是从20世纪60年代初开始萌芽的,最初是美国太空总署医生库帕为太空人设计的体能训练阿洛别克项目,1969年索伦森综合了体操和现代舞创编了健美操,它具有一定的娱乐性,简单易学,深受人们的欢迎。20世纪70年代在美国迅速兴起,掀起热潮。

美国健美操的代表人物简·方达为健美操在世界的推广做出了杰出的贡献。她根据自己从事健美操锻炼获得了健美形体的成功经验,撰写了《简·方达健身术》一书,在她的感召和影响下,健美操在世界各地迅速兴起。

现代健美操在我国的兴起是20世纪70年代末,以活动的目的和所要解决的主要任务为标准,健美操可分为大众健美操、竞技健美操、表演健美操三大类。

二、健美操的基本动作

了解和掌握健美操的基本动作,可以建立健美操的基本概念,为健美操动作设计和学习训练奠定基础。健美操的基本动作包括手型、头颈动作、肩部动作、上肢动作、胸部动作、腰部动作、髋部动作和下肢动作。

1.手型

(1)掌

①分掌:五指用力分开,手腕保持紧张。

②合掌:五指并拢伸直。

(2)拳:五指弯曲握紧,大拇指压在食指弯曲部位。

2.头颈动作

(1)屈:头颈关节弯曲,包括前屈、后屈、左屈、右屈。

(2)转:头颈绕身体垂直轴的转动,包括左转、右转。

(3)绕:以头及颈为轴心的弧形运动,包括左绕、右绕。

(4)绕环:以头及颈为轴心的圆形运动,包括左绕环、右绕环。

3.肩部动作

(1)提肩:肩部向上的运动,包括单提肩、双提肩。

(2)绕肩:以肩为轴的弧形运动,包括单肩向前、向后绕,双肩向前、向后绕。

(3)肩绕环:以肩为轴的圆形运动,包括单肩向前、向后绕环,双肩向前、向后绕环。

4.上肢运动

(1)举:以肩为轴,臂的活动范围不超过180°而停止在某一部位的动作,包括单肩和双肩的前、后、上、侧、侧上、侧下举。

(2)屈:肘、腕关节产生一定的弯曲角度。

(3)旋:以肩或肘为轴做臂旋内或旋外动作。

5.胸部动作

(1)含胸:两肩内扣。

(2)挺胸:两肩外展。

(3)移胸:以髋为轴做左、右水平移动。

6.腰部动作

(1)屈:上肢不动,上体前、后屈,左、右侧屈。

(2)转:下体不动,上体左、右转。

(3)绕、绕环:下体不动,上体左、右绕和绕环。

(4)胸腰波浪:从头开始,颈、胸、腰、髋各关节依次向侧屈伸,连贯波浪。

7.髋部动作

(1)顶髋:髋关节做快速水平移动,包括前、后、左、右顶髋。

(2)提髋:髋关节做快速向一侧上提的动作,包括左、右提髋。

(3)摆髋:两腿微屈并拢,髋部向左、右摆动,有一定的腰部动作配合。

(4)绕髋和髋绕环:髋关节做弧形、圆形移动,包括向左、向右绕髋和髋绕环。

8.下肢动作

(1)滚动步:从前脚尖到全脚掌依次落地,两脚交替做。

(2)交叉步:一脚向另一脚前或后交叉行进。

(3)点弓步:一脚向侧成弓步,另一脚跟进并拢,交替进行。

(4)跑跳步:两脚交替进行,跑后支撑阶段有一次跳的过程。

(5)并腿跳:双腿并拢,直膝或屈膝跳。

(6)开合跳:并腿跳至开立,分腿跳至并立。

(7)高踢腿跳:单腿跳,同时另一腿直腿向前、侧高踢。

(8)踢腿跳:单腿跳,同时另一腿屈膝向前、侧上踢。

(9)侧摆腿跳:单腿跳,同时另一腿向侧摆动。

(10)弓步跳:并腿跳起,落地时成前(侧、后)弓步。

三、大众健美操套路

大众健美操套路的动作特点是:新颖大方,节奏鲜明,富有朝气,运动量适中。其音乐风格是：DISCO 音乐，24～30拍/10 s，共 8 段（30×8 拍）。各段的节拍、动作说明见表 13-3～表 13-10，各段的动作如图 13-34～图 13-41 所示。

表 13-3　　　　　　　　　　　　　　A 段

段	节拍	动作说明
A 8×8	(1)1～4 5～8 (2) (3)1～4 5～8 (4)1～4 5～8 (5) (6) (7) (8)	前走四步 左右侧并步 同(1)但前走改为后退 左前方，后交叉步走 同(3)但方向向右 向左旋转一周退回到原位 小跳两次，蹲两次 小跳同时两手头上击掌 蹲，同时两臂侧屈，双手握拳 同(5) 同(6)

图 13-34　A 段

表 13-4　　　　　　　　　　　　　　　B 段

段	节拍	动作说明
B 4×8	(1)1～8	左右腿交叉步依次向前走,重心腿在内侧
	(2)1～2	左腿交叉上步,同时双臂屈臂握拳绕环两周
	3～4	左腿退回,同时双手击掌两次
	5～8	同 1～4
	(3)1～4	向前恰恰步
	5～8	曼波步
	(4)1～4	曼波步转身
	5～6	左后方跨一步
	7～8	并步

图 13-35　B 段

模块十三　形体健身运动

表 13-5　　　　　　　　　　　C 段

段	节拍	动作说明
C 4×8	(1)1~4 5~8 (2)1~8 (3)1~4 5~8 (4)1~8	V 字步 同 1~4 左右蹲步 向左后交叉上步 左腿交叉上步,右腿向后踢小腿 同(3)但方向相反

图 13-36　C 段

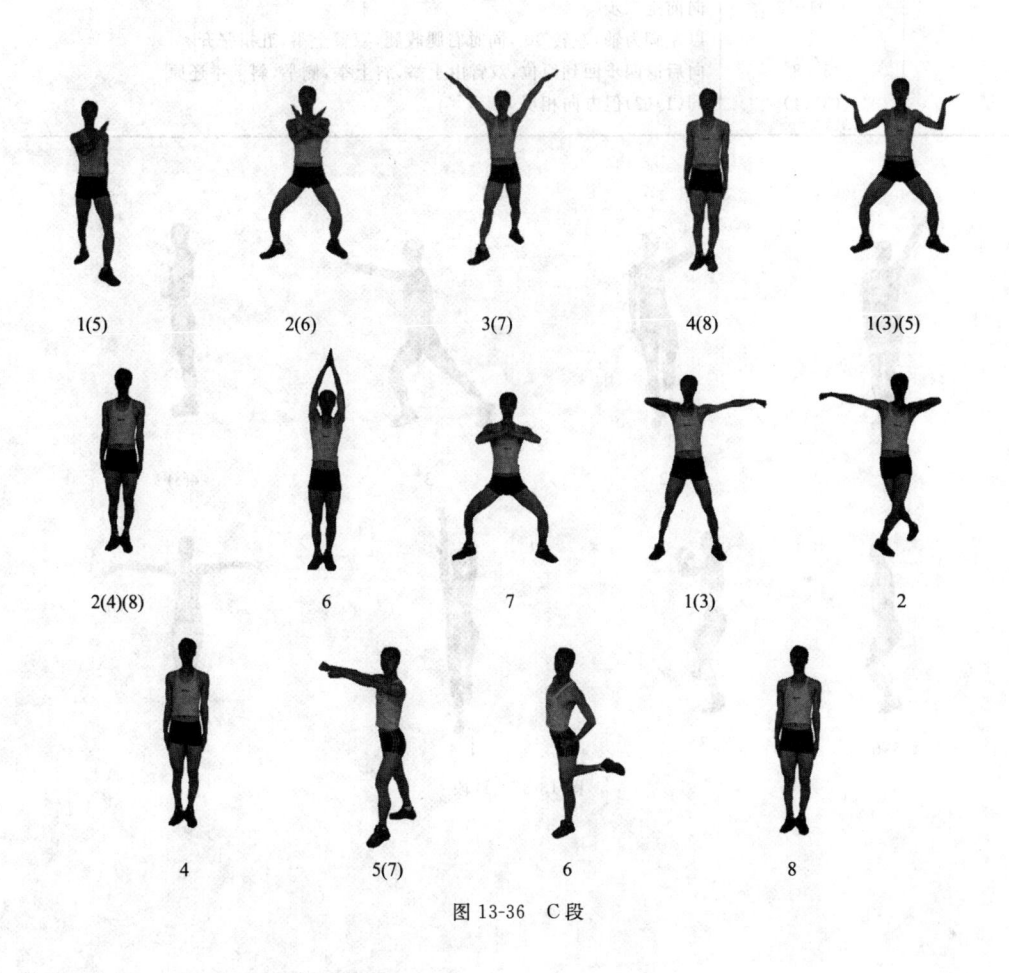

表 13-6　　　　　　　　　　　　　　　　D 段

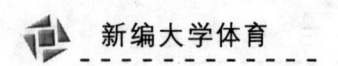

段	节拍	动作说明
D 4×8	(1) 1	左腿向前一步
	2	重心前移至左腿，同时右腿收腿
	3	身体左转 90°，右腿后伸成弓步，同时左臂推出
	4	还原
	5～6	先前跳两次
	7	开合跳
	8	还原成立正姿势
	(2)1～3	向前走三步
	4	以左脚为轴，左转 90°，同时右腿收腿，双臂上举，五指张开
	5～8	向后退四步回到原位，双臂由上举，斜上举，侧举，斜下举还原
	(3)(4)	同(1)(2)但方向相反

1　　　　　2　　　　　3　　　　　4(8)

5~6　　　　7　　　　　1~4　　　　5~8

图 13-37　D 段

表 13-7　　　　　　　　　　　　　　　E 段

段	节拍	动作说明
E 4×8	(1)1	左腿向右前方上步
	2	右腿侧踢
	3	右腿收回同 1
	4	还原
	5~8	同 1~4 但方向相反
	(2)1~4	十字步
	5~8	同 1~4
	(3)1~4	向前走四步
	5	跳起后踢右腿
	6	还原,同时两手相扣,置于右肩
	7	跳成左弓步
	8	还原
	(4)1~8	同(3)但向后退步做

图 13-38　E 段

表 13-8　　　　　　　　　　　F 段

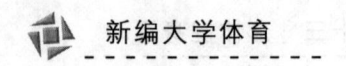

段	节拍	动作说明
F 4×8	(1)1～4	向前跑四步
	5～8	开合跳两次,手臂做绕环两次
	(2)1～8	向后退四步,其他同(1)
	(3)1～3	向左走四步旋转一周
	4	还原,双臂胸前平屈,两手握拳
	5	左跨一步,半蹲
	6	同 4
	7	向右跨一步,半蹲
	8	还原
	(4)1～8	同(3)但换方向做

图 13-39　F 段

模块十三　形体健身运动

表13-9　　　　　　　　　　　　　G 段

段	节拍	动作说明
G 4×8	(1)1~4	向前跑四步
	5~8	原地跑
	6,7	手臂以肘为轴绕小臂两周
	8	还原
	(2)1	身体右转90°,左脚尖点地,重心在右腿
	2	左腿收回并后踢小腿
	3,4	继续右转90°,动作同1~2
	5~8	同1~4
	(3)1	向后跳后伸左腿,同时双臂经前摆至上举,五指张开
	2	还原,左脚落地同时提右腿
	3,4	同2,但换右腿做
	5~8	同1~4
	(4)1~2	左侧小跳,手臂经侧摆至上举,握拳
	3~4	同1~2,但方向相反
	5~8	同1~4

图13-40　G 段

表 13-10　　　　　　　　　　　　　　　　H 段

段	节拍	动作说明
H 2×8	(1)1～4	左前方侧身后交叉步,手臂经前绕至斜上、侧平、侧下,芭蕾手型,手心向上
	5～8	同 1～4 但方向相反
	(2)1～2	跳成开立,同时手臂上举
	3～4	屈膝下蹲,两手置于大腿
	5～6	身体右转,左膝跪地,同时左臂前举,右臂斜上举,掌心向上,五指分开
	7～8	还原成立正姿势

图 13-41　H 段

训练项目六　了解街舞

一、街舞概述

街舞是当今社会流行的一种舞蹈形式和健身项目,也已进入我们的体育课堂。我国于 2003 年举行了第一届电视街舞大赛,人们惊喜地发现,它摒弃了原本是美国黑人街头舞蹈的颓废、消极等元素,取而代之的是健康、积极向上,并极富时代气息的内容。时尚的穿着、个性化的动作和动感的 RAP 音乐,满足了年轻人的表现欲望。因此,很受广大青年学生的青睐。

街舞分为流行街舞、健身街舞、表演街舞和斗舞等,单人和集体均可。其服装特点是:随意,宽松,充分显示自我,平底休闲鞋或运动鞋。街舞可提高身体协调性,减脂,调节心情,缓解压力,体味与众不同的感觉。

二、街舞的套路

街舞的套路共分 12 节,每节 8 拍,其节拍和动作说明见表 13-11～表 13-22,动作如图 13-42～图 13-53 所示。

表 13-11 第 1 节

节	拍	动作说明
第 1 节 1×8	1～4 5 5½ 6 7 8	前进四步 双臂由胸前平推出,握拳,同时屈膝弹动 双臂胸前平屈 全蹲,手臂侧下举 跳成交叉步,右腿在前 左转一周

图 13-42 第 1 节

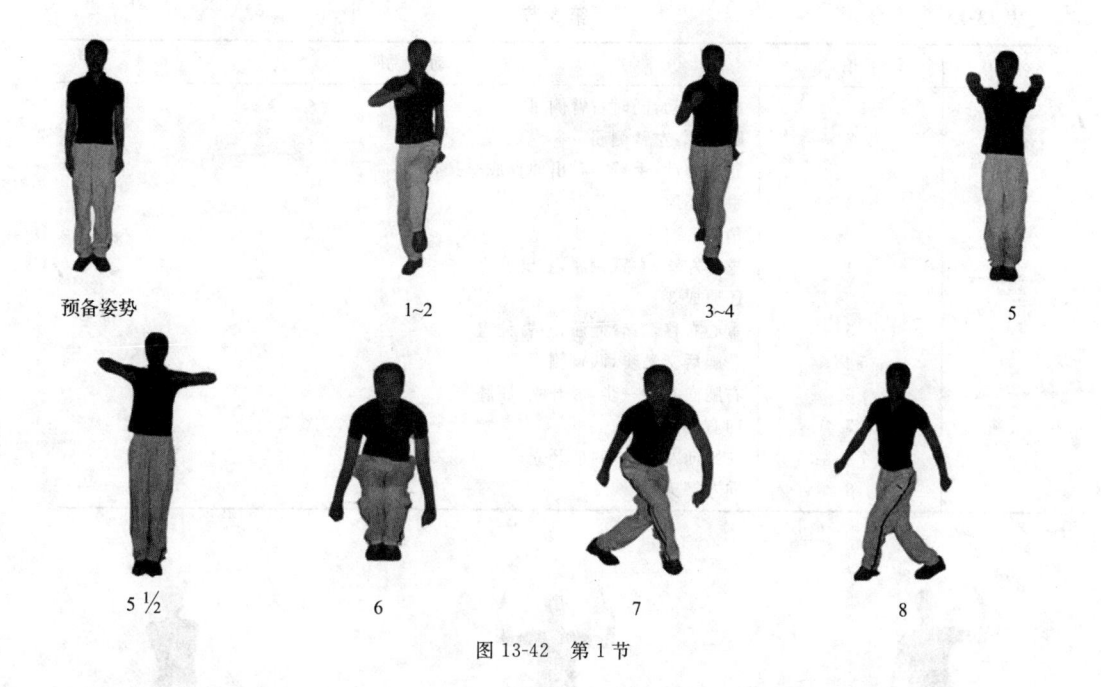

表 13-12

节	拍	动作说明
第 2 节 1×8	1 2 3 4 5 5 ½ 6 7 7 ½ 8	右腿由提腿向前侧踹 还原 重复 还原 右腿交叉上步,同时上体和头右转,手臂变掌向下压腕 再压腕一次 左腿跟上成开立,手臂放下 腿成左弓步,身体稍左转,两臂握拳向内振动一次 再振动一次 还原成 6

1(3)　　　2(4)　　　5½　　　6(8)　　　7½

图 13-43　第 2 节

表 13-13　　　　　　　　　　第 3 节

节	拍	动作说明
第 3 节 1×8	1 ½	屈膝弹动,同时右臂侧屈
	2	腿还原,左臂侧屈
	2 ½	屈膝弹动,手臂"穿"出伸直成交叉,掌心向下
	3	手臂还原
	3 ½	稍蹲
	4	重心左移,左臂侧屈,右臂伸直
	4 ½	还原成 3
	5	重心右移,右臂侧屈,左臂伸直
	5 ½	右腿后交叉步,两臂侧下举
	6	右腿向右跟一步,成开立,屈膝
	7	向右摆头,停住
	7 ½	左腿向左跟一步,成开立
	8	向左摆头

1½　　　　　2　　　　　2½(3)

3½(4)　　　5(6)　　　7　　　8

图 13-44　第 3 节

表 13-14　　　　　　　　　第 4 节

节	拍	动作说明
第 4 节 1×8	1	左弓步，上体向左移，右臂胸前平屈，拳面向左侧方
	2	重心移回右侧
	3	重心左移，拳边掌，臂伸直，向远划圆经下方
	4	重心移回中间，手变拳
	5	跳成左交叉
	6	右腿向右，脚跟着地，屈膝
	7	以脚跟为轴腿外旋，同时手臂向外"打"出，眼看手
	8	重复 7

图 13-45　第 4 节

表 13-15　　　　　　　　　第 5 节

节	拍	动作说明
第 5 节 1×8	1	左脚前点
	2	左腿收回成立正开立
	2½	右腿提膝
	3	右腿向右后方落下
	3½	左腿提膝，同时左转
	4	左腿落下成开立
	5	屈膝同时右臂向前下冲拳
	5½	左臂向前下冲拳，两臂成前交叉
	6	双腿跳合，同时双臂向后拉挺胸
	7	屈膝弹动，两臂交叉
	7½	腿还原，手指尖触肩
	8	屈膝弹动，手臂置于体侧

图 13-46　第 5 节

表 13-16　　　　　　　　　　　　　第 6 节

节	拍	动作说明
第 6 节 1×8	1	左腿向左跨,上体做胸波浪
	2	右腿并步,还原
	3~4	同 1~2,方向相反
	5	向左前方小跳,同时右腿迅速靠拢
	6	同 5,但方向相反
	7	同 5
	8	两腿开立

图 13-47　第 6 节

模块十三 形体健身运动

表 13-17　　　　　　　　　　第 7 节

节	拍	动作说明
第 7 节 1×8	1	重心左移,右小腿外摆,同时右手拍脚外侧
	1½	右小腿内摆,同时左手拍脚内侧
	2	腿还原,屈膝
	3	右腿蹬地,右脚向前"蹭"一步,同时左脚紧跟; 手握拳置于耳侧,含胸一次
	4	同 3,但换腿
	5	右腿向前跨一步,成弓步,同时手臂胸前平屈
	6	左转 180°,手臂经下,右臂前平屈,左臂摆至后侧
	7	还原成 5
	8	跳并步,同时头上击掌

　　　　1　　　1½　　　3(4)　　　5(7)　　　6　　　8

图 13-48　第 7 节

表 13-18　　　　　　　　　　第 8 节

节	拍	动作说明
第 8 节 1×8	1	交叉弹踢左小腿,同时两臂交叉伸出
	1½	手臂还原,脚落地
	2	右脚侧点地,成左弓步,手臂置于体侧
	3	手臂经后、经上、经前、经下画一个圆,同时两腿做屈膝一次
	4	跳并步
	5	左腿向左成开立,屈膝,同时两手由肩甩出,食指指向前方
	5½	绕胯一周
	6	同 5½
	6½	向前顶髋,同时向前跳
	7	还原成 6
	7½	同 6½
	8	还原成 7

　　　1　　　1½　　　2　　　3　　　5(6)(7)(8)　　　6½

图 13-49　第 8 节

表 13-19　第 9 节

节	拍	动作说明
第 9 节 1×8	1	左腿向前点地
	2	收回,同时下蹲
	3	左手臂后撑地,同时两腿伸直分开
	4	腿收回
	5～6	同 3
	7～8	同 4

图 13-50　第 9 节

表 13-20　第 10 节

节	拍	动作说明
第 10 节 1×8	1～3	左手撑地,右腿侧上摆至头顶
	4	还原
	5	屈膝向右,脚跟转向右侧
	5 ½	脚尖转向右侧
	6	同 5
	7	向左移动,脚跟转向左侧
	7 ½	脚尖转向左侧
	8	同 7

图 13-51　第 10 节

表 13-21　　　　　　　　　　第 11 节

节	拍	动作说明
第 11 节 1×8	1	身体转向左侧,左腿前踹
	2	向后踹左腿
	3	左脚向前迈一步
	4	右转 180°
	5	左腿向前跨一步,蹲,右手撑地
	6	右腿向左前方伸出
	7	还原成 5,方向相反
	8	同 6,但换腿换方向

图 13-52　第 11 节

表 13-22　　　　　　　　　　第 12 节

节	拍	动作说明
第 12 节 1×8	1~4	两手撑地,屈肘,身体右转,左腿屈,右腿伸直,右肘置于左腿外侧
	5~8	还原成立正姿势

图 13-53　第 12 节

训练项目七　掌握瑜伽运动

一、瑜伽体位法及其功效

修炼瑜伽体位法即顺应自然法则,以求恢复身体本身之自觉能力,并且领悟到必须从内而外彻底改造自己,才能达到"身心统一",也就是所谓的"身心一如"。

> **趣闻 >>>**
>
> 　　2010年12月28日，一个名叫施卢蒂·潘迪的印度小女孩登上了英国《每日邮报》，因为这个年仅六岁的小女孩已经是印度小有名气的瑜伽教练了。施卢蒂四岁开始练瑜伽，当教练已近两年，先后有六十多个学生跟着她学习瑜伽。每天早上五点三十分是施卢蒂开始授课的时间，跟着她学习瑜伽的都是成年人，这些人来自各行各业，有商人、家庭主妇、老师，还有退休老人。
>
> 　　90岁的退休老师Swami Bhanu说："施卢蒂最好的地方是，她总会帮着把我这样的老人做起来有点费劲的动作改动一下，很贴心。"已经上了三个月课的48岁商人也说："我原来脾气非常暴躁，但上了施卢蒂的瑜伽课让我平和了不少，感谢这个小老师。"施卢蒂·潘迪也特别享受当老师的感觉："当人们跟着我的提示做动作时，我觉得自己就像一个真正的老师。"

1. 金刚坐式

(1) 功效

①消除风湿关节痛及坐骨神经痛。

②用餐后修炼金刚坐式，有助于消化及消除饱胀感。

(2) 动作分解

跪下，臀部坐于脚后跟上，两膝间隔约一拳宽，两只脚的拇趾略微相触。背部挺直，收腹挺胸，头摆正，肩部放松，两手自然摆在膝上，如图13-54所示。

刚开始练习时可能脚会麻、会痛，但是只要每天持续地练习，先由坐2 min开始，逐步增长时间，该状况就能改善了。

2. 大拜式

图13-54　金刚坐式

(1) 功效

①调心、调息、集中精神，可帮助静坐。

②强化腹肌，消除腹部脂肪。

③调节月经不调。

(2) 动作分解

跪下，臀部坐在脚后跟上（金刚坐式）。吸气，双手从两旁举起合掌，伸直并贴住两耳。停息8 s，如图13-55所示。吐气，身体慢慢向前弯曲，使胸部紧贴大腿，额头触地面（注意臀部不可离开脚后跟）。停息5～8 s，然后放松，吸气慢慢还原。重复做3～6遍，如图13-56所示。

图 13-55　大拜式(1)　　　　图 13-56　大拜式(2)

3. 眼镜蛇式

(1)功效

①强化肠胃和心脏功能,提高肺活量,消除背部赘肉,调整自律神经。

②治疗驼背、便秘、腰背酸痛。

(2)动作分解

①俯卧于地,全身放松调息;下颌缩紧,额头触地,双手紧贴胸旁,手掌心贴地,双腿并拢,脚背贴地,如图 13-57 所示。

图 13-57　眼镜蛇式(1)

②吸气,将下颌抬高,将后脑像要贴上背部似的往后仰。再稍吸气把上身慢慢抬起来(感觉是把脊椎骨一节一节地向后弯曲)。用背肌的力量使喉部、上身尽量往后仰,手臂尽量放松。

③完成姿势,肚脐、下腹贴地,眼睛睁大凝视一点,意识集中在肚脐或腰椎,自然呼吸 10 s 后慢慢还原成放松姿势,如图 13-58 所示,重复 3~6 遍。

④两臂伸直,头朝后仰,眼睛注视天花板,下腹贴地板,自然呼吸 10 s,再慢慢还原放松,俯卧于地,如图 13-59 所示。

注意:眼睛注视天花板时,眼球同时左、右旋转,可改善视力。

图 13-58　眼镜蛇式(2)　　　　图 13-59　眼镜蛇式(3)

4. 转肩姿势

(1)功效

转肩姿势可促进头、颈、肩部之血液循环,消除颈肩、手臂、手腕之酸痛僵硬。

(2)动作分解

①金刚坐式,双手反掌交握于背后,如图 13-60 所示。

②吸气,背部挺直,手臂尽量向下伸直(手掌心朝下),同时扩胸、下颌上仰,如图13-61所示。

③吐气,胸背伸直慢慢向前弯,双手逐渐举高,陆续使额头、头顶着地,同时臀部渐渐离开脚,达到与小腿垂直的位置,如图 13-62 所示。

图 13-60　转肩姿势(1)　　图 13-61　转肩姿势(2)　　图 13-62　转肩姿势(3)

④自然呼吸,头顶在地板上,先前后转动,再左右转动,达到按摩头部的功效(此时脚尖可踮起),如图 13-63 所示。

⑤吸气,以腹部力量还原,臀部坐于脚后跟上,双手放松,叠放于额头下,休息 20 s 后再回到金刚坐式,如图 13-64 所示。

图 13-63　转肩姿势(4)　　图 13-64　转肩姿势(5)

二、疾病防治与应用

罹患疾病,可视为想要恢复身体平衡与健康的一种自然反应,因为我们的身体具有一定的自愈能力,只要稍有异常,自会产生相应的消除或修正作用。瑜伽自然健康法即将这种无意识的自然修正反应,整理成有意识的动作,并配合自然腹式呼吸法进行训练,以统一身体的训练与精神的净化。

1. 预防感冒

以下介绍 3 种瑜伽姿势,可有效改善体质、强化脏腑功能、增强抵抗力,以达到治本之功效。

(1)大拜式

跪下(金刚坐式),臀部坐在脚后跟上;吸气,双手合十平肩举起,双臂贴住两耳;吐气,身体向前弯曲,使额头触到地面,如图 13-65 所示。保持此式止息 8 s,然后吸气起身。此式要反复练习 8 次。

功效:调心、调息、精神集中、强壮腹部肌肉、消除腹部脂肪、调节月经。

模块十三　形体健身运动

(2) 鱼式

仰躺,调息后吐气,同时以肘部着地,撑高胸部;手肘离开地板,双手合掌,头顶着地,进行自然腹式呼吸。如果腹肌有力,则尽量把双脚举起约 35°,可强化腹部内脏机能,如图 13-66 所示。

功效:消除肩颈僵硬,净化甲状腺与扁桃体,增进活力;同时因扩张胸部,可使呼吸顺畅、矫正胸椎骨,强化自律神经及刺激脑下垂体。

图 13-65　大拜式(3)　　　　　图 13-66　鱼式(1)

(3) 扭转姿势

先金刚坐式跪,后臀部落坐于地板,弯曲左膝,右脚交叉跨过左腿,置于大腿外侧,脚掌贴地;左手越过右膝外侧,握住右脚背,右手绕背环腰或置于地板上;颈部尽量向右转,视线向前方凝视于一点,如图 13-67 所示。保持这个姿势自然呼吸 30 s,放松,恢复原来姿势,左、右脚交换各做 4 次。

功效:矫正脊椎,促进肩背气血畅通,加强肺脏功能,使人常保年轻。

2. 改善贫血

以下介绍的 3 种瑜伽姿势可矫正脊椎,刺激自律神经,并改善贫血症状。

图 13-67　扭转姿势

(1) 蛇式

俯卧,两肘弯曲,双掌贴地与肩平行,吸气,将头举起、下腹贴地,两眼注视天花板,如图 13-68 所示。停息 8 s,然后慢慢吐气还原,重复做 6~8 次。

功效:调整自律神经,治腰背疼,强化松果腺、脑下垂体及气管功能。

(2) 瑜伽身印

双盘黄花坐姿或跪姿,双手置于背后,右手握住左手腕;吸气挺胸,慢慢吐气,身体向前弯,直到额头触到地面;止息 8 s,然后吸气起身,如图 13-69 所示,重复做 6~8 次。

功效:统一身心、促进腺体正常分泌。

(3) 锄头式

仰卧,吸气后一面吐气,一面用手掌的力量将两脚提高 180°与地面平行,然后再次呼吸,使两足尖接触到地面,做自然腹式呼吸 30~60 s,如图 13-70 所示。

功效:促进头、颈椎血行良好,预防内脏下垂。

图 13-68　蛇式　　　　　　图 13-69　瑜伽身印　　　　　图 13-70　锄头式

3. 消除肩膀酸痛

前弯式可消除肩膀酸痛。两脚伸直坐在地板上，左膝弯曲，脚背贴于右大腿并紧贴鼠蹊部，左手环于背后抓住左脚拇趾，右手握住右脚脚趾，先吸气，后慢慢吐气前弯，下颌尽量贴到右小腿上。止息 8 s，放松吸气后还原，连续做 3 次，换脚以同样方式做，如图 13-71 所示。

图 13-71　前弯式(1)

功效：按摩内脏器官，促进生殖腺荷尔蒙分泌，调整卵巢机能，治疗低血压。

4. 治疗腰痛

以下介绍 2 种瑜伽姿势可治疗腰痛。

(1) 左右侧弯

跪坐，双手交握反掌，吐气，臀部坐向右侧地板，上身向左侧弯曲，两手紧贴耳朵，眼睛注视天花板；吸气回到跪坐，再慢慢吐气，臀部坐向左侧地板，身体向右侧弯曲，如图 13-72 所示。左、右交换做 3~6 遍。

功效：矫正脊椎，治疗坐骨神经痛、关节炎、腰酸背痛。

(2) 猫式

四肢跪于地板上，吸气时背肌伸直，抬头看天花板；吐气时缩肚、拱背，下颌尽量贴近胸部，意识集中在头部，止息 8~16 s，再放松，随吸气、吐气交换动作做 5~8 遍，如图 13-73、图 13-74 所示。

功效：治疗腰酸背痛，矫正背脊。

图 13-72　左右侧弯　　　　图 13-73　猫式(1)　　　　图 13-74　猫式(2)

5. 强化肾脏

以下介绍 3 种瑜伽姿势可强化肾脏。

(1) 蝗虫式

俯卧,两脚并拢,深吸气后,急速抬高双脚,意识必须集中在腰部、臀部,直到耐不住时,再吐气慢慢还原,如图 13-75 所示,做 2 遍。

功效:强化心、肺,矫正内脏下垂,促进头脑、脊髓血液循环,强化肾脏,治疗尿频。

(2) 蝗虫式变化式

俯卧,双手贴地,吸气后靠手臂、胸部、腰力抬高臀部;脚趾用力支撑身体,直到耐不住时再吐气还原,如图 13-76 所示。

图 13-75　蝗虫式

功效:调整肝脏、肾脏、胰脏等器官的功能,也可治疗腰痛,并紧缩大腿肌肉。

(3) 蛇式变化式

俯卧,双脚并拢,右手贴于腰部,左手过肩伸直;吸气,胸部抬高,双脚亦同时举起,止息 8 s 后吐气还原。左、右交换做 3 遍,如图 13-77 所示。

功效:治疗腰背痛,预防子宫、卵巢、月经不调等疾病。

图 13-76　蝗虫式变化式　　　　　图 13-77　蛇式变化式

6. 睡眠体操

以下介绍 3 种瑜伽睡眠体操,可松弛肩膀、颈部、上背部、胸部的紧张,预防失眠。

(1) 仰卧式

仰卧,双手着地,双脚张开与肩同宽(脚后跟伸直),一边吸气,一边举起腰部(闭气),到不能忍受的程度再迅速吐气并放松全身力量,迅速放下腰部,如图 13-78 所示。这个动作重复做 5 遍。

功效:松弛腰腹部和骨盆,以放松全身。

图 13-78　仰卧式

(2) 鱼式

仰卧,双肘着地,双脚张开与肩同宽,一边吸气,一边把胸部尽量抬高,到不能忍耐的程度再吐气放松,并迅速放下身体,如图13-79所示。重复做这个动作5遍。

功效:消除颈、肩部的僵硬,缓解头部疲劳,调节荷尔蒙正常分泌。

(3)抱头式

双手抱左后脑,左手用力往右侧推,并举起头部;双脚向右边举起30 cm,上、下摆动(脚不接触地板)10～20遍,放松后再以同样方式换右边做10～20遍,如图13-80所示。

功效:消除颈、肩部的紧张,改善内脏下垂及异常。

图13-79 鱼式(2)　　　图13-80 抱头式

7. 强化视力

以下介绍3种瑜伽姿势可强化视力。

(1)半弓式

俯卧,吸气同时弯右膝,右手抓右脚背,意识集中在腹部;吐气同时胸部、左手、左脚尽量抬高,保持此姿势8 s后,还原放松。再以同样方式换左脚,左、右边交换做3遍,如图13-81所示。

图13-81 半弓式

功效:强化视力,强化肝、肾、肠、胃机能,亦可治疗月经不调。

(2)骆驼式变化式

跪立,两膝与肩同宽,深吸气,把力量集中于下腹部,止息数秒后用力吐气把身体向后弯,腹部向前推出,左手抓左脚,同时把右手上伸;保持此姿势,眼睛同时做旋转运动,8～10 s后还原放松。左、右手交换做,如图13-82所示。

功效:消除眼睛疲劳,强化腰腹力量,扩胸强化肺部、扁桃体机能。

(3)转肩姿势

双膝跪地,双手反掌交握于背后,吸气扩胸,吐气,双手逐渐举高,头顶着地,臀部渐渐离开脚后跟。保持此姿势,头部在地板上前后滚动后再左右转动以按摩头部,如图13-83所示。

功效:促进头、颈、肩之血液循环,消除其酸痛僵硬,调整自律神经,治疗低血压。

8. 美体修形

以下介绍3种瑜伽姿势具有减肥功效。

(1)手臂减肥法

两脚张开同肩宽,两手臂左、右平肩举起,手腕内外交互扭转50～100次,如图13-84所示。

功效:促进颈、肩、头部之血液循环,增强呼吸力。

图 13-82　骆驼式变化式 　　　　　　图 13-83　转肩姿势(6)

(2)腹部及腰部减肥法

仰卧,深呼吸后用力吐气,同时两手掌用力撑地,慢慢将腰部弹起,先做锄头式,再用双手支撑腰部,慢慢伸直双脚成肩立式,配合腹式呼吸,左、右脚交互触地 20~30 次,如图 13-85 所示。

功效:促进荷尔蒙分泌、增强记忆力。

(3)背部及臀部减肥法

俯卧,双手交握在后颈,吸气仰头,吐气同时双脚举高,双手肘尽量向外张,意识放在腰背,自然呼吸 20~30 s,如图 13-86 所示。

功效:强化心、肺机能,治疗驼背。

图 13-84　手臂减肥法 　　　图 13-85　腹部及腰部减肥法 　　　图 13-86　背部及臀部减肥法

9. 健美肌肤

以下介绍 3 种瑜伽姿势具有美肤功效。

(1)前弯式

坐于地板上,双脚并拢,双手合掌于头顶,吸气时胸背挺直,慢慢吐气向前弯,双手勾住双脚拇趾,胸、腹尽量贴近大腿,额头亦尽量贴近膝部,膝盖不可弯曲,自然呼吸 10~20 s,再慢慢吸气起身还原,如图 13-87 所示。

功效:促进脸部血液循环,并强化内脏功能,消除腹部赘肉,可治便秘。

(2)弓式

俯卧,双膝弯曲,两手从外侧抓住脚踝;吸气,仰头,胸部离地;吐气,手和脚同时往上抬高,自然呼吸 20~30 s,还原放松,如图 13-88 所示。

功效:健胸、美容、强化内脏,可治月经不调,消除背部赘肉。

(3)三轮式

仰卧,吸气后一面吐气,一面双手合掌,以头顶、双脚支撑,用腰腹力量慢慢把腰腹抬高,自然呼吸 20 s,还原放松,如图 13-89 所示。

功效:调整排泄机能,美化肌肤,增强体力。

图 13-87　前弯式(2)　　　　图 13-88　弓式　　　　图 13-89　三轮式

思考题

1. 你的形体矫健、匀称吗?是什么原因造成的?
2. 健美操、街舞、瑜伽等哪项运动更适合你?为什么?
3. 你是怎样看待形体美的?

模块十四

休闲运动

学习目标

- 开展丰富有趣的体育运动,调动锻炼的积极性
- 参加休闲、有趣的运动既能增强体质,又能提高生存和职业劳动能力
- 掌握1~2种运动项目,养成终身锻炼的习惯

训练项目一 了解毽球运动

一、毽球的基本技术

1. 站立姿势与移动

(1)站立姿势

①平行开立。两脚左右平行开立,略比髋宽,脚后跟稍提起,脚掌内侧着地,两膝微屈、内扣,重心稍降,上体放松前倾,两臂自然垂于体侧,两脚保持微动状态,目视来球。

②前后开立。两脚前后开立,一般支撑脚在前,踢球脚在后,其动作同两脚左右开立。

(2)移动

①上步移动。上步向前移动时,后脚用力蹬地向前跨一步,接近落点成站立姿势;向左(右)移动时,先以左(右)脚脚后跟为轴,脚前掌向左(右)移动,再用右(左)脚迅速蹬地迈出一步,成站立姿势准备击球。

②撤步移动。向后撤步时前脚用力蹬地,重心后移,将前脚移至后脚的斜后方,移动中重心移动要快而稳。

③并步移动。向前移动时,前脚先迈出一步,同时后脚蹬地,当前脚落地时,后脚迅速并上成站立姿势。

④交叉步移动。交叉步移动时,如向左移动,则左脚前掌先向左侧外展,右脚用力蹬地经左脚前落在左脚外侧,左脚随后向左跨一步成站立姿势准备击球;向右移动时则相反。

> **趣闻** >>>
>
> 　　张铁林,中山市小榄镇人,是全国乃至亚洲毽球运动最出色的教练,他正在打造一个属于自己的毽球王朝。
>
> 　　在第 8 届全国少数民族传统体育运动会的毽球比赛上,他带领广东毽球队获得了网毽男女团体和花毽 3 枚金牌。而在他的会客室,柜子里挤满了几百个奖杯和奖牌。
>
> 　　从 1998 年来到小榄镇到现在,他已带队获得了 100 多个冠军。早在 1998 年之前,他就已经是全国铁路系统的毽球教练,铁道部五一劳动奖章获得者。他是毽球运动圈子里出了名的"铁人",认识他的人都说他是一个"工作狂人"。
>
> 　　他希望有一天毽球也能够进入奥运会。张铁林说,首先要做的是把毽球推向亚洲和欧洲,让世界毽球协会组织达到奥运会规定的数量,才能具备进入奥运会的资格。

2. 踢球

踢球是毽球的最基本技术,可分为脚内侧、脚外侧、脚前掌和正脚背踢球等。

（1）脚内侧踢球

脚内侧踢球是毽球的基本技术之一,特点是出球稳,便于控球。

①脚弓端踢。踢球时,一只脚支撑站立,另一只脚屈膝提起,以髋为轴,膝关节外展,小腿向内上摆起,用脚弓正对来球,在击球刹那,脚弓用力,抖脚踝,用脚弓平端将球击出,如图 14-1 所示。

②脚弓推踢。在脚弓端踢的基础上,身体向踢球脚一侧转体 45°。抬大腿转髋,带动小腿向前上方踢出,脚弓对准来球,向前方转动踝关节,以推送抖脚踝的力量将球击出,如图 14-2 所示。

③脚内侧直腿摆踢。用支撑脚一侧侧对网站立,踢球腿屈膝向其右侧前上方踢出,脚尖略向回勾起,当脚内侧击球时,膝关节内旋,带动踢球脚向网前上方划弧摆踢,同时脚弓用力扣压将球击出,如图 14-3 所示。

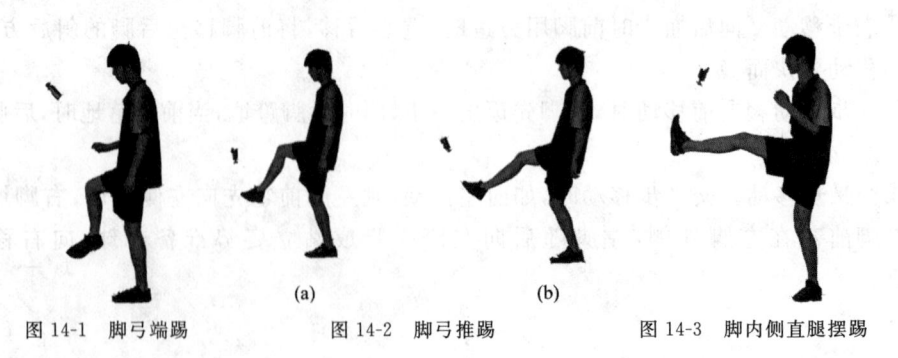

图 14-1　脚弓端踢　　　图 14-2　脚弓推踢　　　图 14-3　脚内侧直腿摆踢

(2)脚外侧踢球

脚外侧踢球常用于接身体侧面的来球。

①脚外侧拐踢球。踢球腿屈膝内扣,小腿向体侧上摆,在击球刹那勾足尖,踝关节内屈端平,用脚背外侧把球向上踢起。此踢法多用于救落在靠近身体左(右)侧的险球。

②脚外侧摆踢球。面对网站立,踢球腿由大腿带动小腿向来球落点摆动,在击球刹那,小腿向外侧用力摆动,脚尖内转扣收,并稍向下伸,使脚外侧绷紧挺直,用第四、五趾骨以上部位将球击出。

③脚外侧挑踢。踢球腿小腿带动大腿,屈膝后摆,膝关节向内下扣,上体前倾并稍转向摆动腿一侧,在击球刹那,踢球脚端平,脚踝用力上挑,用脚外侧部位将球击出,如图14-4所示。

④脚前掌身后踢球。当来球落在紧靠身体后面时,一腿微屈站立,踢球腿屈膝,小腿向后方摆起,使前脚掌对准来球,同时身体稍转向来球一侧,在踢球刹那,脚踝绷直用力,用脚前掌将球踢起,如图14-5所示。

图14-4 脚外侧挑踢　　图14-5 腿前掌身后踢球

⑤倒勾踢球。倒勾踢球具有较好的隐蔽性和突然性,踢出的球力量大、速度快,是毽球主要的进攻技术。背对网站立,支撑脚在前,踢球脚在后,重心落在前脚上。踢球腿以髋关节为轴,大腿带动小腿向前上方屈膝摆起,支撑腿微屈,上体稍后仰,在击球刹那,小腿向后上方弹踢,同时踝关节用力,回勾脚趾,用正脚背将球踢向身后方。倒勾踢球有原地倒勾踢、原地跳起倒勾踢、上步原地倒勾踢和上步跳起倒勾踢等踢法。

(3)脚背踢球

脚背踢球也是毽球的基本踢法之一,常用于发球、接低球、踢网下险球、踢距身体稍远的球和倒勾踢球。

①正脚背踢球。面对来球,支撑脚站立,踢球脚的大腿用力摆动向前,在击球刹那,脚面绷直,踝关节用力,小腿快速弹出。此踢法多用于发球和远吊角球,可踢出不同高度和落点的球,如图14-6所示。

②正脚背体侧凌空踢。当球落至右侧前方时,左脚上步站稳,脚尖指向出球方向,身体向左侧倾斜,侧对出球方向,以右大腿带动小腿向前摆动,脚背绷直,用脚背将球击出,两臂自然摆动,身体向出球方向扭转。此踢球方法多用于发球和网前攻击性击球,如图14-7所示。

图 14-6　正脚背踢球　　　　图 14-7　正脚背体侧凌空踢

二、发球、接发球和拦网

1. 发球（如图 14-8 所示）

（1）脚正面发球

①原地脚正面发球。抛球：左手将球垂直抛于体前，离身体约一臂远。踢球：在抛球同时，重心前移至左脚，右脚迅速用力蹬地、屈膝、小腿后屈，尽量靠近大腿；小腿迅速前摆，脚面绷直，用脚背正面踢球。踢球时，两臂自然摆动，保持身体平衡，眼睛看球。

②上步脚正面踢球。身体正对网站立，根据需要的助跑步数，确定与端线的距离。其击球动作与原地脚正面发球相同。

(a)脚正面发球　　(b)脚内侧发球
图 14-8　发球

（2）脚内侧发球

踢球时，左手将球垂直抛于体前，离身体约一臂远，身体重心前移至左脚，踢球的右腿以髋关节为轴，屈膝外转，脚掌与地面平行，小腿迅速前摆，用脚内侧踢球，两臂自然摆动。

（3）脚正面发弧线球

踢球时，右腿用力向前、向左弧线摆动，脚面绷直，用脚面把球踢出。在球接触脚的刹那，用力要突然、集中、短促，用脚面击球。击球后，脚向左前方摆出。

（4）脚正面发凌空球

抛球时，左手持球于体前，离身体一臂远，将球垂直向上抛出，球高过头顶。踢球时，当球落到腰部高度时，上体侧倒向支撑脚一侧，大腿提起与地面平行。同时，大腿带动小腿急速摆动，脚面绷直，用脚正面击球。击球后，身体随着转向出球方向，身体自然摆动，维持身体平衡。

2. 接发球

（1）接发球的基础动作

接发球的基础动作包括起动和移动：滑步（分左、右滑步和前滑步）、跨步、交叉步、后退步、跑动等。

（2）接发球技术

接发球主要以触球为主。触球时，要看准来球方向，迅速做出正确判断，立即起动并移动到最佳触球位置。利用蹬地、摆腿和身体协调动作,把球准确触在大腿的最佳部位。在触球的一瞬间,大腿应迅速上抬与身体成90°,把球触击在体前垂直位置或有利于自己第二次击球的位置。

3. 进攻(倒勾)

(1)起跳。要判断准确,跳得及时,跳得要高,位置恰当。一般采用并步法:背对网准备,面对来球,调整传球一次,根据落点,左脚迈出一步,用来调整身体位置,右脚迅速跟上并步,随即蹬地迅速摆左腿起跳。跨步法起跳的动作是:右脚根据落点跨出一步,左脚迅速蹬地上摆起跳。

(2)空中击球。调整传球把球传到一定高度后,当球几乎垂直下落到离网高 1 m 左右的高度时,迅速起跳,尽力上摆左腿,同时右腿用力蹬地,在左腿上摆的同时右腿迅速上摆并高于左腿。腾空时右脚尖绷直,对准下落的球,当球与脚面接触的一瞬间,利用在空中收腹、上摆腿、勾脚尖的力量,把球击过网。

(3)落地。击球后,左脚先落地,右脚随之落于左脚右侧,迅速转身面对球网,看球,并做好下一次击球的准备动作。

4. 拦网

(1)移动。当对方组织进攻时,应判断其击球点和球运行的路线及高度,及时移动。移动步法主要用滑步和交叉步。

(2)起跳。移动到位后,在对方进攻队员起跳的同时,立即起跳。起跳后,在空中应稍展腹,用胸部稍偏向肩的部位对准来球。

(3)拦网。起跳腾空后,两臂尽量下垂,当球快要触及胸部的一瞬间,迅速收腹含胸,向前抖肩把球拦在对方近网处。落地时适当收腹有助于控制腾空的时间和身体平衡,如图14-9所示。

图 14-9 拦网

三、毽球比赛规则与裁判方法

1. 毽球比赛场地、器材

(1)场地

毽球比赛场地长为 11.88 m,宽为 6.1 m,一条中线将场地分为两个半场。中线两侧各有一条平行于中线的线,称为限制线,距中线为 2.00 m,如图14-10所示。发球区线向后无限延长的区域为发球区。

(2)球网

毽球网长 7 m,宽 76 cm,为深绿色(也可用羽毛球网)。网柱距中线 50 cm,球网距地面高度男为 1.60 m,女为 1.50 m。两端高度与中间高度相差不得超过 2 cm。正式比赛中,还要像排球比赛一样在球网两端垂直于边线和中线交叉处系两根标志杆。标志杆长为 1.20 m,直径为 1 cm。

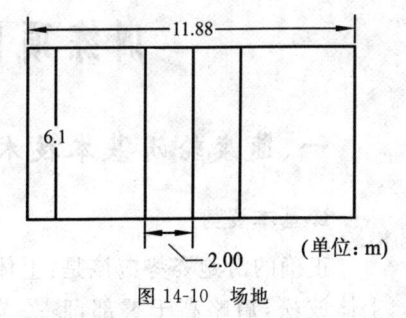

图 14-10 场地
(单位:m)

(3) 毽球

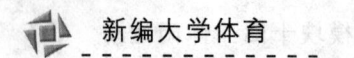

比赛用的毽球由毽毛、毽垫等构成：毽毛为4支鹅翎成十字形插在毛管内。毽垫有上、下两层，均为橡胶制作。上、下毽垫之间有3层以上垫圈。毽球高度为13～15 cm，质量为13～15 g。

2. 竞赛规则和裁判方法

(1) 比赛队由6人组成，上场队员3名，其中1人为队长。队员在场上的位次如图14-11所示。发球时2号或3号位队员与发球队员的距离不少于2 m。发球后，队员位置可在本方场内任意交换，但每局比赛结束前，队员轮转顺序不得调换。

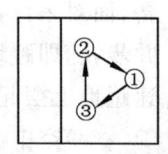

图14-11 位次

发球时，发球队员必须站在场外发球区内，用手抛球后用脚将球踢入对方场区，球发出后发球队员才能进入本方场地，其他队员不得掩护，否则判对方发球。

(2) 比赛中，每队将球踢入对方场区前，在本方场区最多只能有三人共击球四次，每个队员可以连续踢球或触球两次，不得用手、臂触球，球不得明显停留在身体任何部位，否则判持球违例，由对方发球或得1分。

(3) 队员用头攻球时，必须在限制线外起跳，落地时两脚可落进限制线内。

(4) 比赛中，队员身体任何部位触及两根标志杆内的球网，均判触网违例。过网击球亦为犯规。比赛中，除脚以外，身体任何部位不可触及中线，脚也不得完全越过中线。

(5) 比赛成死球时，教练或队长可以向主裁判要求暂停或换人。每局比赛每队可要求暂停两次，每次暂停时间不得超过30 s。每局比赛每队换人不得超过3人次，每次换人时间不超过15 s。

(6) 接发球失误，应判对方得1分。发球失误则判对方发球。某队得15分并至少净胜2分时，判为胜一局。当比分为14∶14时，比赛应继续进行，直到某队净胜2分时方为胜一局。比赛采用三局两胜制。每次比赛应有正、副裁判员、记录员、记分员各一人和司线员两人。

训练项目二 掌握轮滑运动

一、速度轮滑基本技术

1. 基本姿势

正确的滑跑姿势应该是：上体前倾，与地面呈15°～30°，上体放松，肩略高于臀部，膝关节呈117°～135°，踝关节呈76°～85°，如图14-12所示。

图14-12 基本姿势

2. 起跑

(1)"丁"字形起跑法

两脚成斜向"丁"字形站立,两膝顺脚尖方向朝外。前脚的位置应从冰鞋内侧前轮算起距起跑线 10～20 cm,后脚内侧对着前脚脚后跟,相距肩宽,使两脚成侧向"丁"字形。预备姿势是上体稍前倾,身体重心在两脚之间,两臂自然下垂,两膝弯曲适度。

听到起跑信号后,在起跑后的头几步滑跑中,大腿积极蹬踏,由内侧轮先着地,过渡到前轮着地,充分发挥腿部力量,两脚仍保持"丁"字形,这样有利于腿部蹬力的发挥。为提高起跑后的滑跑频率,除两臂应迅速有力地摆动外,大腿在蹬踏后的收腿动作也应积极迅速,脚掌抬离地面尽量低一些。3～5 m 后,利用已获得的即时速度进入途中滑跑状态。

(2)平行起跑法

两脚和起跑线平行,侧向前进方向。预备姿势是两膝弯曲,身体向左(右)倾转,当听到起跑信号时,起跑动作的开始几步与"丁"字形起跑相同。

3. 直道滑行

直道滑行技术包括蹬地、收腿、惯性滑行三个阶段。蹬地是推动身体前进的主要动力,当身体重心移至滑行腿的内侧时,即进入蹬地阶段。蹬地时,滑行腿的膝关节要弯曲,蹬地脚向侧后方蹬地。蹬地方向与身体前进方向呈 45°,蹬地的力点在蹬地脚内侧的前轮上。

> **趣 闻** >>>
>
> "妈妈你看,那个奶奶滑得真好!"在长春市劳动公园内的一块空地上围了很多人,空地中央,赵奶奶正在滑轮滑。她头戴棒球帽,穿了一件鲜红的运动服,手上竟然还戴着一副露着手指的"霹雳手套",一身新潮的打扮非常吸引人。更吸引人的是赵奶奶的轮滑技巧,她猫着腰,膝盖弯曲呈半蹲姿势,在空地上逆时针滑行,滑到最后,右脚掌微微翘起,来了个"急刹车"停了下来,围观的人纷纷赞叹,"这么大年纪的人,滑成这样真不容易啊!"
>
> 66 岁那年,已经退休的她突然冒出了想学轮滑的想法,为此赵奶奶还特意学习了电脑知识,之后用电脑看影碟偷学,然后再到楼下用孙女的轮滑练习,虽也摔了不少跤,但终于学会了。赵奶奶骄傲地说:"看,这还是我孙女送我的轮滑鞋,她用过的,看这颜色多新鲜!"

蹬地结束后收腿要迅速,动作幅度不能太大,用大腿带动小腿,屈膝弓腿,抬腿不能太高。收腿后,在滑行腿的内侧前方用后轮先着地,然后过渡到四轮着地,进入惯性滑行阶段。再用另一腿蹬地、收腿和惯性滑行,如图 14-13 所示。

4. 弯道滑行

弯道滑行是沿逆时针方向进行的,滑行时向左压步,右腿蹬地,收腿后,在左脚左前方着地。左脚外侧轮子向身体右后方蹬地,收腿后沿右脚内侧在右脚左前方着地,然后再重复右脚向左压步动作,如图 14-14 所示。

弯道滑行时,为了能够很好地克服离心力,身体应该向左倾斜,身体重心在左脚外侧、右脚内侧。

初学者首先应学会左前压步的滑法，并力求使身体重心移向左侧，保持身体的平衡。

图 14-13　直道滑行　　　　图 14-14　弯道滑行

5. 冲刺

在滑跑即将到达终点时，要准备做最后冲刺，此时不要减速，而要加强蹬地的力量，加大滑行速度，全力冲向终点。

二、轮滑运动用具

轮滑运动用具包括头盔、护具和轮滑鞋等，如图 14-15 所示。

(a) 头盔　　　　　(b) 护具　　　　　(c) 轮滑鞋

图 14-15　轮滑运动用具

三、轮滑运动的基本规则

1. 竞赛项目

轮滑运动竞赛项目包括场地赛和公路速度轮滑赛。

场地赛：300 m 个人计时赛，500 m、1 000 m 计时赛，10 000 m 淘汰积分赛，15 000 m 淘汰赛，3 000 m 接力赛（限 3 人参赛）。

公路速度轮滑赛：200 m 个人计时赛，500 m 计时赛，5 000 m、10 000 m 积分赛（每圈积分），20 000 m 淘汰赛，5 000 m 接力赛（限 3 人参赛），42.195 km 马拉松赛。

2. 竞赛类型

轮滑运动竞赛类型有计时赛、淘汰赛、定时和接力比赛等。

3. 竞赛组别

(1) 成年组：年龄在 17 周岁（以当年 1 月 1 日为准）以上。

(2)少年组:年龄在 13～16 周岁(以当年 1 月 1 日为准)。

4. 起点出发

所有比赛均采用站立式起跑,用发令枪或哨子发出起跑信号。起跑信号应在运动员站在起跑线后面、相互间距 50 cm、身体稳定后才能发出。抢跑三次取消比赛资格。

5. 途中滑跑

在运动员从起点出发后一直到抵达终点的滑跑途中,必须严格遵守如下规则,否则取消比赛资格:

(1)运动员在滑跑途中,严禁得到任何方式的外界帮助。运动员应沿一条直线滑行至终点,不得以曲线或横向滑行影响其他运动员的正常滑跑。

(2)在弯道滑跑时,除非沿内侧有足够的空间可以通过,否则只能从外侧超越其他运动员。

(3)任何情况下,不得故意阻挡他人的超越滑行,严禁撞人、推人、拉人、挡人、踢人、绊人等有意阻碍他人滑跑的行为。

(4)在场地跑道或在封闭环形公路比赛时,严禁领先的运动员阻挡后者的超越,或者帮助正在被超越的运动员。

(5)禁止运动员的轮滑鞋触及或踏出跑道线。

(6)在公路开放式跑道或公路封闭环形式跑道上集体出发的比赛,参赛运动员除应遵守上述规则外,还应做到始终在公路赛道的右侧滑行,在任何情况下不得越过公路跑道的中央线,同时还要严格执行组织者的规定和指示。

6. 比赛中断和继续

(1)当地面、天气条件阻碍比赛正常进行或使比赛不能继续时,裁判长有权决定将比赛中断一定时间或取消比赛。在预赛阶段,如比赛可在中断后 24 h 内结束的话,当路面条件恢复满足比赛要求时,比赛应开始或继续进行。

(2)一度中断的比赛再次恢复时,不得更换运动员。退出比赛和取消比赛资格的运动员不能继续参加比赛。

7. 比赛场地

比赛在封闭环形式公路跑道或场地跑道上,按逆时针方向进行。

8. 抵达终点与终点名次

(1)计时性比赛和集体出发的比赛(淘汰赛、计分赛、接力赛以及其他集体出发的比赛),要根据运动员的轮子触及终点线的先后顺序确定运动员的终点名次。先通过终点线的前脚轮子必须接触地面,否则以后脚轮子通过终点的时刻为到达终点时刻。

(2)在自由换人的接力比赛中,以各队最后一名运动员的轮子首先通过终点线的队为优胜。

(3)在定时比赛中,如规定时间已到,则运动员所滑到的地点即为终点。

(4)终点电动计时器的高度,不能超过地面 10 cm。

(5)在场地或在封闭环形式公路跑道上集体出发时,已被超越或即将被超越的运动员应及时淘汰。被超越运动员的名次顺序为被淘汰的逆顺序。

(6)在集体出发的比赛中,有数名运动员一起抵达终点,无法确切地区分他们的名次顺序,此时可认定他们的名次相同,其顺序可按其姓氏笔画排列。运动员扣圈或被扣圈都应报剩余圈数,第一名运动员滑最后一圈时摇铃。

(7)如果有两名或更多运动员到达终点的时间相同,则要重新组织一次确定名次顺序的计时对抗赛,每个运动员的比赛成绩,在到达终点后立即宣布。

(8)运动员到达终点时最后的一个直线跑道上,领先的运动员要保持直线滑行,切不可以任何方式妨碍紧跟其后的运动员的正常滑行。否则,将领先运动员的名次列在受影响运动员的名次之后。

(9)公路比赛最长时间的限制是第一名运动员所用时间加上25%(大众参与的公路赛最长时间可以为第一名运动员所用时间加上50%~100%)。

11. 罚则

对不遵守规则、竞赛规程、体育道德原则的运动员要采取以下纪律惩罚措施:
(1)警告;
(2)取消比赛资格;
(3)取消所有项目的比赛资格;
(4)取消以后所有比赛的资格(包括已经列入计划之内的比赛)。

训练项目三 了解滑冰运动

一、滑冰运动的基本技术

1. 直道滑跑技术

直道滑跑技术包括滑跑姿势、蹬冰、收腿、下刀、自由滑进、两腿配合以及摆臂等动作。

(1)滑跑姿势

正确的滑跑姿势是上体前倾,肩略高于臀部。上体与冰面呈15°~30°,膝关节呈90°~110°;踝关节呈50°~70°;上体放松,两臂伸直,双手互握自然放于背后,头微抬起,两眼平视前方30~40 m处。在整个滑跑过程中,身体重心既不要前探,也不要后坐,如图14-16所示。

图14-16 滑跑姿势

(2)蹬冰动作

当惯性滑进结束时,冰刀由正刃过渡到内刃,身体产生向内侧的倾斜,进入蹬冰阶段。这时,应先展髋关节,压膝关节和踝关节,随着冰刀与冰面夹角的缩小,形成适宜的蹬冰角度,膝关节快速有力地伸展,进入最大用力蹬冰阶段。紧接着快速、彻底地伸展踝关节,过渡到蹬冰结束阶段。

(3)收腿动作

当蹬冰腿迅速抬离冰面以后,摆动腿的大腿做积极内压弧形的提拉动作,向支撑腿靠拢。由于身体的惯性滑进使浮腿位于身体的后位,所以提拉时以迅速提摆大腿为主。当前世界较优秀的速滑选手在做收腿动作时,除保留过去那种积极放松和具有摆动加速度的特点外,最明显的变化是收腿路线有所缩短,借助于蹬冰的反弹作用和直接收腿动作,提高整个滑跑动作的节奏。

(4) 下刀动作

下刀动作是以浮腿冰刀着冰到变换支点支撑体重,由浮腿变为支撑腿的过程。正确的下刀动作的关键是要选择好下刀时机和下刀位置。下刀动作是沿着身体重心移动方向,借助摆动腿的惯性以刀尖外刃在支撑冰刀稍前方的冰面上下刀,当冰刀全部支撑体重时,即蹬冰腿冰刀离开冰面时下刀动作结束,在这个过程中要保持合理的出刀角度和减少摩擦力。冰刀着冰开始用外刃,然后变成平刃,最后变成内刃。滑行轨迹与这种变化有着直接的关系。

(5) 自由滑进动作

自由滑进动作是指一条腿蹬冰结束后到另一条腿蹬冰开始前,支撑腿冰刀利用前次蹬冰产生的惯性向前滑进的过程。要求做到:降低滑跑姿势以减少空气阻力;使支撑腿相对稳定以减小冰刀与冰面的摩擦力;找出适合于不同滑跑距离的自由滑进时间以增加蹬冰次数。

(6) 两腿配合动作

在直道滑行时,当支撑腿由正刃支撑变内刃支撑开始蹬冰时,另一条腿开始由后向前移动,身体重心侧向移动。当蹬冰腿冰刀与冰面形成有利的蹬冰角时,蹬冰腿急剧用力"推弹"蹬冰,着冰腿开始准确地接承体重,形成新的支撑腿。当新的支撑腿支撑滑行时,摆动腿开始做具有加速特点的向支撑腿并拢和收腿的动作。在摆动腿摆收到侧后位时,支撑腿冰刀为平刃支撑自由滑进,然后随着摆动腿继续向支撑腿后方移动,身体因受摆动腿的摆动惯性影响而开始向摆动腿侧向倾倒,支撑腿冰刀由平刃变内刃切入冰面,形成新的蹬冰开始和两腿的协调配合动作。

(7) 摆臂动作

摆臂动作分单摆臂和双摆臂。一般中长距离用单摆臂,短距离和冲刺用双摆臂。摆臂时手的移动位置有前高点、后高点和下垂点三个位向点。摆臂时,臂和腿要协调配合。

趣 闻 >>>

于静,女,中国速度滑冰运动员,哈萨克斯坦亚冬会500米冠军。2012年,在加拿大卡尔加里举行的速度滑冰短距离世界锦标赛上,在500米比赛中,于静的成绩打破了沃尔夫2009年在盐湖城创造的37秒整的世界纪录,成为第一个滑进37秒的女选手。2015年4月26日,于静与28岁的短道速滑名将韩佳良在长春举行了浪漫的婚礼,两人共同走进了婚姻的殿堂。2016年1月29日,于静获得2015-16赛季国际滑联速度滑冰世界杯挪威站女子500米比赛银牌。

申雪,1978年11月出生,黑龙江省哈尔滨市人,中国花样滑冰队运动员。申雪于1991年开始接触滑冰,并在1992年8月起正式与赵宏博搭档练习双人滑。2010年2月16日,申雪、赵宏博在温哥华为中国夺得历史上第一个花样滑冰奥运冠军。2015年5月12日,申雪被任命为国家体育总局冬季运动管理中心花滑部副部长。

当右臂摆至前高点时,左臂摆至后高点,这时右腿正处于蹬冰结束阶段,左腿正处于滑进中下刀,外刃变平刃自由滑进阶段;当右臂摆至下垂点时,左臂也摆至下垂点,这时右腿处于收腿阶段,左腿开始蹬冰;当右臂摆至后高点时,左腿正处在结束蹬冰阶段,而右腿处于自由滑进阶段,这时左臂摆至前高点。前摆时上臂垂直于冰面,屈小臂向滑进方向用力前摆,手不要超过身体的纵轴,后摆时臂要伸直,积极向上摆动。

2. 弯道滑跑技术

(1)滑跑姿势

弯道的滑跑姿势,采用身体向左倾斜的姿势。上体、臂部一致向里倾倒,要求鼻尖、膝盖、刀尖成一条切线。弯道的滑跑姿势比直道略低些,并且要保持较好的团身动作。

(2)蹬冰动作

弯道滑跑时,完成蹬冰动作一直采用交叉内压步来完成双刀交替滑行,右腿进入开始蹬冰阶段,而当右腿冰刀压收到要超过左腿冰刀时,左腿进入开始蹬冰阶段。蹬冰方向与蹬冰腿滑进的切线垂直,在蹬冰过程中,膝关节的角度不要过早地展开,注意将大腿控制在胸以下,蹬冰腿的膝关节尽量前弓,有下压、挤、送、蹬的感觉(全外刃结束蹬冰的特点)。

(3)收腿下刀动作

弯道的收腿下刀动作是指完成蹬冰动作后,浮腿借助于肌肉的收缩和冰面对蹬冰腿的反弹作用,使冰刀抬离冰面,蹬冰腿以一定的出刀角度着冰。

弯道的收腿动作可以分为大腿的提拉内压和小腿的前摆两个阶段。当右腿蹬冰结束后,大腿带动小腿,膝关节领先向斜上方提起,与左支撑腿靠近,这时小腿以脚后跟为钟摆向内摆,形成内压动作。然后刀尖偏离雪线,用内刃着冰,下刀的位置要与左支撑腿的冰刀靠近,下刀的方向要与圆周成切线方向。左腿蹬冰结束后,利用蹬冰的反弹作用抬离冰面,大腿带动小腿以拉收的动作向右支撑腿靠近。当两腿膝盖靠近时,开始以左刀尖外刃着冰,然后迅速转为全外刃着冰。弯道滑跑的下刀动作要注意圆周运动的特点。下刀除了注意两腿下刀方向与圆周成切线方向外,还要注意两刀之间的夹角。一般情况下,右腿蹬冰与左腿着冰时两刀之间的夹角为22°;当左腿蹬冰与右腿着冰时,两刀之间的夹角为25°。

(4)自由滑进动作

弯道的自由滑进速度要比直道大得多,由于在弯道滑跑是做圆弧切线运动,身体受到离心力的作用而必须保持向内倾倒,所以冰刀应始终与冰面保持一定夹角,给冰面造成一个动态压力。同时,弯道滑跑中两腿交替蹬冰,自由滑进的时间很短。因此,在自由滑进中,应保持身体倾斜角度的相对稳定。身体重心纵向运动规律的作用,使重心从后部、中部移到前部。

(5)摆臂和全身配合动作

弯道的摆臂与直道基本相同,右臂后摆时要贴近身体,左臂摆动时要将大臂贴近身体,小臂前后摆动,摆幅要小,动作要短促有力。两腿的配合特点是:右腿结束蹬冰后积极向左腿拉回,同时左腿开始蹬冰,两腿处在交叉内压、边收边蹬的过程中,右脚刀在左脚刀前着冰,右膝前屈并做内压动作。左脚蹬冰结束以后也要不停顿地拉收,应靠近右脚刀跟着冰,同时右脚积极开始蹬冰。

3. 起跑与终点冲刺技术

(1) 起跑技术

整个起跑过程由预备姿势、起动和疾跑三个技术环节组成。

① 预备姿势

运动员听到"各就位"口令后，从预备起跑线后徐徐滑到起跑线和预备起跑线之间，面对起跑方向，两肩自然下垂，两脚与肩同宽，以前脚冰刀尖点冰和后脚冰刀内刃着冰支撑身体，重心落在后刀上(前刀与起跑线呈 65°～70°，后刀与起跑线呈 10°～15°)。此时，全身直立并保持这种状态。听到"预备"口令后，两腿下蹲，上体前倾，身体重心放在两腿之间稍偏前点，前臂自然下垂略弯曲，后臂略伸直稍抬起，目视前方，两腿静止蹲好，如图 14-17 所示。

图 14-17 预备姿势

② 起动

当听到枪响以后，右脚迅速发力蹬冰，将左髋外转，刀尖向外跨出一小步，并用刀内刃前半部着冰，重心前移，髋向前顶，进入疾跑阶段。

③ 疾跑

进入疾跑阶段的最初几步(2～5 步)，两脚冰刀依次成外八字，用冰刀内刃前半部成切冰式跑出。从五六步之后身体姿势由高变低，滑步长度由小变大，两刀夹角由大变小，两臂由屈臂横向摆逐渐过渡到后摆时略伸直。两刀由切滑逐渐过渡到正常滑行。

(2) 终点冲刺技术

终点冲刺是滑跑全程的一个组成部分，是在全程最后阶段采用的保持速度的合理技术。终点冲刺时，为了提高速度，可采用双摆臂来提高滑跑频率，收摆的浮腿注意保持同支撑腿靠近，同时，支撑腿尽量保持蹬冰力量和蹬冰方向。在临近终点线 1 m 左右时，摆动腿以大腿带动小腿，膝关节前弓加速摆动小腿，冰刀迅速超越身体，刀尖积极触近终点线，完成滑跑全程。终点冲刺的距离一般在 150 m 左右，也可以根据比赛距离和训练水平来确定其距离。距离越长和训练水平越高，终点冲刺阶段就越长，反之则越短。

二、滑冰运动的主要竞赛规则

1. 速滑竞赛项目

男子：500 m、1 000 m、1 500 m、3 000 m、5 000 m、10 000 m。

女子:500 m、1 500 m、3 000 m、5 000 m。

2. 比赛场地

(1)标准速滑场地是一个露天的或遮盖的或室内的冰场,有两条跑道,其最大周长为400 m,最小周长为333.3 m,两弯道各为180°弧,其内弧半径为25～26 m。

(2)换道区是指从一个弯道结束到下一个弯道开始间的非终点直道全长。

(3)每条跑道宽可为4 m、4.5 m、5 m。两条跑道必须同宽,内半径可为25 m、25.5 m、26 m。只有在符合以上条件的标准场地上创造的纪录才能被承认。

3. 主要滑跑规则

(1)运动员参加比赛的规定

①参加比赛的运动员必须佩戴赛会发给的号码和标志(内道出发的运动员佩戴浅色号码和标志,外道出发的运动员佩戴深色号码和标志),穿着适于速滑运动特点的服装,并且保持清洁、整齐、大方,否则不准参加比赛。

②按逆时针方向滑跑与交换跑道

★ 速滑跑道是按逆时针方向滑跑的。

★ 内道起跑的运动员在每次滑跑到换道区的直道时要转入外道滑跑。同样,外道起跑的运动员要转入内道滑跑,违者将被取消该项成绩。只有在400 m标准跑道上比赛,1 000 m和1 500 m在换道区起跑时不换道。在其他规格跑道上举行的比赛项目按上述相应规定处理。

(2)关于起点召集和判罚的规定

①检录的规定:运动员在出发前的3～5 min,应到起点进行2次点名。未按规定要求到达起点的运动员视为弃权。

② 起跑的判罚

★ 运动员在听到"各就位"的口令后,应到起跑线与预备起跑线之间直立静止站好。在听到"预备"口令后,应立即做好起跑姿势并保持这种姿势至鸣枪。从运动员完成起跑姿势到鸣枪之间的间隔时间为1～1.5 s。

★ 起跑前,刀尖不许越过起跑线,可以靠在起跑线上,否则视为起跑犯规,并给予警告。

★ 起跑犯规的运动员在受到警告后,如再次犯规,则被取消该项比赛资格。

(3)滑跑过程中的规定

①从进弯道到出弯道期间,禁止运动员为了缩短距离而越过内侧雪线或越过可移动块状物标志的弯道色线,否则可能被取消比赛资格。

②不允许为正在比赛的运动员伴跑或带跑。

③运动员在同一跑道内前后滑跑时,后者在不妨碍前者的情况下,可以由内侧或外侧超越,如因此发生碰撞,由超越者负责。

④ 在双跑道比赛中,两名运动员滑入同一跑道,不允许尾随前者滑跑,被超越者至少要距超越者10m后滑跑,否则将受到警告。

⑤在运动员出弯道进入换道区(该区无雪线或块状标志物)时,出内道换外道的运动

员不能妨碍对手从外道换入内道的正常滑行。如果不是因对手有妨碍动作而发生了碰撞，则由出内道换外道的运动员负责。

(4)到达终点的规定

①只有运动员的冰刀触及终点线才被认为完成该项比赛。

②如果运动员在终点线前摔倒，只要冰刀触及终点线后沿或后沿的垂直面或终点线的延长线，即视为到达终点。

训练项目四　熟悉拓展训练

一、拓展训练的起源与发展

拓展训练的英文是 Outward Bound，意为一艘小船驶离平静的港湾，义无反顾地投向未来的旅程，去迎接一次次挑战。拓展训练起源于第二次世界大战时的英国，当时处于战争旋涡中的英国商务船队屡遭德军袭击，大批船员落水，由于海水冰冷，又远离大陆，所以绝大多数船员不幸遇难了，但仍有极少数人在经历了长时间的磨难后得以生还。当人们在了解了这些生还者的情况后，发现了一个非常令人惊奇的事实：这些生还者并非人们想象的那样是身体强壮的小伙子，而大多数是一些年老体弱之人。经过一段时间的调查研究，专家们终于找到了答案：这些人之所以能活下来，关键在于他们具有良好的心理素质。当他们遇到灾难的时候，首先想到的是：我一定要活下去，有一种强烈的求生欲望。而那些年轻的海员想到的可能更多是：这下我可完了，我不能活着回去了。据此，德国人库尔特·泽恩提出了"拓展训练"理念，并于1942年在苏格兰创办了"阿德伯威海上训练学校"，其目的是"训练年轻海员在海上的生存能力和生存技巧，培养他们的求生意识"，这是世界上第一家从事拓展训练的学校。后来，这种独特的训练创意和训练方式逐渐被推广开来。训练对象由海员扩大到军人、学生、工商业人员等群体，训练目标也由单纯的体能、生存训练扩展到心理训练、人格训练、个人素质训练和管理训练等方面，其培训目标始终围绕领导艺术、团队建设等现代管理的核心问题，结合企业的发展需要与参训者的人格特征，通过全方位的素质培训，一方面使参训者重新认识自我，重新定位自我，实现自我超越；另一方面，提高员工对企业的忠诚度，以全新的方式凝聚企业的向心力。

二、拓展训练的内容和形式

拓展训练从诞生到现在，风靡全球50多年而长盛不衰，已逐渐形成一种和传统的灌输式教育相辅相成的体验式教育模式。它将各种深奥的管理理念和理论，通过有趣的游戏、身体的磨砺等亲身感受的方式予以表述和体现，通过培训师的引导和讲解，利用崇山峻岭、瀚海大川等自然环境，通过精心设计的活动，让参训人员在解决问题、面对挑战的过程中达到"磨炼意志、开发潜能、熔炼团队、完善人格"的目的。

1. 拓展训练的内容

拓展训练主要由水上、野外和场地三类课程组成。水上课程包括：游泳、跳水、扎筏、划艇等；野外课程包括：远足露营、登山攀岩、野外定向、伞翼滑翔、户外生存技能等；场地课程是指在专门的训练场地上，利用各种训练设施，如高架绳网等，开展各种团队组合课程及攀岩、跳跃等训练活动。

2. 拓展训练的形式

拓展训练通常有以下四种形式：

（1）团队热身

在培训开始时，团队热身活动将有助于加深学员之间的相互了解，消除紧张情绪，建立团队，以便轻松愉悦地投入到各项培训活动中去。

（2）个人项目

个人项目本着心理挑战最大、体能冒险最小的原则设计，每项活动对受训者的心理承受力都是一次极大的考验。

（3）团队项目

团队项目以改善受训者的合作意识和受训集体的团队精神为目标，通过复杂而艰巨的活动项目，促进学员之间的相互信任、理解、默契和配合。

（4）回顾总结

回顾将帮助学员消化、整理、提升训练中的体验，以达到活动的具体目的。总结使学员能将培训的收获应用到工作中去，以实现整体培训目标。

三、拓展训练的特点

1. 综合活动性

拓展训练的所有项目都以体能活动为引导，引发出认知活动、情感活动、意志活动和交往活动，有明确的操作过程，要求学员全身心地投入。

2. 挑战极限

拓展训练的项目都具有一定的难度，表现在心理考验上，需要学员向自己的能力极限挑战，跨越"极限"。

3. 集体中的个性

拓展训练实行分组活动，强调集体合作。力图使每一名学员竭尽全力为集体争取荣誉，同时从集体中吸取巨大的力量和信心，在集体中展示个性。

4. 高峰体验

在克服困难，顺利完成课程要求以后，学员能够体会到发自内心的胜利感和自豪感，获得人生难得的高峰体验。

5. 自我教育

教员只是在课前把课程的内容、目的、要求以及必要的安全注意事项向学员讲清楚，活动中一般不进行讲述，也不参与讨论，充分尊重学员的主体地位和主观能动性。即使在课后的总结中，教员也只是点到为止，主要让学员自己来总结，以达到自我教育的目的。

6. 提高素质

通过拓展训练,参训者在如下方面有显著的提高:

(1)认识自身潜能,增强自信心,改善自身形象;

(2)克服心理惰性,磨炼战胜困难的毅力;

(3)启发想象力与创造力,提高解决问题的能力;

(4)认识群体的作用,增进对集体的参与意识与责任心;

(5)改善人际关系,学会关心他人,更为融洽地与群体合作;

(6)学习欣赏、关注和爱护大自然。

训练项目五　了解定向运动

一、定向运动简介

定向运动(Orienteering)又称"定向跑""定向越野""识图越野""野外定向"等,不管用什么名称,它的定义都是:一种借助于地图和指北针,按规定方向行进的体育活动。这项体育活动和军事训练科目"利用地图按方位角行进"非常相似。

1. 定向运动的主要赛事

(1)O-RINGEN:瑞典五日,世界最大规模的定向运动赛事。

(2)世界定向越野锦标赛;世界滑雪定向锦标赛。

(3)定向越野世界杯赛;滑雪定向世界杯赛。

(4)世界青年定向越野锦标赛;世界青年滑雪定向锦标赛。

(5)世界老年定向越野锦标赛;世界老年滑雪定向锦标赛。

2. 定向运动的分类

定向运动的类型很多,依运动方式可分为徒步定向运动和借助于交通工具定向运动两大类。具体包括以下几种:

(1)专线定向运动

专线定向运动中,组织者只在地图上标绘出准确的比赛路线,在相应的实地路线上预先设置若干个检查点(并不在地图上标明)。参赛时,运动员必须按规定的路线运动,并将途中遇到的检查点标绘在地图上。名次以标绘检查点(图上位置、检查点数量)的准确程度和耗时长短来确定。

(2)积分定向运动

积分定向运动中,组织者在赛区内预先设置好若干检查点,并在图上标明。根据各检查点所处地形的难易程度、距离远近以及相关位置的不同,赋予不同的分值。参赛者在规定的时间内,自己选择理想的运动路线寻找若干或全部检查点,以积分最高者为优胜。

(3)接力定向运动

接力定向运动是一种团体比赛项目。组织者把赛程分成若干段(一般分为三段或四段),每名运动员完成其中的一段,以各段运动员成绩之和为全队总成绩。每段运动员的成绩计算同一般定向运动,各队总成绩在找点准确的前提下,以全队总耗时最少者为优胜。接力定向运动竞赛容量大、竞争激烈、可设组别多,是较受人们喜爱的一种定向运动。

(4)院园定向运动

院园定向运动是在家属院、机关大院、校园、公园内进行的一种定向运动,和其他定向运动不同的是,参赛者都事先熟悉比赛场地。这种比赛主要是由老年人、中小学生、幼儿参加,地形较复杂的公园同样适用于青、壮年人参加。比赛组织者和成绩计算同一般定向运动。院园定向运动中以公园定向运动为最佳。

二、定向运动的物质条件及标准

1. 地图

(1)地图样式

尽管在任何一张地图上都可以定向,但为了定向运动本身,还需制作专门的定向地图——越野图。其比例尺通常为1∶15 000或1∶12 000;等高距通常为5 m;磁北线一般每隔500 m标志一条。

(2)地图内容

地图应重点、详细表示与定向和越野跑相关的地物、地貌,要利用颜色、符号等详细区分通行难易程度和精度。

(3)地图上的颜色

①黑色——人造景观(建筑物、道路、小径)和岩石(大石头、悬崖峭壁);

②棕色——地形,等高线和符号(表示山丘和小坑;高速公路、主干道);

③蓝色——任何有水的地方(湖泊、溪流、泥沼);

④绿色——植被,浓密而难以通过的地区(绿色越深,越难通过);

⑤白色——普通的林区,易通过;

⑥黄色——空旷地,易奔跑;

⑦紫色——路线。

2. 指北针

定向运动中找到正确方向的最有用的工具是指北针,它是定向运动可使用的唯一合法帮手。

3. 点标

检查点标志简称点标,它主要用于检验运动员是否跑完全程,也是运动员寻找和辨别检查点的主要依据。点标由三面标志旗连接组成,定向运动就是利用一张详细精确的地图和一个指北针,按顺序到访地图上所指示的各个点标,以最短时间到达所有点标者为胜者。定向运动通常在森林、郊外和城市公园里进行,也可在大学校园里进行。一条标准的定向路线包括一个起点(用三角表示)、一个终点(用双圆圈表示)和一系列点标(用单圆圈表示)。这些点标已在地图上用数字标明。

三、路线选择

两点之间的最短距离是直线,然而,走直线并不总是最佳的选择。如图 14-18 所示,走直线就意味着要艰难地翻过山顶。难道没有其他选择吗?有的,可以选择左边的路线,虽然较长一些,但可不必爬山;或选择右路,也比直线距离长些,却不需太多的攀爬。所以,在选择路线之前要考虑各种不同的选择可能性。

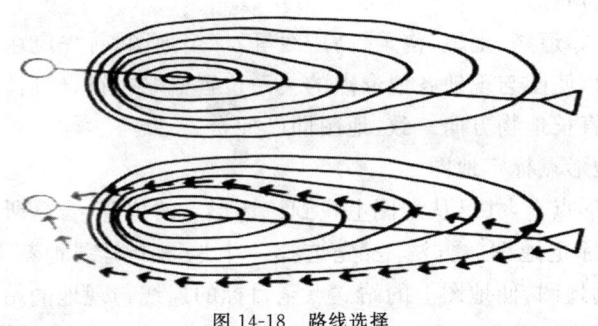

图 14-18　路线选择

1. 速度

在选择一条快捷的路线时,并不仅仅只是避开爬高山的问题,还必须考虑是否能走公路、小径、草地或其他容易的地形,以提高行进速度。在不同的地形,人的行进速度不同,见表 14-1。

表 14-1　　　　　　　　人在不同的地形的行进速度 min/km

方式	公路	草地	森林	丘陵(树木)地带
行走	12	17	22	27
慢跑	6	8	10	14
跑步	4	6	8	10

2. 线形地貌

选择路线时,最简单的莫过于沿线形地貌(有时也称栏杆地貌)行走。它们可能是公路、小径、输电线、田野边界、石头墙、湖滨、溪流或壕沟。但行进时并非总是线形地貌,人们必须利用其他实物,选择一些必须经过又有明显特征的地形。这时,指北针就真正体现其价值了。但也不要长距离地依靠指北针,应尽可能地选择离目的地近的有明显特征的地物作为安全参照物。

四、定向运动的基本技能

1. 标定地图

(1)概略标定

越野图上的方位是:上北、下南、左西、右东。当我们在现场正确地辨别了方向之后,只要将越野图的上方对向现场的北方,地图即已标定。这种方法简便迅速,是定向越野比赛中最常用的方法。

(2)利用磁北线(MN线)标定

先使透明式指北针圆盒内的定向箭头"↑"朝向地图上方,并使箭头两侧的平行线与越野图上的磁北线重合(或平行),然后转动地图,使磁针北端对正磁北方向,地图即已标定。

(3)利用直长地物标定

利用直长地物(如道路、土垣、沟渠、高压线等)标定地图,首先应在图上找到这段直长地物,对照两侧地形,使图与现地各地形点的关系位置概略相符,然后转动地图,使图上的直长地物与现地的直长地物方向一致,地图即已标定。

(4)利用明显地形点标定地图

当位于明显地形点上,并已从地图上找到该地形点的位置(自己所在的站立点)时,可以利用明显地形点标定地图。方法是:先选择一个地图上与现地都有的远方明显地形点(目标),然后转动地图,使地图上的站立点至目标的连线与现地的站立点至目标的连线相重合,地图即已标定。

2. 对照地形

(1)在站立点尚未确定前,首先应概略标定地图,然后迅速地观察一下周围,记清最大或最有特征的地物、地貌的大概方位与距离,并从地图上找到它们,此时站立点的位置即可概略确定。

(2)在确定站立点之后,同样首先应概略标定地图,然后从地图上查明自己选定的运动路线上近前方两侧的特征物,同时记清其大概方位与距离,并将它们在现地辨别出来,然后再前进。如果因为地形太复杂,如山丘重叠、形状相似等,不易进行对照,可以先采用较精确的方法标定地图,然后用带刻度尺的指北针的长边切站立点和特征物,并沿这条直长边向前瞄准,则特征物一定在此方向线上。若该方法还不能解决问题,则应变换对照位置,或者登高观察和对照。在这里需要特别强调的是,无论在什么情况下进行现地对照地形,都必须特别注意观察和对照地形的顺序与步骤问题。现地对照地形的顺序一般是:先对照大而明显的地形,后对照一般地形;由近及远,由左至右;由点及线,由线及面;逐段分片,有规律地进行对照。

3. 确定站立点

(1)直接确定

当自己所处位置是在明显地形点上时,只要从图上找出该地形点,站立点即可确定。这是一种在行进中,特别是奔跑中最常用的方法。

(2)利用位置关系确定

当站立点位于明显地形点附近时,可以采用位置关系法。利用位置关系法确定站立点时主要依据两个要素:一是站立点至明显点的方向,二是站立点至明显点的距离。在地形起伏明显的地方,还可以结合高度情况进行判定。

(3)利用"交会法"确定

①90°法

当待测点位于线状地形(包括道路、沟渠、山背线、谷底线、坡度变换线等)上时,如果在与运动方向相垂直的方向上能够找出一个明显地形点,那么确定站立点就简单得多了:线状地形符号与垂直方向线的交点即站立点。

②截线法

当待测点位于线状地形上,但在其与运动方向相垂直的方向上没有明显地形点时,可以采用截线法。其步骤是:

★ 标定地图;

★ 在线状地形的侧方选择一个地图上与现地都有的明显地形点;

★ 利用指北针的直长边缘(也可用三棱尺、铅笔等)切于地图上明显地形点的定位点上(为便于操作可插一根细针),然后转动指北针,使其直长边照准该地形点;

★ 沿指北针的直长边向后方向画线,该方向线与线状地形符号的交点,就是站立点在地图上的位置。

③连线法

当待测点位于线状地形上,同时待测的位置恰好在某两个明显地形点的连线上时,可以利用连线法确定站立点。

④后方交会法

后方交会法通常要求地形较开阔,通视良好。其工作步骤如下:在地图上找到选定的方位物之后,标定地图;然后按照截线法的步骤分别向各个方位物瞄准并画方向线,地图上方向线的交点就是站立点。

⑤磁方位角交会法

磁方位角交会法既可以在地形开阔时使用,也可以在丛林中使用。但是,在丛林中需要攀爬到便于向远方观察的树上或其他物体上进行。其步骤如下:

★ 选择地图上和现地都有的两个明显地形点,并用指北针分别测出至这两个地形点的磁方位角;

★ 标定地图。将所测磁方位角图解在地图上。图解磁方位角时,要先转动指北针的分度盘,使其分别对正所测的方位角值,再将指北针的直长边分别切于地图上被照准的两个地形点符号并转动指北针;待磁针与定向箭头重合后,分别沿直长边描画方向线。两方向线的交点,就是站立点在地图上的位置。

4. 按地图行进的方法

(1)记忆法

一般要按行进的顺序,分段地记住路线的方向、距离、经过的地形点、两侧的辅助(参照)物。通过训练,使自己具备这样一种能力:现地的情景能够不断地与记忆的内容"叠影"、印证,即"人在地上跑,心在图上移"。

(2)拇指辅行法

拇指辅行法是指先明确自己的站立点和将要运动的路线,到达目标,然后转动地图(身体要随之转动),使地图与现地的方向一致,并用拇指压于站立点一侧,再开始行进的方法。行进中要根据自己所到达的位置,不断移动拇指,转动地图,保持位置、方向的连贯性与正确性。

(3) 借线法

当检查点位于线状地形或其附近时,可以采用借线法。行进时,要先明确站立点,而后利用易于辨认的线状地形,如道路、围栏、高压线、山背线、坡度变换线等,作为行进的"引导",使自己运动时更有信心。由于沿着线状地形前进犹如扶着楼梯的栏杆行走,因此国外又称这种方法为"扶手(Handrail)法"。

(4) 借点法

当检查点附近有高大、明显的地形点时,可用借点法。行进前,要先将目标辨认清楚(亦可用其他物体佐证),然后用最快的速度前往检查点。

五、定向运动比赛的犯规与处罚

1. 犯规

有下列行为之一者为犯规,应取消比赛资格:
(1) 有意妨碍他人比赛(包括犯有同一性质的其他任何不良言行)者;
(2) 蓄意损坏点标、点签和其他比赛设施者;
(3) 比赛中搭乘交通工具行进者;
(4) 未通过全部检查点,且伪造点签者。

2. 违例

有下列行为之一者被视为违例,应给予警告。裁判人员将根据违例的性质和程度,采取从降低成绩直至取消比赛资格的处罚:
(1) 在出发区越位(提前)取地图和抢先出发者;
(2) 接受别人的帮助,如指路、寻找点标、使用点签者;
(3) 为别人提供帮助,如指路、寻找点标、使用点签者;
(4) 为从对手的技术中获利,故意在比赛中与对手同路或跟进者;
(5) 故意不按比赛规定顺序行进者;
(6) 不按规定位置佩戴号码和标志者;
(7) 有其他违反比赛规则行为者。

3. 成绩无效

有下述情况之一者,比赛成绩将被判为无效:
(1) 有证据表明在比赛前勘察过路线者;
(2) 未通过全部检查点,即检查卡片上点签不全者;
(3) 点签模糊不清,确实无法辨认者;
(4) 在检查卡片上不按规定位置使用点签者;
(5) 在比赛结束(指终点关闭)前不交回检查卡片者;
(6) 超过比赛规定的终点关闭时间(检查点一般也在同一时间撤收)而尚未返回会场者(如确系迷失方向,应向附近任意一条大路或原检查点位置靠拢,等候工作人员处置);

(7)造成国家或他人的重大经济损失和破坏自然风景者(由此带来的一切后果,由肇事人承担)。

4. 特殊情况的处置办法——仲裁方法参考

在定向越野比赛中,某些特殊情况是可能出现的,例如:检查点被无关人员拿走或被自然破坏;检查点的位置与地图上的位置不符;比赛中出现个人或团体的成绩完全相等。

对于这类问题,通常应在比赛前的准备阶段由筹备组长领导各委员仔细研究、确定处置办法,形成文案,由技术委员在制定《比赛规程》时列入。如果这些问题出现在比赛过程中,则应由裁判长决定处置办法。当某个领导小组成员对裁判长的决定有异议时,应经比赛领导小组组长同意,召集全体成员,以举手表决的方式另行选择处置办法,但必须获得四分之三以上的多数通过。对于在比赛后提交到领导小组的诉讼,原则上也应按此办法处理。

训练项目六　　了解攀岩运动

一、攀岩运动概述

攀岩运动是从登山活动中派生出来的一项运动。登山者即使选择最容易的路线攀登几千米的高峰,在途中也免不了要遇到一些悬崖峭壁,所以说攀岩也是登山运动的一项基本技能。对普通人来讲,攀爬悬崖峭壁更刺激和富有挑战性,所以攀岩运动作为一项独立的、被广大青少年所喜爱的运动迅速在全世界普及开来。虽然攀岩运动吸引了众多爱好者,但因自然岩壁都在郊外,交通、时间等问题给人们带来了诸多不便,因此人们只能利用节假日来从事这项运动。

攀岩运动也是登山运动中的一项竞技体育项目。它集健身、娱乐、竞技于一体,既要求运动员具有勇敢顽强、坚忍不拔的拼搏进取精神,又需要运动员具有良好的柔韧性、节奏感及攀岩技巧,这样才能娴熟地在不同高度、不同角度的陡峭岩壁上轻松、准确地完成身体的腾挪、转体、跳跃、引体等惊险动作,给人以优美、流畅、刺激、力量的感受。

趣闻 >>>

攀岩运动源自一个美丽的爱情故事:在欧洲阿尔卑斯山区悬崖峭壁的绝顶上,生长着一种珍奇的高山玫瑰。相传只要拥有这种玫瑰,就能获得美满的爱情。于是,勇敢的小伙子便争相攀岩,摘取花朵献给心爱的人。

攀岩运动是从登山运动中衍生出来的竞技运动项目。20世纪50年代起源于苏联,起初是一项军事训练项目,1974年列入世界比赛项目。进入20世纪80年代,以难度攀登的现代竞技攀登比赛开始兴起并引起人们广泛的兴趣,1985年在意大利举行了第一次难度攀登比赛。1988年6月,国际竞技攀登比赛在美国举行。世界杯攀登比赛每年举行一次。

攀岩运动是指利用人类原始的攀爬本能,以各种装备为安全保护,攀登由岩石所构成的峭壁、裂缝、大圆石以及人工岩壁的运动。

二、攀岩运动的形式

1. 按组织形式分类

按组织形式不同,攀岩运动可分为竞技攀登(Sport Climbing)和自由攀登(Free Climbing)。

2. 按保护方式分类

按保护方式不同,攀岩运动可分为先锋攀登(Leading Climbing)和顶绳攀登(Top rope Climbing)。

3. 按运动场所分类

按运动场所不同,攀岩运动可分为人工场地攀登和自然场地攀登。

4. 按运动方式分类

按运动方式不同,攀岩运动有难度赛、速度赛及攀石赛三种比赛项目。

5. 按比赛形式分类

按比赛形式不同,攀岩运动可分为:世界杯赛和世界锦标赛;20岁以上的成年赛和19岁以下的青少年赛;男子组赛和女子组赛;国际赛、洲际赛及国家级比赛。

三、攀岩运动的装备

由于攀岩运动本身所特有的危险性,所以从此项运动诞生之日起,人们就不断地研制生产各种为攀登者提供安全保证和便于此项运动开展的装备和器械。攀岩运动的基本装备包括:安全带、主绳、铁索、防滑粉袋、绳套、攀岩鞋、下降器及上升器等。因这些装备涉及攀登者的生命安全,故在购买和选用时必须关注其质量。一般情况下,有国际攀登委员会(UIAA)认证标志和欧洲标准(CE)标志的都能保证安全。目前,这些装备主要由法国、英国、意大利和美国等一些开展这项运动较早的国家生产。近几年来,我国出现了一些专门经营登山攀岩装备的商店,这为我国开展攀岩运动提供了较为便利的条件。

四、攀岩运动的种类

1. 自然岩壁攀登

(1)定义

自然岩壁攀登是指在野外攀爬天然生成的岩壁,一般是开发和清理过的有难度的石路线。

(2)优点

可以接近自然,充分体会攀岩的乐趣;岩壁角度、石质的多样性带来攀登路线的千变万化;由于岩壁固定,路线公开且可长期保留,所以自然岩壁的定级可经多人检测对比,成为攀岩定级的主要依据。

(3)缺点

野外岩场地处偏僻,交通不便,时间和金钱花费都较大;路线开发也比较费力。

2. 人工岩壁攀登

(1)定义

人工岩壁攀登是指在人工制造的攀岩墙上攀登,包括室内攀岩馆和室外人工岩壁的攀岩运动。

(2)优点

对初学者安全性较高;交通方便,省时省力;不可预见因素少,可以定期训练或进行专项训练;人员密集,便于交流切磋;此外,人工岩壁可以对路线进行保密性设置,它已成为攀岩比赛的主要形式。

(3)缺点

缺少特殊地形,创意性少,自由发挥余地小;支点的可调性使得人工岩壁路线常变,定级主观性更强,准确度偏低。

五、攀岩的基本技术

1. 抓

抓是指用手抓住岩石的凸起部分。

2. 抠

抠是指用手抠住岩石的棱角、缝隙和边缘。

3. 拉

拉是指在抓住前上方牢固支点的前提下,小臂贴于岩壁,抠住岩石缝隙或其他地形,以手臂和小臂使身体向上或向两侧移动。

4. 推

推是指利用侧面、下面的岩体或物体,以手臂的力量使身体移动。

5. 张

张是指将手伸进缝隙里,用手掌或手指屈曲张开,以此抓住岩石的缝隙,将其作为支点,移动身体。

6. 蹬

蹬是指用前脚掌内侧或脚趾的蹬力把身体支撑起来,减轻上肢的负担。

7. 跨

跨是指利用自身的柔韧性,避开难点,以寻求有利的支撑点。

8. 挂

挂是指用脚尖挂住岩石,维持身体平衡使身体移动。

9. 踏

踏是指利用脚前部下踏较大的支点,减轻上肢的负担,移动身体。

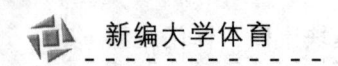

六、攀登保护

攀登者是在保护人通过登山绳给予的保护下进行攀登的。登山绳的一端通过铁锁或直接与攀登者腰间的安全带连接,另一端穿过保护者身上与其腰间安全带相连的铁锁和下降器,中间则穿过一个或多个固定的安全支点上的铁锁。保护者在攀登者上升时不断给绳(或收绳),在攀登者失手时,拉紧绳索制止其坠落。发生突然坠落时,冲击力是很大的,直接手握绳索很难拉住,冲击力主要是通过绳索与铁锁及下降器的摩擦力而抵消的。由于在保护支点上有很大的摩擦力,所以体重较轻的人是可以保护体重较重的人的。保护的形式一般按保护支点的相对位置分为以下两种:

(1)上方保护

上方保护是指保护支点在攀登者上方的保护形式。在攀登者上升过程中,保护者不断收绳,使攀登者胸前不留有余绳,但也不要拉得过紧,以免影响攀登者行动,这点在登大仰角岩壁时尤其应注意。上方保护对攀登者没有特殊要求,发生坠落时冲击力较小,较为安全。进行上方保护时,使用的器材一般有安全带、铁锁和下降器。保护者收绳时,应注意随时要有一只手握住下降器后面的绳索(或把下降器两头的绳索抓在一起),只抓住下降器前面的绳子是难以制止坠落的。

(2)下方保护

下方保护是指保护支点位于攀登者下方的保护方式。没有上方预设的保护点,只是在攀登者上升过程中,不断把保护绳挂入途中安全支点上的铁锁中。这是领先攀登者唯一可行的保护方法,实用性较大,而且是国际比赛中规定的保护方法。但这种保护方法要求攀登者自己挂保护绳,而且发生坠落时,坠落距离大,冲击力强,因此一般由技术熟练者使用。

七、人工岩壁的比赛规则

1. 比赛在装有人工支点的场地举行,攀登线路长度不少于 15 m,宽度不少于 3 m(不包括标志线)。

2. 比赛采用封闭式,比赛路线由定线员制定,裁判长审定,参赛人员在比赛前不得以任何手段收集获取与比赛路线有关的情报资料。

3. 攀岩者使用由组委会提供的比赛器材(如安全带、安全帽、镁粉袋等),若使用自己的器材时,必须经组委会认可。

4. 比赛采用单人攀登、下方保护的方法,攀登者必须将保护绳扣入路线上所有规定的铁锁中,铁锁开口必须朝下,而且攀登者必须以身体最低部位为准,超过铁锁前,先把保护绳扣上,否则按坠落处理。

5. 攀登者在比赛开始之前,由裁判带领在路线底部观察路线 6 min,可就路线有关问题提问。

6. 攀登者结绳后进入赛区即开始计时,40 s 未起步攀登,裁判应指示未攀登者立即开始攀登。

7. 关门前 1 min,裁判员必须通知攀登者,最后 10 s,裁判应读秒。比赛中队员可随时询问剩余时间,裁判必须及时通报。

8.攀登者在路线上,在双脚不接触地面的情况下,可以随意移动,攀登方式不限。

9.当比赛现场或比赛路线上出现故障时(如支点断裂或松动,保护点脱落时),由定线员决定处理办法,攀登者在攀登之前或攀登途中均有权示意,若自己要求继续攀登,则不考虑路线问题。若裁判长同意,示意有效,排除故障后,未起步者可以继续攀登,已攀登者可给一次重新攀登机会。

10.路线裁判随时观察攀登者上升情况,及时通知主裁判,保护者确保攀登者的安全,但不得影响、阻碍攀登者的行动。在攀登过程中,保护者不得将绳索拉得过紧或过松。

11.高度判定

(1)攀登者抓紧一个支点,并往上攀登,触摸到上方支点有效部位但未抓住而脱落,记录该点高度并加(一)标志;

(2)攀登者抓紧一个支点,并往上攀登,触摸到上方有效支点,有向上运动的趋势但未能触摸到上方支点的,记录该高度并加(+)标志;

(3)攀登者抓住一个支点,稳住重心 2 s 以上脱落的,只记录该高度。

12.遇到下列情况之一,裁判将终止攀登者的比赛,并测量其所达高度:

(1)中途坠落者;

(2)返回地面或超出标志线者(借助于线外点攀登或利用线外岩面维持平衡者,活动超出标志空间者,不算出界);

(3)超出限定时间者;

(4)借助于人工支点以外器材(如保护铁锁、绳套等)者;

(5)身体超过保护点,而未将保护绳扣入铁锁进行自我保护者。

13.遇到下列情况之一,取消比赛资格:

(1)搜集有关比赛线路资料者;

(2)检录处三次点名未到者;

(3)不按规定到隔离区、过渡区准备者。

14.临场比赛规定

(1)攀登者参赛前应对路线无任何了解;

(2)比赛之前,所有攀登者应在隔离区等待。观察路线 6 min 后,返回隔离区等待比赛;

(3)攀登者的保护绳为"8"字通过结,并由裁判员负责检查;

(4)终点判定:攀登者将保护绳扣入最后一个铁锁时视为登顶;

(5)路线设置:比赛采用预、决赛不同难度的两条线路(重新定线);

(6)关门时间:预赛为 9 min,决赛为 7 min。

⇨ 思考题

1.毽球是哪个民族的传统体育项目?该民族还有哪些传统体育项目?

2.定向运动的锻炼价值有哪些?

3.开展拓展训练的目的是培养自身的什么素质?

参考文献

1. 田振生.大学体育教程.保定:河北大学出版社,2004
2. 陈志勇.现代大学体育教程.北京:北京体育大学出版社,2003
3. 全国体育院校教材委员会.运动生理学.北京:人民体育出版社,2003
4. 李春文.体育舞蹈教程.沈阳:辽宁人民出版社,2000
5. 王新胜.竞技心理训练与控制.北京:北京体育大学出版社,2001
6. 古宦臣,夏渝纯.健身健美体育舞蹈.北京:中国煤矿出版社,2002
7. 刘健.排球教程.西安:陕西科学技术出版社,2005
8. 傅汉询,林瑞谟,王华龙.怎样打羽毛球.北京:人民体育出版社,1983
9. 黄宽柔,姜桂萍.舞蹈与健美操.北京:高等教育出版社,2004
10. 梅雪雄.游泳.北京:高等教育出版社,2010